AF532242

Die
Atlantis
Protokolle

1. Auflage März 2020

OSIRIS – Verlag, Marktplatz 10, D-94513 Schönberg
www.osiris-verlag.de

Umschlaggestaltung, Satz und Layout: Luna Design KG

ISBN: 978-3-947397-20-4

Dieser Titel ist auch als eBook erhältlich, ISBN (eBook): 978-3-947397-21-1

Gerne senden wir Ihnen unser Verlagsverzeichnis:
OSIRIS-Verlag
Marktplatz 10
D-94513 Schönberg
Email: info@osirisbuch.de
Tel.: (08554) 844
Fax: (08554) 942894

Unser Buch- und DVD-Angebot finden Sie auch im Internet unter:
www.osirisbuch.de

Rolf Ulrich Kramer

DIE ATLANTIS PROTOKOLLE

Eine wissenschaftlich fundierte Durchleuchtung
der Zerstörung einer irdischen Hochkultur

OSIRIS
Verlag

DER AUTOR:

Rolf Ulrich Kramer, Dipl.-Psych., ist mit internationalem Kundenkreis in den Bereichen Persönlichkeitsentwicklung und Unternehmensberatung tätig.

Unter dem Warenzeichen MINDWALKING hat Kramer eine nicht-wertende, lösungsorientierte Methode der Bewusstseinsentwicklung geschaffen, die ausschließlich auf persönlichem Erleben und Erkennen beruht.

Kramer hat dazu eine Anzahl von Büchern und Artikeln publiziert. Hervorzuheben sind dabei die Bücher **„MindWalking"**, **„Lebenserfolg"** und **„Himmelhoch jauchzend – zu Tode betrübt"**.

Rolf Ulrich Kramer freut sich über Zuschriften.

Mehr bei **www.mindwalking.de** und auf **YouTube.**

Inhaltsverzeichnis

Das Werk vieler…

Ein Buch, das alles Vertraute auf den Kopf stellt und am gewohnten Weltbild rüttelt, ist weder angenehm zu lesen noch leicht zu schreiben. Gleichwohl fühlt man sich als lebenslanger Forscher und Wissenschaftler verpflichtet, Ergebnisse und Erkenntnisse weiter zu geben, die eine neue, andersartige Sicht auf die Welt eröffnen. Aus diesem Geist heraus ist das vorliegende Buch entstanden.

Allen, die mit ihren geistigen Erkundungsreisen dazu beigetragen haben, möchte ich danken. Dies ist nicht mein Werk – ich bin lediglich der Autor. Es ist das Werk vieler.

Mein besonderer Dank gilt Anna Kramer, Annemarie Dämon, Beate Kürsteiner, Thomas Arnhold und Dr. Markus Novak für ihr Lektorat und dem Verleger Oliver Gerschitz für seine rückhaltlose Unterstützung.

R. U. K., im Februar 2020

Teil Eins
Steigendes Bewusstsein

Die Trance, in der wir leben

Urzeitkatastrophe bestimmt die Gegenwart

Dieses Buch vertritt die Auffassung, die Menschheit sei in einer Trance befangen, in einer geistigen Schockstarre, in welche sie durch eine globale Katastrophe vor Urzeiten geriet. Die Erinnerung daran ist in Ländern mit europäischem Hintergrund in den Legenden von Atlantis erhalten geblieben, in christlich geprägten Kulturen weiß man von der Sintflut, und auch in anderen Teilen der Welt finden sich ähnliche Erzählungen von Weltuntergangskatastrophen.

Wie dieses Buch aufzeigen wird, geht es um weit mehr als nur einen versunkenen Kontinent im Atlantik, **vielmehr handelt es sich um den Untergang einer ganzen Welt, einer globalen Kultur.** Das Stichwort Atlantis wird deshalb im vorliegenden Buch im globalen Sinn verwendet, den gesamten Planeten betreffend.

Die alten Legenden sind nicht die einzigen Zeugnisse für das Geschehen. Konkrete Erinnerungen daran sind verfügbar, und sie lassen sich aufarbeiten. Das schafft Erleichterung, Befreiung, geistigen Freiraum, Friedfertigkeit.

So gewagt es klingen mag, dass man sich an solche Urzeiten erinnern können sollte, ist es doch durch Belege hinreichend untermauert. Immer wieder erlebe ich als Psychologe und Begründer von MindWalking, einer Methode zur Persönlichkeitsentwicklung, wie in meinen Sitzungspartnern ungewollt Bilder aus den tiefsten Tiefen der Zeit bis zurück zur Ursprungsgeschichte des Kosmos reichen. Dass es sich dabei nicht um Einbildung oder Fantasterei handelt, sondern um authentische Zeitzeugnisse, wird im Verlauf der folgenden Kapitel deutlich werden.

Erinnerungstraining als Ausweg

Zwei Begriffe wurden eben genannt, „Trance" und „MindWalking"; beide bedürfen einer Erläuterung.

Beim MindWalking sitzen Sitzungspartner und Sitzungsleiter einander gegenüber an einem Tisch. Der Sitzungsleiter fragt den Sitzungspartner nach Erinnerungsbildern zu dem vom Sitzungspartner gewählten Thema. Der Sitzungspartner beschreibt, was er auf seinem geistigen Bildschirm sieht, und nicht nur das: er erlebt es auch emotional nach. Die den Erinnerungen anhaftenden Gefühle von Trauer und Schmerz werden entdeckt, zugelassen, ausgelebt und auf diese Weise neutralisiert.

In der Regel beginnt dieser Prozess mit Geschehnissen aus der Lebensgeschichte des Sitzungspartners, die diesem bereits bekannt sind. Sind diese neutralisiert, so zeigen sich als nächstes häufig Eindrücke, die über diesen persönlichen Rahmen hinausgehen, weswegen man sie als „transpersonal" bezeichnet. Dies geschieht unvermutet und ohne Absicht. Es kommt im Zusammenhang mit dem anstehenden Thema wie von selbst zustande. Dabei könnte es sich um die Erinnerung an ein vergangenes Leben handeln oder um das Erspüren eines telepathischen Impulses (auch hierzu folgt gleich eine Erklärung).

Der Sitzungspartner wird solche Inhalte zunächst ohne Erwähnung fortschieben, weil nur schwach spürbar und kaum glaubhaft. Wird die Erscheinung aber zu kraftvoll, als dass er sie ignorieren könnte, wird der Sitzungspartner sie mit Widerstreben zur Kenntnis nehmen, aber als „dummes Zeug" in Abrede stellen. Schließlich aber akzeptiert er das erinnerte Erlebnis und verarbeitet es inhaltlich wie auch emotional. Damit wird es zu bewusstem, jederzeit abrufbarem Wissen.

Mit „Sitzung" ist nicht die in der Psychotherapie übliche Dreiviertelstunde pro Woche gemeint, sondern eine ganze Reihe von aneinanderhängenden Sitzungen innerhalb weniger Tage. Sie beginnen mit einem längeren Eingangsinterview. Dort wird das Sitzungsthema bestimmt. Auf dieser Grundlage schlägt der Sitzungsleiter ein Programm vor, das sowohl Coaching wie auch Erinnerungs- oder Visionsarbeit beinhalten kann. Fühlt sich der Sitzungspartner von diesem Programm angesprochen, beginnt die Arbeit. Ihr Endergebnis ist ein Durchbruch zur Erkenntnis der Zusammenhänge, die in die missliche Situation führten, in der sich der Sitzungspartner sieht. Ein neuer Blick aufs Leben eröffnet sich, Mut für die Zukunft entsteht.

Im Fall einer Erinnerungssitzung – und ausschließlich auf diese bezieht sich dieses Buch – kann sich dieser Prozess von Eingangsinterview bis Endergebnis über zehn bis zwanzig Stunden an zwei bis drei zusammenhängenden Tagen hinziehen. Falls nötig, wird ein weiterer Termin vereinbart. Diese Intensität wird dem Sitzungspartner nicht etwa aufgenötigt, sondern regelrecht von ihm gefordert. Schließlich möchte er zum Kern der Problematik vordringen, und wenn er spürt, dass er auf dem richtigen Weg ist, duldet er keinen Aufschub.

Von den erschauten und erspürten Inhalten ließe sich leicht sagen, das sei doch alles bloß Einbildung gewesen. Weil man aber während dieses Prozesses Emotionen und Empfindungen durchlebt, von denen man sicher ist, dass man sie nicht vorsätzlich produziert hat, stellt man zum Schluss nichts mehr in Abrede. Besonders überzeugend wirkt es, wenn Emotionen und Empfindungen sich bereits einstellen, *bevor* es überhaupt zu Erinnerungsbildern gekommen ist.

Entlastung der geistigen Welt

Im Verlauf seines MindWalking stößt man, wie angedeutet, immer wieder auf zweierlei Erscheinungen, nämlich einerseits auf Erinnerungsbilder, oft aus vergangenen Leben, und andererseits auf telepathische Impulse aus den unterschiedlichsten Quellen.

Bei Erinnerungsbildern gibt es zwei Möglichkeiten: es kann sich um eigene handeln wie auch um solche, die man von anderen unbewusst übernommen hat. Dieses mentale Downloading geht so vor sich: bei einem Unfall zum Beispiel entsteht aus der Panik der Betroffenen heraus ein kollektives spannungs- und emotionsgeladenes Energiefeld. Es bleibt in der Luft hängen wie ein Heliumballon. Doch ist es nicht nur den ursprünglichen Beteiligten zugänglich, sondern kann sich auch ahnungslosen Passanten als Erinnerungsbild samt Emotionen und Gedanken anhängen. Falls ein solches kollektives Erinnerungsbild dem Empfänger (hier dem ahnungslosen Passanten) zu einem späteren Zeitpunkt in den Sinn kommen sollte, wird er den Erinnerungsfilm der betreffenden Personen sehen als wäre es sein eigener, obwohl er selbst nicht dabei war.[1]

Nun zu den telepathischen Impulsen. Sie sind die Absichten und emotionalen Wallungen, die man von anderen empfängt. Häufig gehen sie mit bildhaften Eindrücken der Situation einher, in welcher sich der Sender im Moment der Übertragung gerade befindet. Wo diese Impulse herrühren und ob deren Sender auf der Erde verkörpert ist oder als rein geistiges Wesen agiert, als Engel, Geist oder Dämon, das lässt sich jeweils herausfinden.

Weit wichtiger und wertvoller als die Befriedigung von Neugier hinsichtlich ungeahnter, faszinierender Inhalte ist die geistige Entlastung. Dazu gehört das emotionale Neutralisieren der Bilder, ob es eigene sind oder heruntergeladene. Eine weitere Aufgabe ist die Beschwichtigung, Besänftigung und Befriedung der telepathischen Kontaktpartner, sollten diese mit destruktiven Absichten unterwegs sein. Genau dies ist der Kern einer MindWalking-Sitzung.

Jeder stößt auf die Sintflut

Mit zunehmender MindWalking-Erfahrung stellt sich die Gewissheit ein, dass die geistige Existenz nicht an eine Verkörperung gebunden ist. Vor der Geburt gab es eine Existenz in dieser oder jener Form, ob mit Körper oder ohne, ob auf der Erde, einem andern Planeten oder frei im astralen Raum. Nach dem Tod wird es entsprechend weitergehen.

Kein Glaube ist dies, sondern Gewissheit: die Gewissheit, dass man kein Körper ist, sondern ein geistiges Wesen, das auch ohne Körper existiert, und dass die spirituelle Existenz ewig ist.

Jeder MindWalker erschließt sich dies für sich selbst, jeder erschaut seine Welt auf seine Weise. Trotz aller Unterschiede stößt man indes immer wieder auf Gleichklänge, auf gemeinsame Nenner, auf immer wieder vorkommende Geschehnisse, Örtlichkeiten und Gestalten, insbesondere auf die eingangs erwähnte Katastrophe, hier in Europa bekannt als Atlantis-Untergang wie auch als Sintflut; andere Kulturen haben dafür andere Bezeichnungen. Nahezu allen Sitzungspartnern dringen Aspekte davon früher oder später ungefragt und ungewollt ins Bewusstsein. Es ergibt sich wie von selbst in dem Versuch, etwas so Offensichtliches und Naheliegendes zu lösen wie ein persönliches Problem oder eine Fähigkeitsschwäche.

Diese Katastrophe bestimmt den Bewusstseinszustand der Menschheit in höchstem Maß, vergleichbar damit, wie der Zweite Weltkrieg in unserem heutigen Denken nachhallt. Sie ist es, die die eingangs erwähnte Schockstarre und Trance bewirkt, weswegen sie im Zentrum dieses Buchs steht und mit entsprechender Ausführlichkeit behandelt werden wird. Ohne dieses Geschehnis im Hintergrund wäre diese Erde eine glückliche.

Der Weg aus der Trance

Eine Trance ist kein Dämmerzustand, kein Schlaf, vielmehr ist sie gekennzeichnet durch extreme Fokussiertheit. Der Zielpunkt dabei könnte außen liegen, in der Umgebung, aber auch innen, bei einem Gedanken oder einer Vorstellung. Wenn Sie so hochkonzentriert sind, dass ein Geräusch sie aufschreckt und Sie zusammenzucken, dann erwachen sie aus einem Zustand fixierter Aufmerksamkeit. Ihr Fokus lag auf einem einzigen Punkt, einem einzigen Geschehen; alles andere war ausgeblendet. Genau dies kennzeichnet eine Trance.

Rennfahrer und Sportler brauchen die Trance, diese vollkommene Konzentration auf einen Punkt, um ihre Höchstleistungen zu vollbringen. Auch den passiven Fernsehzuschauer ergreift sie während einer Fußballweltmeisterschaft oder eines guten Krimis. Er ist fixiert auf den Bildschirm, hört nicht, wenn man ihn anspricht, registriert nicht das Klingeln des Telefons.

Einer solchen extremen Fixiertheit bedienen sich Bühnenhypnotiseure, wie sich auf YouTube-Videos beobachten lässt. Beispielsweise suggerieren sie dem Probanden, er sei ein Huhn. Kann sich dieser der Suggestion nicht erwehren, so sieht er die Welt durch seine persönliche Vorstellung von einem Huhn hindurch wie durch einen Farbfilter und benimmt sich für den Zeitraum der Hypnose entsprechend.

Ebenfalls zeigt sich eine Trance, wenn man auf einen bestimmten Lösungsweg fixiert ist und ihn zehnfach wiederholt, wiewohl er nicht greift. Aber auf einen anderen kommt man einfach nicht. „Wo hab ich denn nur meinen Schlüssel hingelegt?“, und man durchsucht seine Westentasche noch dreimal mehr, wissend, dass er dort nicht zu finden sein wird. Würde man mal durchatmen und kurz überlegen, so fiele es einem wieder ein.

Kurz, nicht nur die Wahrnehmung der weiteren Umgebung, sondern auch verfügbares Wissen wie etwa das über andere Lösungswege kann in einer Trance regelrecht dem Sinn entschwinden.

Wer Entsetzliches erlebt hat, dem steht das wie ins Gedächtnis eingebrannt vor Augen. So sehr er seine Gedanken auch gerne woanders hin lenken möchte, er schafft es nicht. Immer wieder laufen die Bilder durch. Fixiert auf die Katastrophe von gestern, sieht er im Heute nichts wie Probleme und erwartet für morgen unüberwindliche Schwierigkeiten und letztlich eine Wiederholung der Katastrophe. Selbst wenn das Trauma erfolgreich verdrängt wurde, wirkt es aus dem Hintergrund, sobald Auslöser in der Umgebung es einschalten und aus der Vergangenheit in die Gegenwart holen.

In einer solchen fixierten Starre steckt die Menschheit seit jener gewaltigen Erdvernichtungskatastrophe, von der unzählige Erinnerungen berichten. Indem wir sie individuell wie auch kollektiv aufarbeiten, befreien wir uns aus der Starre. Denn Erinnerung schafft Ordnung in der Zeit: Gestern war jenes. Heute läuft dieses ab. Für morgen steht das-und-das an. Vergangenheit, Gegenwart, Zukunft. Wer das auseinander zu halten vermag, ist geistig frei beweglich; wer es nicht fertig bringt, steckt in einer Trance.

Denken auch ohne Gehirn

Einen Beweis für vorgeschichtliche Ereignisse nur über Erinnerungen antreten zu wollen, die aus vergangenen Leben stammen – ist das nicht absurd?

Das ist es nur solange, wie man glaubt, Erinnerungen lagerten sich im Gehirn ab wie Akten im Aktenschrank und Denken vollzöge sich zwischen den Neuronen, als seien sie Computerchips.

Dass es auch ohne Gehirn geht, erkannte bereits 1981 Prof. Lorber von der Universität Sheffield nach Untersuchung von 600 Fällen von Wasserkopf *(Hydroencephalus)*. Die Sensation war ein Student mit IQ 126 (sehr hoch), der praktisch kein Gehirn hatte und dennoch als Supermathematiker bekannt war.[2]

Im Normalfall sind die grauen Zellen der Hirnrinde etwa 5 mm stark. In dieser Schicht steckt nach gängiger Auffassung die gesamte Psyche. Der große Rest, das „Hirnmark", dient lediglich der Verkabelung. Im Gegensatz dazu dokumentierte Prof. Lorber Sonderfälle ohne jegliches Hirnmark mit einer grauen Schicht von nur 1 mm. Bemerkenswert ist, dass es zu keinen kognitiven oder motorischen Ausfällen kam und zu keiner Lähmung der gegenüber liegenden Körperseite, wie nach herrschender Lehrmeinung zu erwarten. Viele Patienten hatten einen IQ von über 100; normal ist 85 bis 115.

Darüber hinaus erwies sich die graue Substanz als wiederherstellbar, was bis dahin undenkbar war (sich aber seitdem durch das Erforschen von Meditierenden unzweifelhaft bestätigt hat).[3]

Es geht offensichtlich ohne Gehirn. Der Geist, besser gesagt, das Geistwesen, weiß mehr als das Gehirn. Nur so kann es zu Erinnerungen an vergangene Leben, an Nahtoderlebnisse oder an die Existenz zwischen den Leben kommen, als man weder Körper noch Hirn hatte.

Schon weit früher als Lorber, gegen Ende des 19. Jahrhunderts, stellte der hoch geschätzte amerikanische Psychologe William James die Möglichkeit in den Raum, das Gehirn sei nichts weiter als ein Übertragungsorgan *(transmissive organ)*, welches Gedanken, die anderswo ihren Ursprung haben, dem Besitzer dieses Gehirns übermittelt. Fiele das Gehirn aus, so würde das nichts an dem Vorhandensein jener Bewusstseinssphäre ändern. Das begrenzte weltliche Bewusstsein eines Menschen stellte sozusagen den Extrakt einer größeren, wahreren Persönlichkeit dar, das Gehirn sei die Relais-Station zwischen beiden.[4] James geht zwar nicht so weit zu sagen, „ohne Gehirn ginge es auch", aber zumindest schreibt er dem Gehirn nicht die Rolle einer Gedankenfabrik zu oder glaubt gar, wir seien unser Gehirn, wie es gegenwärtig in den Neurowissenschaften vertreten wird.[5]

Wo stehen wir heute?

Die Lösung aus der genannten Schockstarre, aus diesem Wiederholungszwang eines Urtraumas, würde einen Wandel für unsere Welt bedeuten. Auf eine einfache Formel gebracht: weniger Krieg, mehr Frieden. Auf allen Ebenen des Lebens.

Es geht in die richtige Richtung

Zum Glück geht die Entwicklung schon seit Jahrtausenden in die Richtung des Miteinanders statt des Gegeneinanders. Im Schneckentempo, das schon, aber immerhin. Dank des Wirkens weiser und oft religionsstiftender geistiger Führer in einem Prozess des Erwachens begriffen. Ohne die vedischen Heiligen des alten Indien, ohne Buddha, Lao-Tse, Platon, Jesus Christus, Zarathustra und unzählige andere stünden wir heute nicht da, wo wir stehen, sondern befänden uns geistig immer noch in steinzeitlicher Umnachtung.

Auch in diesem 20. und 21. Jahrhundert sind wir in Bezug auf Selbsterkenntnis und zivilisiertes Benehmen ein weiteres Stück vorangekommen. Als Erben der griechischen Antike geben wir den Menschenrechten weit größeren Raum als je zuvor; neuerdings gesteht man sogar Tieren Rechte zu. Völkermorde geschehen zwar noch, sind aber geächtet. Statt dass wir uns in nationalistisch geprägten Weltkriegen zerfleischen, begreifen wir uns als eine globale Zivilisation, die auf ein Miteinander angewiesen ist und beim Gegeneinander nur verlieren kann. Wir beginnen Verantwortung für Natur und Umwelt zu übernehmen, statt sie gewissenlos auszunutzen. Unsere technologische Kapazität ist unfassbar weit angewachsen und versetzt uns in die Lage, den Planeten, auf dem wir leben, zu vernichten. Zum Glück begreifen wir das allmählich.

Weiterhin gewöhnen wir uns an den Gedanken, dass unser Planet nicht der einzige belebte Fleck im Kosmos ist. UFO-Sichtungen sind zwar auf den Gemälden und Reliefs vieler alter Kulturen festgehalten, doch glaubte man damals an Götter; erst seit wir das Flugzeug benutzen, können wir fliegende Untertassen als das erkennen, was sie sind. Mittlerweile sind Raumschiff-Landungen[6], persönliche Begegnungen mit deren Besatzung[7] und Interaktionen mit dem Militär[8] hinreichend überzeugend dokumentiert, um auf die Existenz hoch technisierter Raumschiffzivilisationen zu verweisen. Dazu passt, dass Dr. Stephen Greer, Leiter eines NGO namens *Disclosure Projekt,* im Jahr 2005 dem damaligen Präsidenten der UN-Vollversammlung, Jan Eliasson, eine Resolution zur friedlichen Kooperation mit Außerirdischen überreichte.[9]

Darüber hinaus bezeugen hellsichtige Menschen seit Jahrtausenden die Existenz von Lichtwesen wie auch Dämonen auf feinstofflicher Ebene. Intelligentes Leben in vielen Erscheinungsformen gibt es offensichtlich in allen Dimensionen.

Wir werden kosmisch-politisch

Von Stammesbewusstsein über das Nationalbewusstsein sind wir zum globalen Bewusstsein fortgeschritten. Gegenwärtig sind wir dabei, den nächsten Schritt zu tun und uns dem kosmischen Bewusstsein zu öffnen – verstanden nicht im üblichen spirituellen Sinn, sondern konkret im politischen, im Begreifen unserer kosmisch-politischen Einbettung.

Nicht wohlmeinende Engelwesen oder übelwollende Geister sind die Ansprechpartner dieses neuen kosmisch-politischen Bewusstseins, sondern vielmehr die realen galaktischen Akteure und Machthaber, die wir als Aliens, ETs und Außerirdische bezeichnen und die uns mit ihren

Raumschiffen besuchen oder auch heimsuchen, denn beides ist der Fall. Nicht nur in militärischen Kreisen weiß man von ihnen, nicht nur in der UFO-Szene munkelt man davon, sondern auch in MindWalking-Sitzungen rücken sie immer wieder ins Bewusstsein, gerade im Zusammenhang mit der Atlantis-Katastrophe.

Atlantis ist Vergangenheit. Gleichwohl ist uns ein neues Goldenes Zeitalter möglich – sofern wir das Bewusstsein dafür entwickeln, wie mit diesen interstellaren Kräften auf kooperative Weise umzugehen sei.

MindWalking – ein Erkenntnisweg

Authentizität

Die wenigsten Menschen würden ernsthaft von sich vermuten, sie seien früher in Raumschiffschlachten gegen Star-Wars-ähnliche Imperatoren verwickelt gewesen, seien von einem fremden Planeten gekommen, um hier auf der Erde Entwicklungshilfe zu leisten, seien direkt aus einem göttlichen Allbewusstsein heraus in einer Hilfemission zur Förderung der Spiritualität der Menschenvölker unterwegs oder hätten gar einer vergangenen Zivilisation angehört, die in Europa unter dem Namen Atlantis bekannt ist.

Stößt ein Sitzungspartner während seiner MindWalking-Sitzung auf solche Inhalte, und das häufig schon nach wenigen Stunden, wird er sie verständlicher Weise vehement von sich weisen. Jedoch ist die Bildhaftigkeit solcher Erinnerungen von beträchtlicher Kraft; sie lassen sich trotz aller Skepsis nicht ignorieren. Es bleibt somit nichts anderes übrig, als sich ihnen zu stellen, sie im Detail zu untersuchen – und schließlich zu Erkenntnissen vorzustoßen, mit denen man nie im Leben gerechnet hätte.

Nicht Sensationshunger oder spirituelle Abenteuerlust sind das Motiv für eine MindWalking-Sitzung, sondern einfach der Wunsch, ein langfristiges Lebensproblem aufzulösen oder ein unerwünschtes, nerviges Verhaltensmuster abzustellen. Gleichwohl dringt nahezu jeder im Versuch, zum Grund des Übels vorzudringen, in unerwartete Tiefen vor und gerät dabei an Geschehnisse, Orte und Kulturen, die in keinem Schulbuch verzeichnet sind. Es vollzieht sich sozusagen ganz unbeabsichtigt eine Psycho-Archäologie.

Was Sitzungsleiter wie auch Sitzungspartner von der Wahrhaftigkeit einer Aussage überzeugt, sind die dabei emporquellenden emotionalen und somatischen Impulse. Sie sind der Garant für Echtheit. Wenn es von Herzen kommt und nicht aus dem Kopf, dann stimmt es.

Bis dahin ist es ein langer Weg. Leider purzeln Erinnerungen an Verdrängtes nicht von selbst vom Regal, ganz im Gegenteil, man muss – um im Bild zu bleiben – überhaupt erst einmal die gepanzerte Tür des Aktenschranks geknackt und aufgestoßen haben.

Kurz, die Wahrheit erschließt sich nie auf den ersten Blick. Erst die letzte Version eines Erlebnisdurchgangs gilt. Sie zeichnet sich dadurch aus, dass der Sitzungspartner sein grausiges Bildmaterial nach stundenlanger Auseinandersetzung damit schließlich mit Heiterkeit erzählen kann. Erst dann kann ein Befund als authentisch gelten.

Akzeptanzvermögen

Wie kommt es zu diesem Tiefgang, zu diesem intensiven Mit- und Nacherleben oft schmerzhafter und dramatischer Ereignisse, gerade wenn sie mit dem eigenen Leben so gar nichts zu tun zu haben scheinen? Nicht durch Nachdenken geschieht dies, nicht durch Spekulation, sondern im ersten Schritt durch Sichten und Ausräumen leicht verfügbaren Erinnerungsmaterials. Das macht den Weg zu tiefer liegendem Material frei.

Das Zauberwort heißt „Akzeptanzvermögen". Akzeptieren lässt sich übersetzen mit „annehmen", „aufnehmen" oder auch „fassen". Kein Mensch nimmt mehr auf, als seine geistige Kapazität zulässt. Praktisch gesprochen: in einen 10-Liter-Eimer passen nun mal nicht mehr als zehn Liter. Dieses Prinzip schützt den Sitzungspartner. Angenommen, er könnte Geschehnisse der Größenordnung „zehn Liter" gerade noch bewältigen, dann wäre dort seine Grenze. Geschehnisse der Größenordnung „elf Liter“ kämen ihm gar nicht erst in den Sinn. Er würde nie in Zusammenhänge hineinpurzeln, die ihn überwältigen könnten. Deswegen besteht auch keine Gefahr der Retraumatisierung.

Gleichwohl wächst mit jeder Sitzung das Fassungsvermögen des Sitzungspartners, und so baut er seine Kapazität allmählich zur 20-Liter-Klasse auf. Das bedeutet, von Sitzung zu Sitzung geht es anspruchsvoller und dynamischer zu. Eben war es noch die Maus, die ihm im Kindergarten über den Fuß lief, in der nächsten Sitzung ist es der Säbelzahntiger, der ihn vor Urzeiten verschlang. Beides wird nicht lediglich von der Opferseite her erzählt, sondern immer unter Berücksichtigung der eigenen Verantwortung für das Unglück.

Selbstbestimmtheit

In Kenntnis des Prinzips vom Akzeptanzvermögen verwenden wir bei MindWalking keine Hypnose, keine psychedelischen Drogen, keine holotrope Atmung oder andere Mittel, um ein möglichst eindrucksvolles Erlebnis loszutreten. Wir möchten den Sitzungspartner nicht in etwas hinein stürzen, von dem er hinterher nicht weiß, um was es sich handelte, außer eben, dass es eine aufregende Grenzerfahrung war.

Ebenso wenig verwendet der Sitzungsleiter Suggestionen, versteckte Hinweise oder eine vorherige Einschulung, um den Sitzungspartner „auf Linie zu bringen“. Vielmehr ist die bei MindWalking verwendete Fragetechnik rein faktenorientiert. Sie verzichtet auf jegliche symbolische Deutung oder charakterologische Interpretation. Sie entspricht ungefähr derjenigen, die man im Krimi während einer Vernehmung zu sehen bekommt: Was geschah, wie geschah es, wer war dabei, welche Umgebung, welche Motive?

Die Möglichkeit verfälschter Erinnerungen wird selbstverständlich in Betracht gezogen und mit entsprechenden Schritten aufgedeckt und abgefangen. Zum guten Schluss kristallisiert sich für den Sitzungspartner eine unverfälschte, authentische Erinnerung heraus.

Integrität und Selbstbestimmtheit eines Sitzungs- oder Coaching-Partners sind bei MindWalking oberstes Gebot. Stößt jemand im Zusammenhang mit seinem Wunschthema auf ein Geschehnis, das ihm Grausen und Zähneklappern verursacht, dann geschieht das nicht etwa durch Druck oder Überredung seitens des Sitzungsleiters, sondern allein deswegen, weil es sich dem Zugriff des Sitzungspartners anbietet. Hat er das betreffende Geschehnis nach beharrlicher Auseinandersetzung damit schließlich erfasst und bewältigt, kann er es mit Heiterkeit erzählen wie eine amüsante Anekdote - dann hat er einen Erfolg zu verbuchen. Einen Erfolg, der aus seiner eigenen Kraft erwachsen ist.

Gleichzeitig damit ist auch sein Akzeptanzvermögen so weit gestiegen, dass er im nächsten Sitzungsdurchgang ein weit größeres, weit grausigeres Geschehnis in Angriff zu nehmen vermag als zuvor.

Anders ausgedrückt: es geht scheibchenweise. Nur dass jede Scheibe ein ganzes Stück dicker ist als die vorherige, weswegen sich der Sitzungspartner nach nur wenigen Sitzungsstunden mit der Erinnerung an Geschehnisse der Überwältigung und Vernichtung konfrontiert sieht, die wir bei MindWalking als „Urerlebnis" bezeichnen. Gleichwohl ist er aufgrund seines gestiegenen Akzeptanzvermögens in der Lage, solches zu bewältigen. Retraumatisierung ist, wie gesagt, nicht zu befürchten.

Das Erfolgsrezept heißt: Anschauen – Aussprechen – Annehmen – Auflösen.

Empathie

Es versteht sich von selbst, welche Bedeutung hier der Achtsamkeit des Sitzungsleiters zukommt, seiner Einstimmung auf Sitzungspartner und Sitzung. Empathie ist das A und O einer MindWalking-Sitzung – gar bis dahin, dass der Sitzungsleiter die Erinnerungen seines Sitzungspartners bildhaft mitschaut, dessen Emotionen und Schmerzen miterlebt. Dessen ungeachtet bleibt er aufmerksam, freundlich und gelassen. Er bewahrt Haltung – das Ergebnis einer anspruchsvollen Ausbildung.

Wichtig ist der Grundsatz: Wo einer Erinnerungsbilder sieht, ist noch Restspannung gegeben. Erst die nicht-bildhafte Erinnerung, das reine

Wissen, kennzeichnet die endgültige Befreiung. Sie stellt sich erst ein, nachdem der Sitzungspartner seinen eigenen Beitrag zum Geschehen erkannt hat. Erst dies, die Übernahme von Verantwortung, erbringt das gewünschte Endergebnis und die dafür typische Heiterkeit.

Um ein Ergebnis jenseits allen Zweifels zu gewährleisten, verwenden wir bei MindWalking-Sitzungen häufig ein Hautwiderstandsmessgerät (GSR, Galvanic Skin Response meter), das untrüglich anzeigt, ob im Zusammenhang mit einer Erinnerung noch Spannung vorliegt oder sie sich aufgelöst hat. Es handelt sich sozusagen um einen Wahrheitsdetektor, keinen Lügendetektor. Wo Akzeptanzvermögen des Sitzungspartners und Empathie des Sitzungspartners nicht ausreichen, um den erwünschten Durchbruch zu erzielen, sind die Zeigerausschläge am Gerät eine nützliche Unterstützung, um die Spur zu finden und zu halten.

Wissenschaftlichkeit und Weisheit

Praktisch gesprochen, ist MindWalking so etwas wie ein Werkzeugkasten zum Zweck der Lebenshilfe. Philosophisch betrachtet, handelt es sich um weit mehr, nämlich um eine Wissenschaft in der seit der griechischen Antike gültigen Definition: „ein Gefüge systematischen oder ordentlichen Nachdenkens über ein bestimmtes Sachgebiet“, und zwar „nicht nur im theoretischen Sinn, sondern auch im Hinblick auf praktische Anwendung in Handwerk, Management und Organisation“.[10]

Nicht um eine Naturwissenschaft handelt es sich hier, die den Aufbau der Materie ergründen will, wie etwa die Physik es tut, sondern um eine Geisteswissenschaft, eine Philosophie der Psyche, eine Psycho-logie im buchstäblichen Sinn. Fundamental bei einem solchen Unterfangen ist die exakte Definition der verwendeten Begriffe. In Ermangelung einer entsprechenden Fachsprache mussten einige Fachwörter neu geschaffen werden. Die dazu nötige Orientierung bot und bietet die „Operational Philosophy“ von Anatol Rapaport.[11]

Das Ergebnis dieser philosophischen Reflexion schlägt sich nieder in Form der „MindWalking-Lehrsätze“. Sie finden sich im Anhang zu „Mind-

Walking – Unbelastet in die Zukunft", können aber auch direkt vom Autor als PDF bezogen werden.

Höchstes Ergebnis der Beschäftigung mit dieser Wissenschaft namens MindWalking wäre, jenseits von Logik und Lehrsätzen, ein Wissen vom Sein, also Weisheit.[12]

Transpersonale Entdeckungen

Im folgenden Kapitel sei der MindWalking-Erkenntnisweg anhand einiger Sitzungsberichte skizziert. Die geschilderten Erlebnisse verdeutlichen psychische und spirituelle Prinzipien, um die es im Verlauf des Buchs immer wieder gehen wird: die außerkörperliche Wahrnehmung, die geistige Existenz nach dem körperlichen Tod, die von anderen übernommene „heruntergeladene" Erinnerung, die telepathische Verknüpfung. Man bezeichnet solche Erscheinungen als „transpersonale Phänomene", insofern sie über das rein Persönliche hinausgehen.

Von Bedeutung ist dabei der in manchen dieser Sitzungsberichte mögliche „Realitätstest". Damit gemeint ist die Bestätigung der erschauten transpersonalen Daten durch davon unabhängige Quellen, Zeugen oder Ereignisse. Das nämlich würde den Schluss zulassen, dass auch solche transpersonalen Erinnerungen zutreffen, deren Überprüfung durch Zeugen oder historische Dokumente *nicht* möglich ist, so etwa die Erinnerungen an Atlantis. Wenn das eine wahr ist, muss auch das andere wahr sein, vorausgesetzt ist eine identische Vorgehensweise (bei MindWalking gegeben).

Die Darstellung der Fälle beschränkt sich auf das abschließende Ergebnis einer Sitzungsreihe, auf die gewonnene Erkenntnis, auf den Durchbruch zum Ungeahnten. Sitzungsanlass und Sitzungsverlauf werden nicht genannt. Wer dazu mehr wissen möchte, sei an „MindWalking - Unbelastet in die Zukunft" dieses Autors verwiesen; dort finden sich 135 Fallgeschichten mit detaillierten Beschreibungen des Sitzungsgeschehens, sämtlichen theoretischen Erklärungen und ausführlichen Kommentaren.

Ganz schnell noch einige Fachbegriffe...

Was MindWalking-Fachwörter angeht, werden sie im laufenden Text jeweils erklärt; zu Ihrer Orientierung finden Sie außerdem die „Grundbegriffe" im Anhang. Vorab ganz kurz:

Ein *geistiges Wesen* ist die Person selbst, unabhängig vom Körper.

Eine *Wahrnehmungsposition* ist die Perspektive, von der aus ein geistiges Wesen seine Beobachtungen macht. Es ist sozusagen der Ort, wo die Kamera aufgestellt ist und von wo aus gefilmt wird. Eine Wahrnehmungsposition kann sich innerhalb wie auch außerhalb des Körpers befinden.

Eine *Mentaldatei* ist ein Erinnerungspaket, das sich auf ein ganz bestimmtes Geschehnis bezieht. Eine Mentaldatei enthält sämtliche sinnlichen Eindrücke, die zum Zeitpunkt des Geschehens registriert wurden, sämtliche damaligen Gedanken und Emotionen, sämtliche Gegebenheiten wie Umgebung, Wetter, Beteiligte, sowie die wesentlichen Details des Ablaufs.

Eine *heruntergeladene Mentaldatei* ist eine, die man irgendwann einmal von jemand anderem unbewusst und ungewollt übernahm. Dieses Downloading ist ein telepathisches Phänomen, das auf Empathie und Resonanz beruht.

Unter *Dramatisierung* ist das unbewusste Nachspielen einer eigenen oder einer heruntergeladenen Mentaldatei zu verstehen. Dabei ist man voll im Griff eines alten Films und agiert wie in einer virtuellen Realität, so als hätte man eine VR-Brille auf. In solchen Momenten ist man nicht in Kontrolle seines Verhaltens, benimmt sich unangemessen und irrational, weiß aber nicht, wie es kommt. Um das Beispiel des Bühnenhypnotiseurs noch einmal aufzugreifen: er suggeriert dem Probanden, dieser sei ein Huhn, und der Proband lebt für den Zeitraum der Hypnose in einer virtuellen Hühnerwelt, sieht die Welt durch die Augen eines Huhns, verhält sich entsprechend – und bemerkt es nicht einmal.

Sitzungsberichte: Der Tod spielt keine Rolle

Großvaters Tod im Krieg nacherlebt

Meine 40-jährige Sitzungspartnerin, nennen wir sie Lieselotte, hat ungeheure Angst vor dem Sterben; sie glaubt: „Es geht nicht weiter". Woher kommt dieses sie einschränkende Negativprogramm, wo wurde es erlernt?

Zunächst kommen Lieselotte Begebenheiten aus ihrem Leben in den Sinn, als sie das Gefühl hat, es ginge nicht weiter: Kündigungen, Prüfungen, Trennungen. Nach etwa einer Stunde kommt meiner Sitzungspartnerin nichts mehr in den Sinn. Dennoch fühlt sie, da müsse noch etwas Größeres dahinter stecken. Spontan fällt ihr Großvater Werner ein, von dem lediglich bekannt ist, dass er kurz vor seiner Entlassung aus russischer Kriegsgefangenschaft von einem Baum erschlagen wurde. Mehr weiß man nicht.

Kaum ausgesprochen, sieht Lieselotte des Großvaters Erlebnis in aller Deutlichkeit vor ihrem geistigen Auge. Es drängt sich ihr auf, sie kann es nicht abwehren. Begleitet von mächtigen Emotionen, Tränen und körperlichen Empfindungen erlebt sie seinen Tod nach - und zwar aus der Wahrnehmungsperspektive des Betroffenen. Sie selbst war ja nicht dabei; sie war zu jenem Zeitpunkt noch nicht einmal geboren. Sie liest den Erinnerungsfilm ihres Großvaters ab. Er hat sich ihr auf telepathischem Wege irgendwann einmal angeheftet.

Werner arbeitet zusammen mit anderen Kriegsgefangenen auf einem Güterbahnhof. Unter Aufsicht eines Wachpostens laden sie Holzstämme auf einen Waggon. Ein Baumstamm rollt herab und trifft Werner ins Genick. Er ist sofort tot; dennoch setzt sich die Wahrnehmung der weiteren Szenen fort. Sie erfolgt von außerhalb des Körpers; Werner als Geistwesen befindet sich in einer Außenposition. Er schaut zu, wie ihm ein Kamerad Erkennungsmarke und Ehering abnimmt. Man legt ihn auf eine Trage und breitet eine schäbige Decke über ihn. Die Kameraden sind traurig, der Posten ist schockiert; er gibt einen Schnaps aus. Sie sitzen im Schuppen an einem Feuer und losen, wer später, nach der Entlassung, der Witwe die

Nachricht überbringen soll. Werners Freund zieht den kürzesten Strohhalm. Er nimmt Werners Ehering an sich, um ihn der Witwe zu übergeben. Die Aufgabe behagt ihm nicht, er weint.

Nur vom Empfang des Eherings hatte die Großmutter je berichtet. Ob sie mehr von dem Unglück wusste, ist nicht bekannt. Der Mutter Lieselottes oder Lieselotte selbst berichtete sie jedenfalls nichts davon.

Wie sich hier zeigt, geht die Wahrnehmung auch noch nach dem Tod des Betroffenen weiter. Diese Wahrnehmungsposition außerhalb des Körpers ist eine rein geistige. Der Körper stirbt, das geistige Wesen lebt fort. Es befindet sich nicht etwa im Nichts, sondern verfügt über räumliche Bezugspunkte wie oben-unten, links-rechts, vorne-hinten, sowie über die üblichen zeitlichen Bezugspunkte wie vorhin-jetzt-nachher. Das bei diesem Vorfall entstandene spannungs- und emotionsgeladene Energiefeld „hängt in der Luft" wie ein Heliumballon vom Jahrmarkt. Es ist nicht nur seinem ursprünglichen Verfasser zugänglich, sondern kann sich als Erinnerungsbild samt Emotionen und Gedanken auch anderen Wesen anhängen. Damit hätte ein Downloaden oder Herunterladen einer Mentaldatei stattgefunden, wie wir es bei MindWalking nennen. Jedes Erlebnis ist als separate Mentaldatei gespeichert. Falls sich eine solche Mentaldatei einschaltet, sieht man den Erinnerungsfilm der betreffenden Person, als wäre es der eigene, obwohl man selbst ja gar nicht dabei war.

Dass man ohne Augen zu sehen vermag, stellt übrigens der Russe Mark Kommissarov unter Beweis, indem er mit seiner Methode Kindern und Erwachsenen beibringt, wie man mit verbundenen Augen Zeitung liest oder mit dem Fahrrad Slalom fährt. Aus Sicht von MindWalking würde man sagen, er trainiert die Fähigkeit eines Geistwesens, Körper und Umgebung aus einer Außenposition bewusst wahrzunehmen.[13]

Verstorbener begleitet seine Familie

Der von Werner aufgezeichnete Erinnerungsfilm geht weiter. Er als Geistwesen kann seinen körperlosen Zustand nicht begreifen. Er ist zutiefst verstört. Wie soll es weitergehen? Was kommt danach? Genau diese Sätze nannte Lieselotte im Eingangsgespräch als ihre vermeintlich eigenen. In Wirklichkeit sind es die des Großvaters. Über die heruntergeladene Mentaldatei lebt Lieselotte unbewusst die Verwirrung und Verzweiflung ihres Großvaters nach dessen Tod nach. Dieses ungewollte und unwissentliche Nachspielen eines alten Films, sei es der eigene oder der eines anderen, bezeichnen wir als Dramatisierung.

Werner „schwebt" über dem Schuppen mit seinen trauernden Kameraden aus der Kriegsgefangenschaft. Er denkt an seine Frau und die Kinder - was soll aus ihnen werden? Da ist er auf einmal bei ihnen, hat einen Sprung gemacht vom Gefangenenlager in Russland hinüber zum Danziger Hafen. Mitten im Gewühl der Flüchtenden sieht er seine Frau Astrid und seine vier Kinder. Eines der Kinder ist heute die Mutter meiner Sitzungspartnerin Lieselotte. Das Kind presst einen weißen Leinenbeutel mit ihrer Puppe drin an sich. Die Mutter will auf das erste Schiff, die „Gustloff", doch ist es voll besetzt und die Soldaten lassen sie nicht an Bord. Zum Glück kommt mitten in der Nacht noch ein zweites Schiff; alle stürzen an Bord. In dem Gerangel geht der Leinensack mit der Puppe verloren.

All dies beobachtet Werner von seiner Wahrnehmungsposition 10 bis 20 Meter oberhalb seiner Familie; meine Sitzungspartnerin sieht seinen Film auf ihrem geistigen Bildschirm.

Das Flüchtlingsschiff gelangt sicher nach Dänemark. Werners Frau, die Großmutter meiner Sitzungspartnerin, bekommt nach einiger Zeit im Flüchtlingslager eine Arbeit am Bodensee zugewiesen. Dort erhält sie einen Brief; er enthält Werners Ehering und die Nachricht, ihr Mann sei ein Jahr zuvor in russischer Gefangenschaft tödlich verunglückt. Sie bricht zusammen und glaubt, nun sei alles aus und es ginge nicht weiter (genau der Wortlaut, den Lieselotte als „ihr" Negativprogramm dramatisiert).

Erst nachdem seine Frau eine feste Arbeitsstelle gefunden hat und die Kinder sicher untergekommen sind, fühlt sich Werner beruhigt. Erst dann entschwebt er, höher und höher; schließlich reißt der Erinnerungsfilm ab.

Monate nach unserer Sitzung spricht Lieselotte ihre Mutter auf deren Erinnerung an die Flucht aus Danzig an. Sie wüsste da nicht viel zu erzählen, gibt die Mutter zur Antwort, sie sei ja noch klein gewesen, doch hätte sie noch deutlich im Sinn, wie traurig sie war, ihre Puppe verloren zu haben. Über dieses Detail bestätigt sich die Korrektheit der Wiedergabe von Werners Erinnerungen durch Lieselotte.

30 Außerhalb des Körpers

Eine Wahrnehmung aus der Außenposition lässt sich häufig in der Literatur entdecken, wenn man erst mal ein Auge dafür hat. Ernest Hemingway zum Beispiel beschreibt eindringlich, wie er seinen Körper verlässt, nachdem er im Ersten Weltkrieg in Italien durch eine Granate verwundet wird: „Dann war da eine blendende Helle (…) und ich fühlte mich körperlich aus mir herausgehen, und hinaus und hinaus und hinaus und die ganze Zeit körperlich im Wind. Ich ging geschwind aus mir heraus, ganz von selbst, und ich wusste, ich war tot, und ich wusste, es war falsch zu denken, dass man einfach stirbt. Dann schwebte ich, aber statt dass es weiterging, fühlte ich mich zurückgleiten. Ich atmete und war zurück."[14]

Charles Lindbergh flog 1927 als erster von New York nach Paris über den Atlantik. Während seines 34-Stunden-Flugs steigt er wegen völliger Erschöpfung aus seinem Körper aus. Er hat eine Rundum-Wahrnehmung von 360°, sieht sich umringt von hilfreichen Geistern, die ihm alle bekannt vorkommen, wacht aus dieser Außenposition über den Flug und weckt sich sozusagen selbst auf, wenn körperliches Eingreifen zum Zweck einer Kurskorrektur ansteht.[15]

Carl Gustav Jung erleidet 1944, siebzehn Jahre vor seinem Tod, einen schweren Herzanfall, gefolgt von einem Nahtoderlebnis, auf das er absolut nicht vorbereitet war, insofern diese Art von Erlebnis erst viel später, in den siebziger Jahren, durch das Werk von Elisabeth Kübler-Ross ins Auge der Öffentlichkeit treten würde. Jung beschreibt, wie er weit ins All aufsteigt, seiner Schätzung nach tausend Meilen, von wo er den Planeten zur Gänze überblickt; unter sich sieht er Ceylon liegen (wohlgemerkt gab es damals noch keine Satellitenfotos!). Als ihm geistig das Bild seines Arztes erscheint, fühlt er sich zu seiner Enttäuschung daran erinnert, zur Erde zurückkehren zu müssen.[16]

Meine eigene Mutter hatte einige Wochen vor ihrem Tod mächtig „Angst vor der anderen Seite, obwohl, eigentlich ist es dann ja rum". Aber das sei halt reine Glaubenssache, daher die Furcht vor dem Unbekannten. Als Trost verwies ich auf tausendfach belegte Nahtoderfahrungen und wie schön das da draußen beschrieben würde. Da platzt sie heraus mit: auch sie würde ja nachts manchmal von oben auf sich drauf schauen und über sich selbst lachen. Aber dann kämen eben Hunger und Durst oder das Personal frühmorgens, um den Topf zu leeren, und schon sei man wieder drin im Körper. Aber ein Trost wäre das nicht, das mit da oben; sie traute dem Braten nicht.

Kindesmissbrauch telepathisch dokumentiert

Bernadette, eine 38-jährige Lehrerin, hat das Gefühl: „Ich bin nie voll dabei", ein Negativprogramm. Sie fühlt sich unsicher, weiß nicht, was sie will, kann nicht für sich selbst eintreten, lässt sich herumschubsen.

Nach fünf Sitzungsstunden, in denen es um entsprechende Ereignisse in ihrem Leben gegangen ist, denkt sie unversehens an das eigenartige Verhalten ihres fünfjährigen Sohns Christopher nach dessen einwöchigem Urlaub mit seinem Vater, Herbert, vor einem halben Jahr. Herbert hatte Bernadette während der Schwangerschaft verlassen, das Jugendamt räumte ihm Begegnungszeiten ein, daher dieser gemeinsame Urlaub in einer Berghütte.

Nach seiner Rückkehr machte Christopher seiner Mutter beim Spielen Bewegungen vor, die bei Bernadette den Verdacht auf sexuellen Missbrauch erweckten. Sie schaltete das Jugendamt ein, dieses befragte den Vater. Der stritt alles ab und drohte Bernadette ein Verfahren wegen übler Nachrede an. Bernadette wollte ihren kleinen Sohn in keinen Gerichtsprozess verwickelt sehen mit der Begründung, sie sei ja „nicht dabei gewesen" - genau der Wortlaut ihres Negativprogramms.

Sicherlich, Bernadette war nicht dabei gewesen - ihr Sohn aber schon. Angesichts ihrer emotionalen Erregtheit bei der Schilderung von Christophers „Spielen" frage ich sie, ob sie vielleicht bildhafte Eindrücke dessen hätte, was zwischen Vater und Sohn in der Gebirgshütte geschehen sein könnte. Und tatsächlich, diese Eindrücke kommen auch – zunächst stockend, dann klar und flüssig. Unter anderem sieht Bernadette, wie Vater Herbert Penis und Po seines Söhnchens küsst. Die Wahrnehmung erfolgt von Christophers Augen aus, aus seiner Innenposition also.

Bernadette scheint Christophers Mentaldatei zu sich heruntergeladen zu haben, als ihr das auffällige Verhalten nach dem Urlaub mit dem Vater auffiel. Es ablesen und mir beschreiben dauerte knapp zwei Stunden. Bernadette ist sich nun sicher, dass sie sich hier nichts einbildet. Um ihre Sache zu verteidigen, nimmt sie im Anschluss an die Sitzung zum ersten Mal in ihrem Leben die Hilfe eines Anwalts in Anspruch. Unter solchem Druck gibt der Vater die Tat zu; das Besuchsrecht wird ihm entzogen.

Erst in einer nächsten Sitzung stößt Bernadette auf das eigentliche Urerlebnis zu ihrem Negativprogramm „ich bin nie voll dabei" und neutralisiert es wie üblich.

Vom Tod zur Geburt - der Weg durch das Weiße

Nach mehreren Stunden recht nüchterner Erinnerungsarbeit zu seinem Sitzungsthema bekommt Matthew, ein 35-jähriger Unternehmer aus Bristol, erstmals feuchte Augen. Scheinbar ohne jeden Zusammenhang muss er an seinen Onkel John denken. Kurz vor Matthews Geburt war der als Tourist in Vietnam unterwegs und kam dort bei einem Busunglück ums Leben.

Selbstverständlich weiß Matthew von dem Vorfall, denn immerhin ist Matthews Vater der Bruder des Verunglückten, und so gingen die Gespräche der Familie häufig in diese Richtung. Doch was Matthew in unserer Sitzung zu sehen bekommt, hat emotionale Dramatik und steckt voller Einzelheiten des Ablaufs. Es geht weit über das hinaus, was der Familie je bekannt wurde – mehr als eine Benachrichtigung seitens der Behörden war es ja nicht.

Matthew beschreibt, wie John mit seiner Freundin im Hotel aufwacht, wie sie zum Bus gehen, die Frontsitze einnehmen, auf der Fahrt eindösen und mit Entsetzen geweckt werden, als der Bus von der Piste abkommt und die Böschung hinunterstürzt. Matthews Kopf durchbricht die Windschutzscheibe, seine Freundin knallt gegen eine Haltestange. Beide sind sofort tot und entschweben. Als sie „im Weißen" sind, wie Matthew das nennt, wo sich alles auflöst, verlieren sie sich aus den Augen.

Anfangs sprach Matthew von Onkel John als „er". Dann aber springt er unversehens in die Ich-Form. Die Tränen fließen: „*Ich* wache auf, als der Bus von der Piste abkommt - *ich* geh mit dem Kopf durch die Scheibe - *meine* Freundin knallt gegen die Stange. - *Ich* seh uns da liegen, kann *mich* nicht bewegen, kann nichts mehr machen. - Es ist *meine* Schuld - *ich* hab sie nicht ernst genommen. – *Ich* hab Druck gemacht, dass wir diesen Bus nehmen - sie wollte nicht, sie wollte erst am nächsten Tag los, *ich* sagte nein."

Dass ein Sitzungspartner in die Identität des „Hauptdarstellers" in einem Geschehnis schlupft, ist normal, denn unvermeidbar sieht er den Film aus dessen Perspektive. Man kann auch im Kino nicht anders, als den Film aus dem Objektiv der Kamera heraus zu sehen. Das meinen wir bei MindWalking mit Wahrnehmungsposition oder „Kameraposition". Daher wird der Sitzungspartner ganz natürlich sagen „*ich* sehe / *ich* erlebe / *ich* fühle / *ich* denke", selbst wenn er möglicherweise gerade dabei ist, das Erlebnis eines anderen zu teilen. Anschließend, nach Neutralisieren der Mentaldatei, wird der Sitzungspartner erkennen, ob es sich um ein eigenes vergangenes Leben oder um eins von einer anderen Person heruntergeladenes gehandelt hat.

Entsprechend ließe sich im vorliegenden Fall vermuten, dass Matthew die Mentaldatei seines Onkels zu sich heruntergeladen hätte, dass er das Erlebnis des Onkels aus dessen Perspektive sähe, aber spontan „ich" sagte. Dem ist nicht so, wie sich gleich erweisen wird.

Der Verunfallte und Entschwebte ist „im Weißen". Nur Tage zuvor erfuhr John übers Handy, seine Schwägerin (die Frau seines Bruders) habe gerade Zwillinge zur Welt gebracht, das machte ihn glücklich. Da kann er doch nicht einfach gehen! Da möchte er Verantwortung übernehmen: „Ich spüre, ich will mich um sie kümmern, ich will über sie wachen. Es ist meine Familie, und ich hab sie noch nicht einmal gesehen! - Jetzt erblicke ich meinen Zwillingsbruder und mich [!] von oben. Ich bin aus dem Weißen raus - und ich kann die richtig sehen! Mein altes Zuhause ist das, wo ich aufgewachsen bin, das erste Haus meiner Eltern."

Einer der Zwillinge hat eine lebensbedrohliche Atembehinderung und kommt sofort ins Krankenhaus. John ist auf einmal bei dem Kleinen, dessen Name Matthew ist; er gibt ihm Kraft. John rettet Matthew: „Jetzt sehe ich die Klinik von oben. Viele Babys in ihren Bettchen, alle ein paar Wochen alt. Das Baby da unten, bin das ich? Bin ich das da unten? Und bin das auch ich, der von oben runter guckt? – Bin ich Onkel John? Oder bin ich der kleine Matthew, und John wacht über mich? – Mein Vater hat schon so oft gesagt, ich wäre genau wie sein Bruder John ...."

„Bin ich John? Oder bin ich Matthew? Oder beide? - Ich bin beide! Und ich bin ich." Matthew ist glücklich. Diese Erkenntnis bedeutet ihm eine Lebenswende. Und natürlich auch seinem ehemaligen Bruder und heutigem Vater, als er ihm davon erzählte. [17]

Hilfloses Engelwesen übernimmt Unfallkörper

Matthew übernahm seinen Körper kurz nach der Geburt; er tat es bewusst und weil er sich der Familie gegenüber verpflichtet fühlte. Das ist nicht die Regel. Die meisten landen ohne eigenes Zutun in einem Körper, ohne sich den ausgesucht zu haben, und der kann durchaus auch mal ein paar Jahre alt sein. Die folgende Geschichte steht stellvertretend für solche Fälle. Sie ist eine Zusammenstellung von Sitzungszitaten. Die Sitzungspartnerin, Maria, erinnert sich an ihre Herabkunft zur Erde als körperloses Geistwesen mit hilfreichen Absichten:

„Als es zum Planeten hinunter geht, komme ich in eine Brühe, in eine Suppe, ich falle nicht mehr. Ich sitze desorientiert in einem Nebel. Ich stelle fest, ich weiß nichts mehr, ich weiß von nichts, ich habe keine Ahnung! Ich bin total vernebelt. Nur dass ich da runter muss, das weiß ich mit Sicherheit.

Nun wird mir schwindlig. Dann kommt ein Ziehen, so etwas wie ein Sog, der mich um meine Mitte herum packt. Ich rutschte zu einem Schlauch hin, einem Wirbel, komme dem immer näher – jetzt hat er mich – es dreht mich umeinander, zieht mich hinunter. Nun bin ich in der Nähe von Menschen. Ich schwebe über ihnen, ungefähr fünf Meter über ihnen. Es sind vom Typ her Europäer – aber ich gehöre nicht zu denen.

Unten ist ein Unfall, sie sind alle in Aufregung – es geht um ein Kind, und da werde ich hingezogen. Nicht von dem Kind selbst werde ich gezogen, denn das Geistwesen ist schon gegangen – von einer anderen Kraft werde ich da hineingebracht in diesen Körper. Er ist drei Jahre alt, eine Kinderkörperhülle. Sie liegt am Boden auf der rechten Seite, ein Mädchen. Sie ist eine Mauer runter gefallen, direkt auf den Kopf.

Da fällt mir ein (Tränen) – ich bin wirklich mal eine Mauer runter gefallen … Mit Schädelbruch … Bin ich damals rein in meinen Körper? Als der Körper schon drei Jahre alt war? Denn an vorher kann ich mich nicht erinnern. Der Schädelbruch ist meine allerfrüheste Erinnerung.

Unter mir fünf schockierte Kinder, sie stehen auf der Mauer, die ist zwei Meter hoch; eins von ihnen liegt unten. Ich schwebe nach unten, komme der Szene immer näher, schwebe direkt über dem gestürzten Kind. Der Bruder ist bei ihm, er schreit vor Entsetzen. Der Bruder ist außer sich, er streichelt es, aber das Kind reagiert nicht auf seine Berührung. Es ist nur noch eine körperliche Hülle, da ist niemand mehr drin. Es ist mein Bruder, der mich herbeigerufen hat. Zwei Jahre älter ist er. Er wollte nicht allein sein, wollte nicht, dass ich sterbe.

Ich habe Mitleid, ich dränge mich in den Körper hinein. Damit spüre ich auch, was abgelaufen ist. Ich höre den Fall, das Knacken des Schädels hinten links. Ich sehe die ganze Szene aus einer Außenposition. Aber das ist nicht meine eigene Wahrnehmung. Das ist die Wahrnehmung der Besitzerin des Kinderkörpers. Die Vorbesitzerin hat diesen Film gedreht, den ich jetzt sehe. Der Film ist in dem Mädchenkörper abgespeichert und als ich den übernommen habe, hat sich dieser Film mir mitgeteilt.

Jetzt sehe ich Bilder aus ihrem dreijährigen Leben. Sie liegt in ihrem Mädchenkörper im Bett und schreit. Sie hat Ohrenschmerzen. Später schreit sie wegen Bauchschmerzen. Sie empfindet den Körper wie eine Behinderung. Sie ist nicht so groß wie die anderen, nicht so wie der Bruder, kann nicht mitmachen. Immer hinkt sie hinterher.

Alle sind auf der Wiese und spielen. Das Mädchen steht auf der Mauer mit Blick auf die Wiese. Die Kinder kommen herbei gerannt, wollen spielen, es gibt ein Gerangel, das Mädchen weicht aus, geht rückwärts. Ich sehe das aus der Außenposition, die Kamera schwebt über der Szene. Ich sehe das Mädchen fallen, aber es fällt nur eine Hülle, denn die Besitzerin ist ja nicht mehr drin, sie sieht es von außen. Sie ist nicht traurig, wie man vermuten würde. Sie schaut zu den Kindern hinunter, während sie aufwärts schwebt und sich entfernt. Jetzt ist sie schon zehn bis fünfzehn Meter hoch. Dann das Gefühl, dass sie das da unten nichts mehr angeht. Das Bild vom Erdboden wird unscharf und verschwindet. Sie schwebt weiter aufwärts und fühlt sich unbeschwert, ist froh, wegzukommen. Sie wird immer heller und leichter. Sie fühlt sich nun an wie ein winziger Punkt. Und dann verschwindet auch der.

Nach dem Aufprall am Boden liegt das Kind bewusstlos da. Ich spüre die Schmerzen des Kindes, wo es überall aufgeprallt ist. Schulter, Rückgrat, Beine, Kopf – das tut weh! Mein Kopf ist wie eine weiche Tomate. Der Bruder weint, die Kinder starren mich an. Ich sehe ihre Beine, weil ich aus den Augen des Mädchens gucke, das ich seitdem bin.

Die Mutter kommt und trägt mich hinein. Alle sind aufgeregt und ich verstehe nicht, warum. Mir geht es gut, nur der Körper hat etwas abgekriegt, aber von Körpern verstehe ich noch nichts. Sie legen mich auf das Bett. Ein Mann kommt dazu – das muss der Vater sein. Dann komme ich ins Spital. Es geht hektisch zu, alle sind aufgeregt. Für mich ist es nicht schlimm, ich staune nur. Ich kenne mich ja überhaupt nicht aus. Die Mutter, der Vater, soweit okay. Aber die vielen anderen, die alle ganz aufgescheucht sind! Was wollen die denn? Ich bin doch da! Ich will doch gar nicht gehen! Aber die meinen anscheinend, ich würde. Verstehe ich nicht.

Nun legen Sie mich hin. Aber ich darf nichts. Ich muss liegen und warten. Alle kümmern sich um mich. Ich bin eine zermatschte Tomate mit Familie. Es ist ziemlich langweilig, aber ich lebe mich ein.

Endlich ist die Tomate heile. Ich darf aufstehen, werde lebendig, beobachte die Familie, studiere sie. Weil die glauben ja, ich kenne das alles, aber in Wirklichkeit weiß ich nichts von der ganzen Vorgeschichte. Das mit dem Vorgänger ist mir ja erst eben beim Erzählen eingefallen; damals, als es geschah, war mir das alles nicht klar.

Immer muss ich aufpassen und spüren was die genau meinen und wollen. Ich spiel halt mit. Nicht mitspielen geht nicht. Also immer brav mitgespielt! Bis heute! Die perfekte Tochter, die perfekte Ehefrau, die perfekte Mutter! Ich erfülle jeden Wunsch!" - Maria muss laut über sich lachen. Ende der Sitzung.

Wiedersehen mit Traum-Mann aus der Engelwelt

Ingrid, 39-jährig, trauert immer noch ihrer Jugendliebe nach. Damals war sie zwölf, Manfred drei Jahre älter, doch als sie sechzehn war, riss das Leben die beiden auseinander. Heute lebt er in Norwegen. Seit zehn Jahren ist er verheiratet; seitdem hat Ingrid den Kontakt abgebrochen, denn sie möchte nicht störend wirken. Doch über den Verlust kommt sie nicht hinweg. Keine andere Beziehung hat Sinn. Es gibt keinen Ersatz.

Woher diese Bindung? In unserer Sitzung entdeckt Ingrid ihre Herkunft aus einer astralen Welt, einer Engelwelt. Dort war Manfred ihr Begleiter, auch er ein Engelwesen. Beide fühlten sich aufgerufen, als spirituelle Entwicklungshelfer zur Erde zu kommen; beide machten sich auf den Weg. Ingrid jedoch ließ sich von dämonischen Mächten ablenken, ging in eine Falle und verlor das Bewusstsein ihrer Identität. In diesem umnachteten Zustand verschlug es sie zu ihrer ersten Inkarnation nach Italien. Dort hatte sie ein nur kurzes Leben; als Kind ertrank sie im Meer. Anschließend, auch hier wieder ohne eigenes Zutun, geriet sie nach Deutschland, jetzt sitzt sie vor mir. Dies ist ihre zweite Inkarnation.

Die Verwirrung hinsichtlich ihrer Identität hängt Ingrid bis heute nach und bestimmt ihr Leben. Es dauert drei harte, tränenreiche und schweißtreibende Stunden, bis wir die traumatischen Vorgänge in der damaligen spirituellen Falle aufgearbeitet und neutralisiert haben. Abschließend erkennt Ingrid die eingangs genannten Zusammenhänge und begreift, wieso Manfred einen solchen Wert für sie hat. Mit einem Lächeln kann sie akzeptieren, dass dieser Wert ewig bestehen bleiben wird und der Verlust eigentlich keiner ist. Sie ist erleichtert.

Direkt am Ende dieser letzten Sitzungspassage entsteht völlig unerwartet ein telepathischer Direktkontakt mit Manfred. Die beiden sind für einige Minuten online miteinander. Ein Dialog findet statt. Mit Tränen in den Augen erkennt Ingrid, wie sehr Manfred in einer ähnlichen Unbewusstheit hinsichtlich Herkunft und Aufgabe steckt wie sie bisher. Sie ermutigt ihn, zu seiner Wahrheit zu finden. Und sie lässt ihn los, um ihn nicht mit ihrer Sehnsucht einzuengen; sie gibt ihn frei.

Ein halbes Jahr nach unserer Sitzung schreibt Ingrid mir, Manfred habe sie von sich aus angesprochen. Er habe seine Familie in Norwegen auf einvernehmliche Art verlassen und lebe nun mit ihr in Deutschland.

Ein weiteres halbes Jahr später haben sie geheiratet.

Abgeschiedener wird Schutzengel

Am Dienstag ruft mich morgens um neun Uhr Lawrence aus Johannesburg in Südafrika an. Unser gemeinsamer Freund Frank sei letzte Nacht verstorben. Am Montagabend kurz vor Mitternacht habe er einen Herzanfall erlitten, sei ins Krankenhaus gefahren worden, und um ein Uhr morgens starb er. Zwei Stunden später, Dienstagmorgen um elf Uhr, spüre ich Frank so intensiv, als stünde er neben mir. Um viertel vor zwölf setze ich mich an den mindwalker für eine Solositzung (dabei nimmt man für sich allein seine geistigen Erkundungen vor, d. h. ohne Sitzungsleiter). Sofort habe ich Kontakt mit Frank, spüre seine Mischung aus Staunen und Verwirrung. Es entwickelt sich folgender Dialog:

Frank sagt mir, es sei ganz anders, als er gedacht hätte. Vor allem gäbe es überhaupt nichts zu tun! Die Erde drehe sich unter einem weg [ich sehe das Bild aus seiner Perspektive], und da frage man sich, wie man denn eingreifen soll? [Frank war ein großer Weltverbesserer.] Die schlafen da unten ja die ganze Nacht! Und ich nicht! Alles schaut so unendlich weit weg aus!

Als ich ihn nach seiner Position frage, sagt er, er sei auf der Tagseite, in Linie mit der Sonne, und die Erde neige sich im bekannten Winkel weg von ihm [so sehe auch ich es]. Und diese Erde, die drehe sich ja so schnell! Wenn man das sieht, könnte man Angst haben, runtergeschleudert zu werden, wenn man draufsteht. Wie ein Brummkreisel! Hätte er denn einen Grund, wieder runterzugehen, frage ich? Ja sagt er, um sich von seinen Freunden und seiner Frau zu verabschieden.

Sofort danach sehe ich – wiederum aus seiner Perspektive – sein Haus und seinen Garten (beide mir bekannt) aus Baumwipfelhöhe. Er erblickt seine Frau Cheryl am Küchentisch aus ungefähr drei Meter Entfernung. Sie schaut verträumt zu genau diesem Punkt hin, von dem er sie anschaut; sie schaut sozusagen „mich" an. Nun ihr Gesicht in Großaufnahme, begleitet von einer Aufwallung großer Liebe. Sie bemerkt es nicht. Frank ist enttäuscht: Jetzt versuche ich schon, mit meinem allerliebsten Menschen in Berührung zu kommen, und sie bemerkt mich nicht mal! Ich muss es hinkriegen, dass sie mich spürt. Die Wahrnehmungsposition ist nun so, als säße er am Kopf des Küchentischs. Er baut eine energetische Präsenz auf, wartet darauf, dass Cheryl ihn bemerken möge, sie kommt auf ihn zu – und marschiert mitten durch ihn durch! Jetzt steht sie am Spülbecken mit dem Rücken zu „mir" – dreht sich ruckartig um - schaut zu „mir" - und nun wirkt sie, als könnte sie es nicht fassen. Höchstes Erstaunen. Sie sagt: Das ist ja, als wäre der Frank immer noch da!

Cheryl hat Frank als Astralkörper gesehen. So bezeichnen wir bei Mind-Walking den Energiekörper, den ein Geistwesen benutzt. Er ist von dem Geistwesen selbst geschaffen, denn er besteht aus seiner eigenen Mentalenergie, sozusagen ein selbstgemachtes Hologramm. Wenn einer auf dem Friedhof Gespenster sieht, dann sind das Astralkörper. Frank hat seinen Astralkörper sozusagen bis zur physischen Sichtbarkeit aufgepustet.

Frank freut sich, dass er die kreative Kraft besitzt, diese Präsenz aufzubauen. Ich ermutige ihn, sie anzusprechen, was er auch tut. „Hallo Cheryl!" Sie dreht sich zögerlich zu ihm hin. „Ich bin's!" – Ich sehe nun aus Cheryls Augen Franks Bild als Energieform, doch es verblasst bald. Ganz schön harte Arbeit, kommentiert Frank, wird mir alles ein bisschen viel. Ich lobe ihn, denn immerhin hat er es ja geschafft. Stimmt, sagt er. Jetzt plötzlich wieder, wie auf ein Fingerschnippen, die Erde von ganz weit draußen. Es ist, als wollte er ausruhen. Ich beende die Sitzung.

Wenige Stunden später klopft er wieder bei mir an; ich nehme den mindwalker zur Hand und stelle mich auf ihn ein. Er hätte so unglaublich viel Zeit! Und nichts zu tun! Alles das Gute, das er nach seinem Tod der Erde und der Menschheit hätte tun wollen, wirke von dort draußen unglaublich abstrakt. Doch dann fasst er einen Entschluss: er möchte seinem Freund Chris die Sorgen nehmen. „Ich kann mich schließlich nicht einfach so davon machen und ihn hängen lassen!"

Ich ermutige Frank, sein Vorhaben durchzuführen. Nun erscheint mir ein Bild von Chris in dessen Wohnung [Chris kenne ich als einen rechten Pessimisten, immer gedankenumwölkt und düster]. Mentalenergetische Linien strahlen von ihm aus; an ihnen hängt Düsteres. Frank steigt mit beiden Beinen in dieses Gemenge hinein und löst die Vernetzungen. Es ist, als würden Brocken von Teer und Schlamm aus dem Chris umgebenden Raum entfernt. Am Ende wirkt Chris wie in Licht gebadet.

Frank ist stolz auf sich: Jetzt schaut er gut aus, der Chris! Bin fertig mit meiner Sitzung! [Frank ist als MindWalking-Sitzungsleiter ausgebildet]. Nun brauche er eine Pause, sagt Frank. Ich beende die Sitzung.

Im Anschluss hatte ich noch zwei oder drei weitere Kontakte mit ihm, danach entschwand Frank. Ob Chris nach diesem Erlebnis wohl an Schutzengel zu glauben begann?

Ekel vor der eigenen Zeugung

Die Sitzungspartnerin geriet auf ihrem Weg zur Erde in dämonische Hände, wurde erfolgreich von ihrer Hilfsmission abgebracht und stieß bereits im Moment der Zeugung zu ihren Eltern. Zusammengestellt aus Sitzungszitaten:

„Dann geschieht etwas, und ich weiß nicht was, ich gehe wie durch ein Bad des Vergessens, und am Ende sehe ich nicht mehr aus wie ein

Regenbogenfeld, sondern grau und dünn und gummiartig. Dabei die Suggestion: alles ist gut, alles ist fein, alles ist schön. Es ist warm und weich dort, aber ich bin völlig willenlos. Unten komme ich dann raus wie ein zusammengekugelter Alien und werde in Richtung Erde geschleudert. Als nächstes schließt sich meine Zeugung an.

Ich sehe, wie die Eltern gerade bei der Sache sind – aber das geht doch nicht so! Da will ich nicht hin! Da stimmt ja nichts, das ist alles unstimmig, dieser Sex, da ist kein Glück, keine Liebe, das ist nur Getue. Das ist lüsterne Geilheit, alles geschauspielert.

Ich sehe es von zehn Metern drüber. Es schüttelt mich vor Ekel. Ich werde rein gezogen in diese geile Lüsternheit – aber ich will nicht zwischen diese Spermien, die um mich herum fließen, ich will die Liebe. Trotzdem zieht es mich rein. Es ist eng und dunkel.

Um die Eltern ist eine Energiemasse, wenn ich da reingehe, sehe ich das alles von innen. Ich bin mitten zwischen den Spermien, ich stecke im Glied meines Vaters – und das steckt in der Mutter. Das ist so ekelhaft. Das passt mir alles nicht, hier gehöre ich nicht hin. Sperma ist schon schlimm genug, aber Sperma ohne Liebe, das geht nun wirklich nicht. Eine schnelle Nummer machen die da – noch dazu in der Garage! Und das soll die Zeugung eines Kindes sein?

Da, wo ich herkomme, da hat jeder bei jedem mitgefühlt, da lief alles telepathisch. Und ich dachte, das ist überall so! Aber hier bei der Zeugung habe ich gesehen, dass das hier anders ist. Hier läuft alles falsch.

Mein graues, dünnes, gummiartiges Energiefeld geht in diese Sexualenergie rein und ich gehe mit. Ich gehe mit hinein und deswegen sehe ich den Penis meines Vaters von innen und seine Ejakulation und die Reise der Spermien durch die Gebärmutter meiner Mutter bis hin zum Ei.

Erst nach der Befruchtung ziehe ich mich wieder nach oben zurück und schwebe zwei Meter über der Mutter und begleite die Schwangerschaft mit meiner Lichtenergie – doch ich komme nicht an das Kind heran! Auch nach der Geburt nicht! Mein ganzes Leben lang nicht! Denn um den biologischen Körper und um den Vitalkörper herum liegt diese graue Hülle, zu der ich bei meiner Herabkunft wurde. Sie gewährt mir keinen Zugang."

[Am Sitzungsende aber ist alles gut aufgearbeitet:] „Ich selbst bin das Lichtwesen, das weiß ich jetzt wieder, und ich liebe meinen Körper und achte auf ihn und das Leben in ihm. Das Kontrollprogramm, das sie mir in Form dieser grauen Hülle aufgesetzt haben und in die sie mein ursprüngliches Regenbogenfeld verwandelten, das ist jetzt zurück transformiert, und ich bin wieder das strahlende Wesen, das ich ehemals war, bevor ich in das Netz geriet und diese Kerle mich von meiner Aufgabe abgelenkt haben.

Jetzt spüre ich wieder meine Kraft und meine Freude, das ist so mächtig, jetzt kann ich wieder aus mir heraus und in alle Welt hinein. Das Erwachen hat sich vollzogen. Ich kann so stark sein, wie ich möchte."

Ungeborenes spürt Opas Reue über Mutters Missbrauch

Die Sitzungspartnerin erinnert sich an ihre Herabkunft aus einer höheren Sphäre. Sie übernimmt einen wenige Wochen alten Embryo. Während die Mutter mit ihr schwanger ist, stirbt der Opa, der Vater der Mutter, was der Mutter emotional mächtig zusetzt. Dies teilt sich dem Ungeborenen mit:

„Es öffnet sich mir eine andere Sphäre, dort sehe ich die Erde, und zwar das obere Drittel. Sie wirkt licht, ich fühle Freude. Es zieht mich dorthin.

Gleichzeitig erscheint etwas Dunkles. Es steigt von unten hoch und überdeckt die Erde, so wie ein Nebel im Gebirge aus dem Tal aufsteigt und die leuchtenden Schneegipfel verhüllt. Ich fühle mich da reingezogen, das Dunkle zieht an mir, es übt eine Kraft aus. Ich gehe einfach mit, habe keinen Gedanken an Gegenwehr. Die Erde ist verschwunden. Jetzt bin ich vor einem Schlauch oder Rohr - nun bin ich drin und rutsche nach unten. Ich habe Angst (schluchzt)!

Es geht nach unten durch das Dunkle wie in einem Fahrstuhl. Nun fühle ich mich verhärtet, werde irgendwie fester. Meine Umgebung ist irgendwie wässrig. Ich bin ganz klein – ich bin ein Zellhaufen!

Als Wesen bin ich viel größer als der Zellhaufen, ich hülle ihn ein. Die

Zeit vergeht. Der Zellhaufen wird immer größer, das Licht rundherum ist nun rosarot. Draußen, außerhalb des Mutterleibes, hör ich ein Rumoren, da ist Leben. Was ich höre, ist mir unangenehm – ich bin dem ausgeliefert! Ich ziehe mich in mich zusammen, ich will das alles nicht! Aber mir ist klar, ich muss da durch, ich komm hier nicht weg.

Irgendetwas geschieht da draußen, irgendetwas Heftiges, die Mutter ist emotional beladen und geladen. Ich bin im sechsten Monat. Draußen geschieht irgendetwas – da spüre ich ein Wesen, es kommt an mir vorbei. Nun sehe ich ein Krankenhausbett - von der Zimmerdecke aus! Es ist leer.

Heute weiß ich, dass gerade damals mein Opa starb, im Krankenhaus. Ich sehe jetzt, was der Opa erlebt hat. [Er war das Wesen, das da vorbeikam, genauer gesagt die energetische Form des Wesens, sein Astralkörper. Ab hier sieht sie, was sich ihr vom Opa mitteilte.] Er sieht jetzt den Flur, da geht Personal auf und ab und ist beschäftigt – aber keiner sieht ihn. Er ist empört, das ist er nicht gewöhnt. Nun schwebt er höher, er ist jetzt über dem Krankenhaus. Jetzt ist er über seinem Hof [Opa war Bauer]. Er ist ungefähr 50-60 m hoch. Das tangiert ihn alles irgendwie nicht mehr so. Er schwebt weiter. Jetzt ist er bei uns über dem Hof [Opas Tochter, die Mutter der Sitzungspartnerin, hat mit ihrem Mann zusammen einen eigenen Hof]. Er sieht die Mutter und die Kinder und den Vater, sie sind gerade alle draußen vor dem Haus. Die Mutter ist schwanger. Er hat nichts anderes im Blick als ihren Bauch. Dann schwebt er immer höher, er sieht die Erde von oben, dann dünnt alles aus.

Als er auf die Mutter schaut und sie schwanger sieht, ist er traurig, er fühlt einen Schmerz, da ist ein Bereuen in ihm. Es tut ihm leid, wie hart er seiner Tochter gegenüber oft war. Er hat nie gesehen, wie sie sich bemüht hat, es ihm recht zu machen (Tränen). Jetzt sehe ich die Scheune auf Opas Hof von innen. Durch die Ritzen des Scheunentors dringt Tageslicht herein. In der Scheune läuft irgendwas ab. Ein Missbrauch? Ich spüre meinen Unterleib, der schmerzt. Die Mutter ist 14, sie ahnt nichts Böses. Da sind drei Männer, sie kokettiert mit ihnen. Das war 1948, das Haus war voller Flüchtlinge. Die Männer befriedigen sich in ihr (die Sitzungspartnerin wird knallrot, windet sich im Stuhl, schluchzt). Wenn sie laut schreien würde und alle kämen angerannt, wär's noch schlimmer. Deswegen macht sie scheinbar mit. Der Vater hat's geahnt, er hat es mitgekriegt, aber er hat nichts gesagt. Das war ihm alles zu kompliziert. Und das bereut er nun.

Sie kokettiert mit denen. Sie locken sie in die Scheune, sie fühlt sich geschmeichelt. Tür zu. Ihr wird mulmig. Komm, stell dich nicht so an. Hose runter. Hand auf den Mund. Glied rein, Schmerz. Ich spür, wie der eine sein Glied in mir hat. Ich fühle Ekel, ich bin wie abgeschaltet, ich schäme mich. Die stinken! Die geifern! Der eine will mich knutschen mit seinem Maul voll Spucke. – Sie liegt auf einer Decke auf einem Karren. Einer nach dem andern schiebt sein Glied in sie rein. Zwei gucken zu, lachen. Jetzt lassen sie ab. Fertig. Höschen hoch. Scham. Bin selber schuld, denkt sie. Die Männer gehen, sie selbst schlüpft woanders raus.

Der Opa hat vom Haus aus mitgekriegt, dass da was abläuft, aber er will es nicht wissen. „Ist anderen auch schon passiert", denkt er. Er hat Angst vor Mitgefühl, das kennt er nicht. Hat er nie erlebt. „Wenn man nicht drüber redet, dann ist auch nix gewesen", nur diese Moral kennt er."

Ingenieur sieht seine Zukunft

Nicht nur der Blick in die ferne Vergangenheit eröffnet sich dem Mind-Walker, hin und wieder ist es auch ein Blick in die Zukunft:

Jochen ist beratender Ingenieur und wird in wenigen Wochen nach China reisen, um dort ein Stahlwalzwerk einzurichten. Er hat internationale Erfahrung und freut sich auf diese Aufgabe. Obwohl dies gar nicht unser eigentliches Sitzungsthema ist, werden Jochens Augen schwer, während er mir von dem Projekt erzählt, er fühlt sich bleiern. Sogleich machen wir uns dran, diese Situation zu erkunden. Was sieht er, spürt er, ahnt er?

Vor seinem geistigen Auge sieht Jochen grauhaarige Männer in Anzügen, die mit ihm in einem nobel eingerichteten Büro sitzen und ihn nachdrücklich auffordern, auf der mittleren Führungsebene dieses Unternehmens bloß keine gedankliche Eigeninitiative anzuregen. Bilder des Parteivorsitzenden Mao Zedong hängen an der Wand. Tee wird serviert; Jochen bekommt keinen.

Jochen hat so etwas noch nie erlebt. Er war noch nie in China. Ihm ist klar: ein Zukunftsbild.

Er möge sich aus der Firmenpolitik raushalten, macht man ihm deutlich. Die Kollegialität, die Jochen gerne mit seinen Mitarbeitern pflegt, ist hier offensichtlich unerwünscht.

Neues Bild: der Werksmanager. Inkompetent, aber Parteimitglied. Er hat was gegen ein Team von Europäern und wiegelt die Leute gegen sie auf. Jochen beschreibt ihn als einen 60-jährigen, verbitterten Mao-Parteigänger.

Jochen kann den Mann spüren; er ist online mit ihm. Zwar wird er ihn erst in der Zukunft treffen, aber natürlich gibt es ihn auch jetzt, genauso wie es Jochen gibt. Zwischen den beiden hat sich durch Jochens Aufmerksamkeit ein telepathischer Kanal ergeben. Über diesen liest Jochen ab, was zur Verbitterung und Fremdenfeindlichkeit des Mannes führt: der Untergang einer Tyrannei aus Urzeiten, sozusagen ein Vorläufer des Mao-Regimes. In beiden hatte der heutige Werksleiter einen großen Posten. Durch den Untergang Maos wurde die alte Geschichte in die Gegenwart getragen; der damalige Verlust verdoppelte sich.

Wir neutralisieren die Spannung des chinesischen Werksleiters, die sich auf Jochen übertragen hatte, indem wir seinen Verlust aufarbeiten. Jochen fühlt sich nun wieder wohl und frisch; das bleierne Gefühl ist verflogen. Wir gehen über zum eigentlichen Sitzungsthema.

Einen Monat später erhalte ich von Jochen aus China folgende Email: „Den Werksleiter, den wir in Sitzung hatten, habe ich nicht direkt gefunden, es gibt aber einen, der uns hier viele Probleme gemacht hat, und der sich auch wie dieser anfühlt. (Die Probleme sind weg, seit ich hier bin, und er scheint sich sehr um mich zu bemühen, was ungewöhnlich ist.) Nur ist der noch sehr jung. Er trägt immer noch Klamotten wie zur Mao-Zeit, nur wie gesagt, das Alter passt nicht."

Ich frage zurück, ob er vielleicht vom Alter her im vorigen Leben bei den Maoisten dabei gewesen sein könnte? In der Tat, so ist es. Jochen schreibt zurück: „Der Typ ist ca. 35 bis 38 Jahre alt. Er war unmöglich, als ich kam, die Truppe aus meiner Firma hat sich sehr über ihn beschwert. Jetzt ist er super und richtig aufgeblüht und benutzt seine Fähigkeiten. Und er ist auch bei weitem nicht mehr so mies drauf. Sehr große Veränderungen, seit ich da bin. Am Anfang trug er Mao-ähnliche Bekleidung, dunkel, das ist jetzt auch anders. Ich denke, das war derjenige, welchen wir an der Strippe hatten und sein früheres Dasein erwischt haben; übrigens ist er jetzt Leiter des Walzwerks. Als ich ihn zum ersten Mal sah, fühlte er sich bekannt an, nur das Alter hat mich am Anfang durcheinander gebracht."

Das Positive, das Jochen bei dem Werksleiter während unserer Sitzung bewirkte, schien erst zum Tragen zu kommen, nachdem die beiden persönlich zusammen trafen. Es ereignete sich sozusagen eine positive Einschaltung. Daraufhin änderte sich der Mann rapide zum Besseren.

Der Weg vom Nichtsein zum Sein

Wesen kommen aus anderen Welten herunter auf die Erde, hieß es nun mehrfach – woher kommen sie? Manche aus Raumschiffzivilisationen, andere aus Engelwelten. Und was war davor? Wo war man, bevor man ein reines unbeflecktes Engelchen war? Wie wurde man dazu?

Diese Frage führt zum Ursprung des Seins. Wir nennen es ein Ursprungserlebnis. Jeder Sitzungspartner erinnert sich irgendwann im Verlauf seiner MindWalkerei einmal daran. Es handelt sich dabei buchstäblich um den Ur-Sprung, den ersten Sprung, den Übergang vom Nichtsein oder Allsein oder göttlichen Sein zum individuellen Sein. Dazu einige knappe Beispiele:

Heinz: „Ich tauche hinab in einen Wolkentunnel. Ich weiß wirklich nicht, wie ich da rein geraten bin. Ganz am Anfang, als sich dieser graue Wolkentunnel öffnet, da habe ich das Gefühl als bekäme ich einen Befehl. Ein echter klarer Imperativ, so wie ein Zeigefinger in eine Richtung mit den Worten: da geht's lang! Keine Ahnung wo das her kam. Ich war neugierig, und das war mein Ende. Aus war's mit *Advaita* (Sanskrit: der Zustand der Nicht-Zweiheit). So gerät man aus Neugier aus dem göttlichen Theater in die wirkliche Welt.

Vor alledem war sehr dünne Luft, eine Leere, eine herrliche, helle, frische Leere, und dann da unten diese Wolkenschicht mit den Tunneln und dem Trichter und dann dieser Imperativ und ich da rein. Ich werde sozusagen rein gehüpft. Ich tu es nicht selbst, sondern es widerfährt mir.

Als ich entstehe – denn vorher gab es mich nicht – da bildet sich so etwas wie ein Strudel im universellen Bewusstsein, ein Wirbel im Vektorfeld. Und dieser Wirbel, der ist meiner, da spring ich rein. Das ist nicht der graue Wolkentrichter, wohlgemerkt, sondern das ist, wie ich überhaupt zu meine Existenz komme: aus dem Nichts ein Wirbel.

Das universelle Bewusstsein schafft den Wirbel, guckt in den Wirbel und wird zum Wirbel, er entsteht aus sich selbst heraus. Das universelle Bewusstsein wird zum individuellen Bewusstsein durch Identifikation mit dem Wirbel: ich bin."

Thomas: „Ich befinde mich gefühlt außerhalb des Universums. Um mich herum ist alles weiß. Ich sehe etwas Schwarzes – das kommt mir vor wie das Universum von außen betrachtet – mit bunten Galaxien und Sternen darin. Ich habe das Gefühl, dort einzutauchen. Im Vergleich zu dem weißen Raum ist das Universum winzig. Ich muss mich kleiner machen, damit ich dort rein passe."

Heide: „Zuerst gibt es nur mich. Erst nur das ich. Dann das du. Vorher war alles heil."

Und nun, in größerer Ausführlichkeit, Maria:

„Ich habe eine Sehnsucht - eine Sehnsucht nach dem Nichts. Da, wo ich schon immer hin wollte, das ist nicht hier, nicht auf der Welt. Dort ist es ruhig. Da gibt es kein Müssen und Sollen, kein Hin und Her. Hell, warm und schön ist es dort. Man kann einfach sein und sonst nichts. Wie eine Wolke aus farbigem Licht – ich bin in der Wolke, ich bin mit der Wolke, wie ein Lichtnebel ist sie, funkelnde Lichtbrechungen, klar und glitzernd. Ich bin wie vermischt mit der Energie, bin Teil davon, bin Tropfen wie auch Ozean. Ich bin allein und nicht allein, alles ist verbunden, ist vibrierende Energie und Farbe; Farbe wie wenn das Licht sich bricht und in Regenbogenfarben aufleuchtet. Es gibt keine Absicht, es gibt nur einfach das Sein.

Da sind viele solcher Punkte wie ich, alle zusammen sind wir wie in einer Wolke – die wird allmählich dichter – wir erleben eine Trennung, eine Absonderung. Aus der Ganzheit entstehen viele Punkte, lauter einzelne. Vorher waren wir wie flüssig, nun ist es fester und wir sind wie Gallertstückchen in einem Gel. Es wird kälter, es fließt was ab, alles wird fester, die Punkte sind nun eher schon wie Glaskugeln. Wir sind alle Einzelteile und irgendwie härter. Man stößt aneinander. Man spürt Begrenztheit. Jeder ist nun auf seine eigene Energie angewiesen. Trotzdem gibt es noch ein Miteinander, aber gasförmig wie zuvor sind wir nicht mehr.

Die Ausdehnung nimmt zu, die Distanz zwischen uns wird immer größer. Vorher waren wir in der Unendlichkeit, nun ist es eher, als seien wir als Kugeln in einem begrenzten Raum drin. Wir schweben immer weiter auseinander, und der Raum wird größer. Noch ist alles hell. Noch sind wir am Vibrieren wie vorher. Ich leuchte aus mir heraus, bin sowohl Quelle wie auch Teilnehmer. Der Raum wird nun riesig. Ich fühle mich allein mit meiner Energie. Der Raum selbst hat keine. Es gibt nur noch die weit verstreuten Kugeln. Jeder von uns leuchtet, so weit er kann; jeder versucht, das Gebiet auszuleuchten, jeder als einzelne Lampe. Immer weiter verteilen sich die Lämpchen, immer weiter gehen sie weg – ich bin einzeln, ich bin allein. Es wird immer schwieriger, mein Licht zu halten. Die Trennung von den anderen schmerzt mich. Aber wir müssen das Dunkle ausleuchten.

Ich kann nicht behaupten, dass ich die Absicht hätte, den Raum auszuleuchten. Ich leuchte ja sowieso. Aber der Verlust des Gesamt-Lichtes schmerzt mich. Vorher, als ich Teil von allem war, da gab es Geben und Bekommen, jetzt kann ich nur noch geben. Ich bekomme nichts mehr. Geben war kein Problem, solange ich im Hellen war. Da gab es einen Austausch unter Gleichen. Im Dunkeln aber ist es eine Einbahnstraße, da kann ich nur geben. Ob ich leuchte oder nicht, es bleibt dunkel. Dem Dunkel ist es egal, ob ich leuchte oder nicht, es ist eine Leere, mein Tun kommt mir sinnlos vor. Ich bin wie ein Glühwürmchen nachts im Garten, ich leuchte, so weit ich kann, aber den Garten erhellen, dazu reicht es nicht.

Es geht nun abwärts. Alle gehen hinunter, so jedenfalls fühlt es sich an. Ich fühle Schwere, es zieht mich runter. Die anderen Lichter bewegen sich auch nach unten. Ein Fluss entsteht. Man wird dichter, wie fließendes Gel. Bis zu diesem Sog war alles in Ordnung, da waren wir alle miteinander. Jetzt sind wir eingepfercht. Wir sind in einem Trichter, es geht nur in eine Richtung und der Fluss wird immer enger; wir rücken immer enger zusammen. Dieser Druck ist so anstrengend!

Am Ende sind wir schwer, zerstört, ausgepresst, leere Schalen, kaputt. Keine Schwingung mehr. Zerdrückt. Aus mir kommt kaum noch ein Leuchten – denn in mir sind Schatten! Flecken sind in mich rein gemacht worden, ich bin nicht mehr makellos! Das lähmt mich, das sitzt auf mir, klebt auf mir, sickert nach innen, dringt zu mir selbst vor. Ich werde dunkler. Ein Vergessen setzt ein. Mein Wissen wird zerstört. Wo mein Wissen war, ist nun ein Loch. Es ist nichts mehr da. Ein riesiger Anteil von mir ist einfach weg. Ich bin klein, getrennt, habe Angst. Kein Vergleich zu vorher!

Ich spüre Bewegung. Dann kommt sowas wie die Vorbereitung für eine Reise. Da ist eine Macht, ein Wille, der kommt von außen. Jemand entscheidet für uns. Und dann werden wir einzeln verschossen! Ich fliege durch den Weltraum mit Tempo, wie ein Geschoss. Es wird heller, dämmrig, vorher war alles dunkel. Ich bin allein.

Nun werde ich langsamer. Vor mir sehe ich eine Umrisslinie, der Umriss eines Planeten. Auf ihn fliege ich zu. Ich fliege als der schwarze Rucksack, der ich bin, und werde geschoben von dem Impuls, der mich auf die Flugbahn gesetzt hat. Eigene Energie habe ich kaum noch.

Ich bin wie in einer Brühe, wie in einer Suppe, ich falle nicht mehr. Ich sitze desorientiert in einem Nebel. Ich stelle fest, ich weiß nichts mehr, ich weiß von nichts, ich habe keine Ahnung! Ich bin total vernebelt. Nur dass ich da runter muss, das weiß ich mit Sicherheit."

(Dies ist die Vorgeschichte zu „Hilfloses Engelwesen übernimmt Unfallkörper", oben.)

Mit diesen Berichten wird ein Wissen berührt, das so alt ist wie die Menschheit. Buddhisten und Hindus sprechen von einem Allbewusstsein namens *brahman*, aus dem das Einzelbewusstsein, *atman*, sich löst, um schließlich nach Erlöschen des Ego zur Quelle zurückzukehren, dem Zustand des *nirvana*.[18] Genau dies dürfte Christus mit den Worten „ich und der Vater sind eins" gemeint haben, und darauf bezieht sich die Verklärung der christlichen Mystiker.[19]

Dem legendären ägyptischen Weisheitslehrer der Frühzeit, Hermes Trismegistos, werden die Worte zugeschrieben: „Aus der einen großen Seele des Universums entspringen alle Seelen." Ähnliches findet sich bei Zarathustra. Und auch bei den in Europa für Spiritualität kaum bekannten Zulus: Im Körper wohnt eine Seele, in der Seele ist ein Funke des Universellen Geistes. Nach dem Tod des Körpers schwebt die Seele für eine Weile in der Nähe des Körpers, dann verabschiedet sie sich und geht zu einem Ruheplatz. Dort schläft sie, bis sie träumt, dass es auf der Erde etwas zu tun und zu lernen gäbe. Davon erwacht sie und wird wieder als Kind geboren. Dies wiederholt sich, bis der betreffende Mensch am Ende zum Wahren Menschen wird; wenn dessen Körper stirbt, wird seine Seele eins mit dem Universellen Geist, von wo sie ursprünglich kam.[20]

Sitzungsberichte: Mit Geistern im Gespräch

MindWalking solo

Mit Ausnahme von „Abgeschiedener wird Schutzengel" waren die oben aufgeführten Sitzungen Duo-Sitzungen. Das bedeutet, der Sitzungspartner arbeitet an seinem Thema mit Unterstützung eines Sitzungsleiters. Gleichwohl geht es auch ohne Sitzungsleiter. Dabei sitzt der Sitzungspartner allein zu Hause und betreibt sein MindWalking „solo". Unentbehrlich ist ihm dabei der mindwalker, ein unter diesem Markennamen vertriebenes Hautwiderstandsmessgerät.[21] Dabei handelt es sich um einen kleinen Plastikkasten mit einer Menge Elektronik drin. Von außen sieht man verschiedene Einstellknöpfe und eine Skala mit Zeiger. Ohne die Rückmeldung dieses Zeigers geriete ein Solo-MindWalker leicht auf Abwege.

Solositzungen nehmen bei MindWalking einen hohen Stellenwert ein. Die ganze Absicht des Duo-Sitzungsleiters ist, sich möglichst bald überflüssig zu machen und seinen Sitzungspartner zum Solisten werden zu lassen. Insofern ist jede Duo-Sitzung ein Training, um den Sitzungspartner mit den Erscheinungen seiner geistigen Welt vertraut zu machen, damit er schließlich selbstständig übernehmen kann (nach entsprechender Ausbildung).

Welche Bedeutung Solo hat, ergibt sich mit Blick auf die anfallenden Sitzungsstunden. In den anfänglichen Duo-Sitzungen, wie im letzten Abschnitt zitiert, werden innerhalb von fünfzehn bis fünfundzwanzig Stunden lebenswandelnde Durchbrüche erzielt. Das dauert, bei einer Tagesleistung von normalerweise vier bis sechs Sitzungsstunden, drei bis acht Tage, verteilt auf mehrere Termine (man würde nur selten länger als drei Tage am Stück arbeiten). Danach, mit Solo, geht es anders zu. Solo ist eine Feinarbeit, die eher von Neugier als Not bestimmt ist. Gerade deswegen nimmt sie weit mehr Stunden in Anspruch als Duo - nicht bloß ein paar Dutzend Stunden mehr, sondern Hunderte. Selbstverständlich steht das ganz in Abhängigkeit davon, nach welcher Decke der betreffende Solist sich strecken möchte.

Der von MindWalking angestoßene Wandlungsprozess ist somit nicht Sache von ein paar Tagen, sondern von Jahren und Jahrzehnten - wie es bei jeder seriösen Geistesschulung zu sein pflegt. Es braucht ein Leben, um ein Leben wieder auf die richtigen Gleise zu setzen.

Mit Solo gewinnt der MindWalker Zugang zu immer subtileren Bereichen. Im Lauf der Jahre erarbeitet er sich ein fundamentales Verständnis der geistigen Welt in jedem denkbaren und vor allem in jedem *nicht* denkbaren Aspekt. Es fallen einem Sachen zu, auf die man von selbst nie käme. MindWalking ist buchstäblich *mind blowing,* insofern es die gewohnten geistigen Dimensionen des Denkens sprengt.

Gelegentlich kommt es dabei zur telepathischen Verknüpfung zwischen dem Solo-MindWalker und Personen, die sich körperlich ganz woanders aufhalten oder – falls es sich um nicht-verkörperte Geistwesen handelt - die nicht einmal einen Körper haben. Da wir bei der Diskussion der Atlantis-Katastrophe häufig auf Solositzungen werden zurückgreifen müssen, seien nun einige Beispiele gegeben, um die Verfahrensweise anschaulich zu machen – und auch, um den Realitätstest zu bestehen.

Verstörten Mitarbeiter per Telepathie beruhigt

Mit dem zukünftigen Verleger eines meiner Bücher machte ich eine Sitzung, damit er MindWalking kennen lernt und weiß, von was die Rede ist. Er war sehr zufrieden mit dem Ergebnis. Das war an einem Dienstag gewesen.

Am Mittwochvormittag rufe ich wegen geschäftlicher Belange im Verlag an. Eine mir nicht bekannte Mitarbeiterin weist mich auf unerwartete Schwierigkeiten im Zusammenhang mit der geplanten Veröffentlichung hin.

Zwei Stunden später, am Mittwoch gegen 12 Uhr, verspüre ich so etwas wie einen geistigen Stoß, einen Impuls, der mich völlig aus meiner Konzentration wirft. Ich schiebe das auf Müdigkeit und Stress und verbleibe in einer mürrischen Stimmung, die sich bis in den Freitag hinein hält.

Am Freitagmorgen werde ich misstrauisch, denn das ist bei mir nicht mehr normal. Um 10:50 Uhr beginne ich eine Solositzung und lasse mein geistiges Radar kreisen, um eventuelle Störfelder aufzuspüren, die mir die Laune verderben. Meine Gedanken gehen auch in Richtung jener Verlagsmitarbeiterin. Der mindwalker schlägt aus. Ich kenne die Dame nicht persönlich, sondern nur über dieses eine Telefonat vor zwei Tagen. Ich stimme mich auf sie ein und - begleitet von mindwalker-Ausschlägen - erspüre ihre Befürchtung, MindWalking sei nicht das Richtige für diesen Verlag. Viel zu nüchtern, viel zu streng, nicht heilig genug. Sie befürchtet, der Verlagsleiter könnte durch die gehabte Sitzung von einer schwarzen Macht übernommen werden. Diese ihre Befürchtung, so finde ich heraus, beruht auf ihrer persönlichen Konfrontation in frühesten Zeiten mit schwarzmagischen Mächten, bei der sie unterlag. Ich erfasse das Geschehnis, begreife es, bestätige es. Der geistige Raum meiner telepathischen Sitzungspartnerin fühlt sich daraufhin klar und sauber an. Es ist 11:15 Uhr; ich beende die Sitzung.

Um 11:40 Uhr, 25 Minuten nach Sitzungsende also, ruft mich der Verlagsleiter an und gibt überraschend grünes Licht für alles Geplante. – Reiner Zufall? Oder ursächlicher Zusammenhang?

Das Prinzip Defensivtelepathie

Manchem mag hier der gruselige Gedanke kommen, er könnte von irgendeinem neugierigen Solo-MindWalker telepathisch angepeilt und durchleuchtet werden. Das allerdings entspräche nicht unseren ethischen Prinzipien. Abgesehen davon ist es auch kaum durchzuführen, denn „bloß aus Neugier" geht nichts.

MindWalking solo ist eine Form der Defensivtelepathie. Man erspürt eingehende geistige Impulse und neutralisiert diese, indem man sie hinsichtlich Quelle und Absicht untersucht. Ethisch vertretbar ist dies deswegen, weil jeder ein Recht darauf hat, den eigenen geistigen Raum klar und störungsfrei zu halten. Im Fall der Verlagsmitarbeiterin war der eingehende Impuls kräftig genug, um mich drei Tage lang in mürrische Stimmung zu versetzen, was genügend Anlass für eine Selbstverteidigung sein dürfte.

Das Umgekehrte, nämlich jemanden aus Lust und Laune ins Visier zu nehmen, um in seinen geistigen Raum einzudringen mit der Absicht, sich zu rächen, seine Neugier zu befriedigen oder „Gutes zu tun", ist ethisch deswegen nicht vertretbar, weil jeder selbst die Verantwortung für sein Schicksal und sein Karma zu übernehmen hat, wenn er weiterkommen möchte. Würde man ihm etwas abnehmen, dann hülfe man ihm damit nicht, sondern schüfe Abhängigkeit. Würde man ihm vergangene Missetaten heimzuzahlen suchen, so entstünde dadurch umso stärker eine Bindung.

Zudem wäre eine solche Zwangsbeglückung allenfalls einem telepathischen Experten möglich. Der aber würde durch seine zahlreichen Solositzungen, über die man eine solche Expertenstufe überhaupt nur erreicht, solche wichtigtuerischen Absichten längst ausgeräumt haben. Anders gesagt, der bloß Neugierige könnte es nicht, und der Weise täte es nicht. Der spirituelle Fiesling könnte es, das wohl, und davon wird in diesem Buch noch häufig die Rede sein, aber zum Glück gibt es unter den MindWalking-Solisten keine spirituellen Fieslinge.

Telepathische Nachbarschaftshilfe

Um im Sinne der Selbstverteidigung etwas zu unternehmen, bedarf es, wie gesagt, eines eingehenden Impulses. Auch die Nachricht per Email oder Telefon, dass ein geliebter Mensch erkrankt oder ins Unglück geraten sei, könnte ein solcher Impuls sein. In diese Situation geriet der Solo-MindWalker David. Er sah sich gezwungen, dem kleinen Liam, seinem vier Monate alten Enkel, geistig zur Seite zu springen. Niemand konnte Liam im Arm halten, ohne dass dieser entsetzlich schrie. David spürte in seiner Sitzung einige energetische Anhängsel bei dem Kind auf und entfernte sie. Ähnliches unternahm er bei seiner dreijährigen Enkelin Giselle, die ein einziges Trotzbündel war.

Bei der nächsten Familienfeierlichkeit, Wochen später, erfuhr er ganz nebenher von den begeisterten Müttern, wie verwandelt ihre Kinder seien, und wie das wohl gekommen sei. Sie hatten von Davids Tun nicht die geringste Ahnung, er hatte selbstverständlich nichts verlauten lassen.

Die Bilder und Wesen im geistigen Raum eines anderen zu erspüren und buchstäblich zu sehen, ist eine gesteigerte Form der Anteilnahme, die sich im Laufe der Solo-Arbeit allmählich entwickelt. Es handelt sich um ein echtes Trainingsergebnis, insofern die wenigsten MindWalker dafür ein Naturtalent mitbringen. Ich selbst, der Autor, biete ein Paradebeispiel dafür. Bevor ich mit MindWalking zu arbeiten begann, konnte ich allenfalls auf dem Jahrmarkt die Geister in der Geisterbahn wahrnehmen, weiter ging es nicht. Echte Geister telepathisch zu erspüren war mir jenseits aller Vorstellung.

Bei Duo-Sitzungen ist diese Wahrnehmungsfähigkeit gelegentlich hilfreich. Ich erinnere mich an eine Sitzungspartnerin, die an einem bestimmten Punkt der Erzählung das Bewusstsein verlor und im Stuhl zusammensackte. Das stand in Zusammenhang mit dem angepeilten Urerlebnis, welches die Komponente Bewusstlosigkeit enthielt. Während der Sitzung wurde das dadurch dramatisiert, dass der Dame die Augen zuklappten und sie in Tiefschlaf verfiel. Nachdem dies einige Male geschehen war, nahm ich der zur Seite gekippten Sitzungspartnerin die Elektroden ab, nahm diese in die eigenen Hände und durchlief die sich mir präsentierende Geschichte (die der Sitzungspartnerin) so lang und so oft, bis die Sitzungspartnerin von sich aus erwachte. Daraufhin berichtete ich ihr von dem von mir erschauten Vorfall, und sie stimmte zu, ja, so sei es gewesen.

Wie konnte sie das wissen, wenn sie doch während des damaligen Geschehnisses bewusstlos gewesen war? Nun, sie war ja dabei gewesen! In einer Außenposition zum Körper zwar, aber doch Zeugin des Geschehens. Aber wissen wollte sie partout nichts davon. Was wieder einmal bestätigt, welch guten Sinn Verdrängung hat, denn im Moment des Geschehens dient sie als Schutz. Für dessen spätere Aufarbeitung aber ist sie eher hinderlich.

Kommt ein Solist angesichts eines von ihm angesprochenen, machtvollen Wesens an die Grenzen seiner Kräfte, so lässt sich das lösen, indem sich zwei erfahrene Solisten im Sinne einer telepathischen Nachbarschaftshilfe zu einer assistierten Solo-Sitzung zusammentun. In diesem Fall bittet der Solist, dem gerade die Luft ausgeht, seinen Kollegen, er möge sich mit diesem Wesen direkt auseinandersetzen. Der Kollege tut dies und lässt sich dabei von den Anzeigen auf dem mindwalker leiten, so als sei es seine eigene Sitzung – nur dass die Elektroden in den Händen des überforderten Solisten liegen. Wer die Elektroden in den Händen hält, spielt letztendlich keine Rolle, denn das mentalenergetische Spannungsfeld teilt sich beiden mit und kann von beiden gleichermaßen abgeleitet werden.

Die gleiche Form der Nachbarschaftshilfe ist auch über größere Distanz möglich. Ich denke an einen Fall, als ein Solist wie vor einer Wand stand, mental gesprochen; er war an ein Wesen geraten, das keinen Millimeter nachgab. Die Spannungsanzeige an seinem mindwalker blieb ständig hoch im roten Bereich. Er rief mich um Rat an. Während seiner Beschreibung bekam ich ansatzweise einen bildhaften Eindruck der „Gegenpartei", d. h. ich sah ihn als Astralkörper. Das Wesen schien mir aus meiner eigenen Sitzung einige Wochen zuvor bekannt. Das sagte ich dem Kollegen aber nicht, sondern riet ihm einfach, er möge erst einmal eine Pause einlegen und es hinterher noch einmal probieren. Flugs nahm ich mich der Sache an, peilte den in Frage stehenden Bösewicht an und brachte ihn zurück auf den Pfad der Tugend, wie es sich gehört. Zwei Stunden später rief mich der Solist an und sagte verblüfft, er könne nichts mehr finden, der Kerl sei weg, mindwalker im grünen Bereich, was da los sei? Ich erklärte es ihm und alles war gut.

Ablauf einer Defensivtelepathie

Sitzungsberichte von Solisten lassen sich deswegen schlecht zur Veranschaulichung zitieren, weil sie in knappen Stichworten abgefasst und mit jeder Menge technischer Kürzel versehen sind. Dessen ungeachtet gibt es einen ganz bestimmten formalen Ablauf, den ich zum besseren Verständnis hier wiedergeben möchte.

Das Verfahren hat folgende Sequenz: Der Solist hat ein Thema, das ihn bewegt. Er fragt in seinen geistigen Raum hinein, ob er diesbezüglich mit etwas oder jemand in Verbindung steht. Der Zeiger des mindwalkers schlägt aus. Der Solist „stellt seinen Radar an" und ortet die Impulsquelle. Er bekommt nun entweder eine Bildsequenz geliefert, die er in allen Einzelheiten beschreibt, bis sie ihre Spannung verloren hat und sich auflöst, was hier das Endergebnis wäre, oder aber er findet sich online mit einem Wesen. Dieses befragt er hinsichtlich seiner Absichten und seines Tuns. Es entwickelt sich ein telepathischer Dialog, während dem sich das Wesen zunehmend als eine Persönlichkeit mit Herkunft, Absichten, Aussehen, Emotionen, Charaktereigenschaften profiliert. Dies geschieht beileibe nicht von selbst, sondern bedarf großen diplomatischen Fingerspitzengefühls seitens des Solo-Sitzungsleiters. Die angesprochenen Wesen nämlich hegen in der Regel üble Absichten gegen den Solisten, agieren heimlich aus dem Hintergrund heraus, um ihn zu stören, zu beeinträchtigen, ihn klein zu halten, und deswegen sind sie verständlicherweise eher nicht gesprächsbereit. Kein Agent redet offen über seinen Auftrag, klar. Doch weil enttarnt, ist er nun verunsichert. Die Offenheit und Verständnisbereitschaft des Solisten führen zu einem Vertrauensaufbau, der die entscheidende Frage nach dem Hintergrund des Wesens ermöglicht: wie ist es dazu geworden? Wie konnte es je böse werden? Damit eröffnet sich eine Vorgeschichte, die in der Regel darauf hinausläuft, dass ein ursprünglich unschuldiges Wesen mit guten Absichten in dämonische Hände geriet, umprogrammiert wurde und seitdem selbst dämonisch wirkt.

Wie es dazu kommen kann, wurde bereits in einigen der oben zitierten Sitzungen deutlich, wo es um übermächtige Nebelfelder, Strömungen und Wirbel ging, die einem Wesen das Bewusstsein rauben und es mit aufgepfropften Inhalten manipulieren. Wird die Gewalteinwirkung hingegen übermächtig, so hat der Betroffene nur noch eine Chance, nämlich zu werden wie die Überwältiger.[22]

Hat der Solist seinem spirituellen Sitzungspartner auf telepathischem Weg durch dessen Urerlebnis geholfen, und ist dieses neutralisiert und bewältigt, so ist das Wesen damit endlich wieder in die Lage versetzt, auf selbstbestimmte Weise eine ethisch vertretbare Zukunft zu gestalten. Dabei orientiert es sich an seiner eigenen Gutheit vor den Zeiten der Fremdbestimmtheit, als es zu einem Bösen wurde. Ist dies geschehen, so zieht sich das Wesen zurück, um ein „neues Leben“ zu beginnen. Der Solist spürt entsprechende Befreiung und einen nunmehr leeren geistigen Raum.

Leider gibt es nicht bloß ein einziges Wesen, mit dem der betreffende Solist über sein Thema in Verbindung stünde, weswegen es in der nächsten Sitzung in derselben Form weiter geht, und in der übernächsten auch, usw., usw. - bis endlich alle Verbindungen gesichtet sind und sein Thema damit gegenstandlos geworden ist. Wäre sein Thema etwa gewesen: „ich komme mir vor wie der ewige Verlierer“, so würde sich diese Haltung in Luft aufgelöst haben, sobald alles abgeräumt ist, was damit in Resonanz geht.

Befreites Geistwesen zeigt sich dankbar

Ich bin in einer Solositzung. Im Zusammenhang mit meinem Sitzungsthema zeigt sich mir ein hilfreich gesinntes Geistwesen (auch das kommt gelegentlich mal vor). Es möchte sich für eine Sitzung erkenntlich zeigen, welche es anderthalb Jahre zuvor, im Dezember 2014, von einem anderen Solo-MindWalker erhielt. Den betreffenden Solisten, der in Johannesburg, Südafrika, wohnt, kenne ich zwar (es handelt sich um Frank), wusste aber nichts von dieser Sitzung, da Frank selbstständig ohne Supervision arbeitet.

Das Geistwesen schildert mir die missliche Situation, aus der der Solist es befreite; eine regelrechte spirituelle Gefangenschaft sei das gewesen. Nach seiner Befreiung suchte das Wesen nach einer Gelegenheit, sich erkenntlich zu zeigen, und nun sei ihm endlich der Kontakt mit mir gelungen. Was er denn vorhabe, frage ich? Er möchte dazu beitragen, dass MindWalking bekannter wird. Im PR-Bereich kenne er sich aus, das habe er in seiner Raumschiffwelt gemacht, bevor er in Gefangenschaft geriet. Na fein, das freut mich natürlich; ich wünsche ihm alles Gute; er entschwindet.

Soll er mal, denke ich mir. Zwar war das eine schöne Sitzung für beide: jemand wollte etwas von mir, in diesem Fall mal was Gutes, ich bestätigte Inhalt und Absicht, der Betreffende zog sich zurück, Ruhe ist eingekehrt, beide sind happy - das normale Ablaufmuster. Nur, was soll man davon halten? Typisch für MindWalking ist, dass der Sitzungspartner genauso wie der Solist nach erfolgter Sitzung das alles für ziemlich unglaublich hält.

Kurz, ich gebe nichts weiter auf diese Begegnung und gehe meinen Geschäften nach. Zu meinem größten Erstaunen erhalte ich zwei Wochen später die Anfrage eines Regisseurs, der um mein Einverständnis für eine Dokumentation über MindWalking ersucht (was den Anstoß zu einer ganzen Reihe ähnlicher Dokumentationen dieser Art gab).

Ein kräftiger Anstoß im PR-Bereich also. Und jenes Geistwesen war ein PR-Mann. Reiner Zufall? Oder ursächlicher Zusammenhang?

Sitzungsberichte: Der Dritte im Bund, das Vitalwesen

Der Mensch bestünde aus Körper, Geist und Seele, heißt es im Volksmund, und tatsächlich sprechen die MindWalking-Befunde für die Richtigkeit dessen. Einen Körper gibt es unbestreitbar, ein Geistwesen auch – wie verhält es sich mit der Seele?

Aus Sicht von MindWalking entspricht die Seele dem Träger von Lebenskraft und Lebensintelligenz. Bei Paracelsus heißt sie Vitalkraft, bei den Indern *Prana*, bei den Chinesen *Qi* (gespr. „Tschi“) und bei den Germanen Od, daher das alte Wort Odem für Atem. Diese intelligent wirkende Kraft ist es, die den Körper im Hinblick auf Wachstum, Heilung, Fortpflanzung und Sozialverhalten antreibt, ob es sich nun um einen Menschen-, Tier- oder Pflanzenkörper handelt. Der Biologe Rupert Sheldrake entwickelte mit seinen „morphogenetischen Feldern“ ein ähnliches Konzept.[23]

Wenn ich einen Hund anspreche, meine ich ihn als Lebewesen, nicht seinen Körper; einen toten Hund würde keiner ansprechen. Warum? Weil kein Wesen drin ist, das mit einem interagieren würde. Den Unterschied zwischen einem schlafenden oder für eine OP anästhetisierten Hund und einem toten Hund erkennt jeder. Bei ersterem ist die Seele drin, bei letzterem nicht. Wer einmal dabei war, wie ein Mensch oder ein Tier stirbt, der merkt das nicht nur am Ausbleiben des Herzschlags oder am Erkalten des Körpers, sondern daran, dass ab einem bestimmten Punkt auf einmal kein Leben mehr drin ist. Die Seele ist gegangen.

Über ein Geistwesen verfügen Tiere oder Pflanzen nicht; sie sind von Seelen betriebene Körper. Bei Menschen ist noch ein Geistwesen dabei. Dessen zusätzliche Anwesenheit wird gerade während des Sterbevorgangs deutlich: erst entschwindet das Geistwesen, bleibt aber eventuell noch in der Nähe, eine geraume Weile später geht die Seele. Bei MindWalking bezeichnen wir die Seele als „Vitalwesen“, weil der Begriff „Seele“ zu vielfältig und widersprüchlich belegt ist. Der Begriff setzt sich zusammen aus der „Vitalkraft“ des Paracelsus und dem Wort „Lebewesen“.

Vitalwesen und Geistwesen existieren parallel und interaktiv. Das Geistwesen sagt, wir gehen nach links, und das Vitalwesen setzt die Muskeln in Gang, um es mal simpel auszudrücken. Wenn ein Geistwesen den Körper verlässt und in eine Außenposition geht, ist sozusagen der Steuermann von Bord gegangen, doch fährt das Schiff nach wie vor weiter, denn die Mannschaft, das Vitalwesen, ist ja noch an Bord. Denn nicht etwa das Geistwesen sorgt für Herzschlag und Verdauung, sondern das Vitalwesen. Bei psychosomatischen Vorgängen ist das Vitalwesen der notwendige Übersetzer zwischen Geistwesen und Körper: das Geistwesen denkt sich ein leckeres Essen und dem Körper läuft das Wasser im Mund zusammen.[24]

Manche Tierfreunde empört diese Unterscheidung zwischen Geistwesen und Vitalwesen, sie finden sie ungerecht. Schließlich sei der Hund der beste Freund des Menschen und alle Katzen telepathisch. Sicherlich, die Intelligenz und Feinfühligkeit von Tieren wird häufig unterschätzt, und oft werden sie grausam behandelt. Doch so lieb und bewundernswert sie auch sein mögen, gibt es doch entscheidende Unterschiede zwischen einem Lebewesen/Vitalwesen und einem Geistwesen. Insbesondere ist es die Fähigkeit, über sich selbst nachzudenken.

Die Befähigung zur Selbstreflexion eröffnet dem Menschen (in dem ein Geistwesen wohnt) die Möglichkeit des Freitods, der Tieren nicht mal denkbar ist. Zum anderen sind Menschen technologische Wesen. Um zu überleben – selbst dort, wo biologisches Überleben gar nicht möglich ist, siehe Raumfahrt - erschaffen sie die zum Überleben nötige Technologie. Tiere hingegen sind beschränkt auf den ihnen durch ihre Evolution zugewiesenen Spielraum. Darin können sie ihre Intelligenz und Lebensfreude voll entfalten. Außerhalb dessen gehen sie zugrunde. Der Mensch hingegen überlebt überall, sofern er die entsprechenden Werkzeuge herstellt. Auch seine ungeheuer vielen unterschiedlichen gesellschaftlichen Milieus konstruiert er aufgrund eben dieser Reflexionsfähigkeit. Tiere sind da instinktgebunden festgelegt.

Es geht hier nicht um gut oder schlecht, nicht um Moral und sittlichen Wert, sondern einfach um die funktionalen Grenzen von Systemen. Mangels Reflexionsfähigkeit und auch körperlicher Begrenztheit ist der Spielraum der Tiere enger. Sie könnten die Werkzeuge gar nicht basteln, die zur Änderung ihres gesellschaftlichen Milieus und ihres Lebensraumes nötig wären. Aus diesem Grund wählen Geistwesen keine Tierkörper zur Inkarnation. Man kann einfach zu wenig damit anfangen.

Es folgen einige Sitzungsbeispiele zur Veranschaulichung.

Solo mit Hund

Auch mit Tieren lassen sich Solositzungen durchführen. Es ist alles eine Frage der Einstimmung. Ist sie in ausreichendem Maß vollzogen, so strömen die Bilder des betreffenden Lebewesens herein und lassen sich ablesen. Natürlich spricht ein Tier nicht, aber indem man als Solist Bilder anschaut, Emotionen sowie Motive erspürt, all dem Worte gibt und damit die empfangenen Eindrücke bestätigt und würdigt, verfliegen die aufgestauten Spannungen, was sich auch am mindwalker zeigt.

Wir haben Antonio im Tierheim aufgelesen. Er kommt aus Spanien. Dort hat man ihn von der Straße weggefangen und drei Monate lang im städtischen Hundezwinger verwahrt. Daraus hat ihn eine freundliche deutsche Tierschutzgesellschaft errettet. Sein Alter schätzte man auf zwei Jahre. Mehr wissen wir nicht über ihn.

Antonio erweist sich als ein Bündel aus Furcht und Panik. Jedes scharfe Geräusch, jede rasche Geste lässt ihn entsetzt aufspringen. Wenn er frisst, verängstigt ihn die Bewegung seiner Fressschale und das dabei verursachte Klappern dermaßen, dass er sich vor lauter verschrecktem Hin- und Herspringen kaum an sein Futter traut. Überall, in jeder Ecke lauerten unerkannte Gefahren auf ihn, insbesondere im Zusammenhang mit Fressen.

In Haus und Garten macht er sich nach Möglichkeit unsichtbar. Er nimmt sein Fressen zu sich, gestattet, dass man ihn streichelt. Aber wir sind nicht sein Zuhause, nicht sein Rudel, seine Familie. Wir bleiben ihm fremd.

Nach drei Jahren wohlmeinender Erziehungsversuche werde ich der Sache schließlich überdrüssig und gebe ihm eine Sitzung. Dazu setze ich mich mit dem mindwalker an den Schreibtisch und stimme mich mental auf Antonio ein, der zu diesem Zeitpunkt irgendwo draußen im Garten beschäftigt ist, weit weg von mir.

Auf meinem geistigen Bildschirm zeigt sich, von Antonio kommend, das Bild einer lärmigen Straße, daran angrenzend ein Park. Die Beine von Männern, das Schnalzen von Peitschen. Antonios Hundefreunde werden zusammengetrieben und gefangen. Antonio entkommt in einen Busch. Er sieht was zu fressen - da erfasst ihn ein Netz. Jetzt steckt er in einem Kasten. Knallend klappt der Deckel zu. Der Kasten ist vollgepfropft mit kläffenden und japsenden Hunden, kaum ist noch Platz zwischen ihnen. Sie sind aufgeregt, sie schieben, drücken und stoßen sich gegenseitig. Er ist der kleinste unter ihnen und bekommt alles ab.

Jetzt der Hundezwinger. Das laute metallische Scheppern von Fressnäpfen. Die anderen drängen ihn weg, stürzen sich auf ihn, beißen ihn. Als letzter nur kommt er an den Napf.

Frühere Szenen tauchen auf: Seine Hundemama, Nestwärme, Freundlichkeit. Dann eine Menschenfamilie, ein Kind, gutes Futter. Dann auf einmal die Straße. Er ist ausgesetzt worden, lebt unter wilden Straßenhunden. Wenn er im Müll was zu fressen findet, jagen sie es ihm ab.

Schließlich werden die Bilder dünner, sie verblassen. Nach meinem Empfinden fühlt sich Antonio erleichtert, ähnlich wie ein menschlicher Klient. Doch vermag er, anders als ein Mensch, aus sich heraus keine neue Lebensorientierung zu erzeugen. Deswegen muss ich das übernehmen. Bei uns bist du sicher, rufe ich ihm telepathisch zu; wir sind dein Rudel; immer bekommst du was zu fressen. - Ende der Sitzung.

Veränderungen stellen sich nicht unmittelbar ein, sondern schleichend. Allmählich aber fallen die Unterschiede zu früher auf: kein Weglaufen mehr im Wald; am Hoftor freundliche Begrüßung mit Schwanzwedeln; kein Schreck mehr bei Fressnapf-Geklapper. Fressen ohne Panik und ohne Angst vor versteckten Konkurrenten. Eingliederung in die Familie. Antonio ist zu einem ganz normalen, zufriedenen Hund geworden.

(Zwei weitere Sitzungen mit einem Tier, diesmal mit der Katze Bernstein, finden sich in „MindWalking – Unbelastet in die Zukunft".)

Aus der Wildschwein-Perspektive erlebt...

Sitzungsleiter ist Thomas. Eine gute Bekannte liegt mit Kopfschmerzen und Übelkeit im Bett, die Situation ist also etwas informell; die Sitzung dauert 40 Minuten.

Thomas fragt: „Was ist das schlimmste Erlebnis, das du dir vorstellen kannst, das solche Kopfschmerzen verursachen könnte? In welcher Realsituation könnte das vorgekommen sein?" Sofort kommen seiner Sitzungspartnerin Bilder in den Sinn, aufgezeichnet aus der Perspektive eines Wildschweins, welches von einem Jäger mit dem Schwert erlegt wird.

Der Sitzungsbericht, wie üblich in Stichworten: „Wahrnehmungsposition des Jägers: Frühes Mittelalter – England – Waldlichtung - Waldläufer mit blonden Haaren – Ledersachen (Schurz und Beinschutz) – Schwert – erlegt Wildschwein durch Schwerthieb in den Kopf – Siegesstimmung.

Aus der Wahrnehmungsposition des Wildschweins: Innenposition - sehe Schwert vor mir – Kopfschmerz – bin überrascht – Schnitt am Hals – ausbluten – Müdigkeit – kann mich nicht mehr auf den Beinen halten – Wechsel zur Außenposition – sehe Schweinekörper umfallen – schwebe zum Rest der Wildschweingruppe – verabschiede mich.

Wir gehen das mehrmals durch, bis Erzählen direkt mit Augenkontakt möglich. Die Geschichte hat sich damit erledigt, Kopfschmerzen und Übelkeit sind weg.

Meine Bekannte war im Nachhinein etwas misstrauisch, ob sie sich das alles nur ausgedacht hat. Als ich ihr die Geschichte noch einmal im Ganzen vorlas, verschwand das Misstrauen, weil sie die Schlüssigkeit erkannte. Der Kopfschmerz blieb verschwunden.

Waldbrand macht Waldwesen heimatlos

Die Eindrücke, die ein Vitalwesen mit sich trägt, nennen wir bei Mind-Walking Vitaldatei. Dabei kann es sich um weit mehr handeln als um das Schicksal nur eines einzelnen Lebewesens, wie oben der Hund oder das Wildschwein. Als Beispiel mag eine Sitzungspartnerin dienen, die unter ungeheurer Trennungsangst litt. Sie konnte sich von nichts und niemand trennen, denn „ich hab dann kein Zuhause mehr". Dies ging auf einen Waldbrand vor Urzeiten zurück. Ein ganzer Wald brannte, und mit ihm alles, was darin wurzelte, wuchs, blühte, kroch, flog, schwamm, spielte und rannte. Dieses gesamte Lebensfeld, dieses Zusammen-Sein aller individueller Existenzen, formte so etwas wie ein „Waldwesen". Dieses zeichnete auf, wie es dem Kollektiv der Einzelwesen erging. Mit dem Verenden aller Pflanzen und Tiere, dem Untergang allen Lebens also, hatte das Waldwesen kein Zuhause mehr. Es dünnte aus, verflog, löste sich in das allgegenwärtige Prana auf. Bis es aber soweit war, war seine Traurigkeit unermesslich, und entsprechend flossen meiner Sitzungspartnerin die Tränen übers Gesicht.

Es war die Vitaldatei dieses Waldwesens, die sich meiner Sitzungspartnerin mitgeteilt hatte und ihre Trennungsangst verursachte. Ein so riesiger Verlust sollte bitte nie wieder geschehen, doch jede kleinste anstehende Trennung schaltete ihn ein und blähte den Trennungsschmerz jenseits aller Verhältnismäßigkeit auf. Nach Bewältigung des Schocks, den das Waldwesen erlitten hatte, fühlte sich meine Sitzungspartnerin entsprechend befreit und erleichtert.

In Anbetracht dieses Erlebnisses wirken Berggeister, Gnomen, Zwerge und Elfen vielleicht nicht mehr gar so sagenhaft, wie sie heutzutage gerne hingestellt werden. Für frühere Völker, noch unberührt von städtischer Zivilisation, Elektronik und digitaler Kommunikation, gehörten sie zum Alltag, genauso wie für die Bewohner unserer Alpenregionen bis etwa 1950, dem Beginn des elektronischen Zeitalters. Ich will nicht behaupten, dass elektronische Strahlung solche Wesen vertreibt, aber zumindest scheint es, als würde unsere Wahrnehmungsfähigkeit für sie abgestumpft.

Seele und Geist im Widerstreit

Sitzungsleiterin ist Anna. Ihre Sitzungspartnerin möchte herausfinden, wieso sie von mehrtägigen Fress-Attacken überfallen wird, obwohl sie eigentlich moderat und gesund essen möchte, um fit zu sein statt wie gelähmt. Sie ist Masseurin, bezieht aus ihrer Tätigkeit Kraft und fühlt sich als immer aktiver Arbeitswirbelwind: „Arbeit ist mir das Wertvollste. Ich und mein Potential! Da bin ich ganz bei mir, da bin ich zu Haus, da bin ich richtig; das schlürfe ich auf. Arbeit ist die beste Nahrung, die nährt mich!". Das klingt gut. Auf der anderen Seite aber heißt es: „ich überesse, denn ich komme zu kurz, ich kann nicht gut für mich sorgen, ich tu mir weh, ich tu mir unrecht". Die Grundnote all dessen fasst sie zusammen mit: „ich lasse mich im Stich".

Wann und wo ist dieses Negativprogramm entstanden? Die Frage führt zur Erinnerung an den Geburtsvorgang: es wird eng; der Körper, unterstützt vom Vitalwesen, schafft sich durch, das Geistwesen hingegen (die Sitzungspartnerin) fühlt sich dabei wie benebelt, ergreift die Flucht, verlässt das Geburtsgeschehen. Das Geistwesen („ich") lässt das Vitalwesen („mich") im Stich – und entsprechend fühlt sich das Vitalwesen, nämlich im Stich gelassen. Ein Gegeneinander hat sich aufgebaut.

Welches Urerlebnis hat sich beim Geistwesen eingeschaltet, dass es das Vitalwesen allein ließ? Um einen Energie-Strudel geht es dabei, ähnlich wie oben mehrfach beschrieben. Die Enge der Geburt ähnelt der Enge, die die Sitzungspartnerin als unverkörpertes Geistwesen damals im Strudel verspürte. Dieses Erlebnis wird behandelt und neutralisiert.

Für den Erfolg dieser Sitzung ist es im weiteren Verlauf entscheidend, immer säuberlich auseinander zu halten, wer gerade spricht: Geistwesen oder Vitalwesen? Denn beide haben seit Geburt parallel ihre Aufzeichnungen gemacht. So etwa heult die Sitzungspartnerin mit ganz untypisch quietschender Stimme auf: „Ich komme zu kurz! Ich werde eingeschränkt!", während sie Bilder von Milch und Mutterbrust vor sich sieht: ein Protest gegen Unterversorgung durch die völlig überforderte Mutter, aufgezeichnet vom Vitalwesen.

Das Geistwesen wiederum, genervt von den Bedürfnissen des eigenen Körpers, wendet sich im Verlauf des Heranwachsens gegen seine körperlichen Bedürfnisse und damit gegen das Vitalwesen; auch hier lässt die Sitzungspartnerin (als Geistwesen) sich (das Vitalwesen) im Stich. Sie lebt zerrissen zwischen den Wünschen des Vitalwesens nach Schlaf, Essen, Liebe und Kuscheln und dem eigenen Idealbild von unermüdlich feiern, tanzen, lernen, rennen, arbeiten. Der Körper nervt mit seinen Ansprüchen. „Dann soll er eben fressen, bis er stirbt!" Das geht auf die damalige Behandlung der Sitzungspartnerin durch die Eltern zurück: sie schrie, weil sie nicht satt war, sie schrie und schrie, und dann wurde im Übermaß in sie hineingestopft. Daher die Fressattacken.

Zum Sitzungsende kommt es zum Dialog zwischen der Sitzungspartnerin und ihrem Vitalwesen, zur Entschuldigung, zur gegenseitigen Anerkennung: der Beginn eines verständnisvollen Miteinanders.

Vitale Kräftigung um die halbe Welt herum

Am 14.1.2014 erreicht mich eine E-Mail aus Johannesburg in Südafrika. Noch kurz nach Mitternacht schreibt mir mein Freund Frank (der Leser hat weiter oben von seinem Tod gehört), seine Frau Cheryl habe seit einem halben Jahr eine hartnäckige Lungenentzündung mit schweren körperlichen Schmerzen, beides sehr ungewöhnlich für sie. Gerade letzte Nacht sei es besorgniserregend schmerzhaft gewesen; ob ich da vielleicht was machen könnte?

Erst um 12:37 Uhr des selben Tages lese ich seine Mail, und während ich sie lese, fühle ich Cheryl direkt neben mir stehen. Ich schreibe zurück, dass ich nicht wüsste, ob und wann ich daran etwas tun könnte – nicht nur, um Frank keine Hoffnungen zu machen bzw. Enttäuschung zu bereiten, sondern auch, um den Verlauf der Angelegenheit nicht durch Bekanntgabe eines Zeitpunkts der „Behandlung" und die dadurch ausgelösten Hoffnungen und Erwartungen zu beeinflussen.

Eine Viertelstunde später treffe ich mich mit einer Ärztin zum Mittagessen und frage sie ganz nebenher nach den körperlichen Erscheinungen einer Lungenentzündung, ohne den Grund meines Interesses bekanntzugeben. Während dieses Gesprächs fühle ich Cheryl mit nahezu körperlicher Intensität rechts neben mir stehen. Ich sehe ihre Lungen von innen, so als wäre die Kamera innerhalb ihres Brustkastens. Ich vergleiche, was ich sehe, mit den gleichzeitig erfolgenden Erklärungen der Ärztin, und erkenne gravierende Abweichungen.

Um 13:38 Uhr beginne ich eine Solositzung, die um 14:01 Uhr endet. Ich spreche mit Cheryl, als säße sie mir gegenüber. Ihre Lungen sind offensichtlich so verschleimt, dass der Sauerstoff die Lungenbläschen nicht verlassen und in das Blut eindringen kann. Dies geht zurück auf ihren Wunsch, sich fest an etwas zu halten *(I must hold on, must hold tight).* Eigentlich möchte sie schon lange ihren Körper verlassen haben, tut dies aber nicht aus Verantwortung für ihren Mann. Wir neutralisieren das Negativprogramm „ich muss mich an was halten“ und Cheryl kommt zu der Überzeugung, sie wolle eigentlich doch gerne unverkrampft mit ihrem Mann bis zu einem friedlichen Tod zusammenleben (die beiden sind weit über 70). Gleichzeitig gewinne ich den Eindruck, als ereignete sich eine positive Veränderung in ihren Lungen; sie wirken rosig. Wir geben Cheryls Vitalwesen die Anweisung, die Lunge möge sich bitte auf ihre normale, gesunde Funktion besinnen. Cheryl ist fröhlich und wir beenden die Sitzung (nach 23 Minuten).

Ungeachtet dieses schönen Ergebnisses fliegt meine Aufmerksamkeit wiederholt hinüber zu Cheryl, weswegen ich mich zwei Tage später von 15:54 Uhr bis 16:14 Uhr erneut in eine Solositzung begebe. Diesmal ist mir, als stünde ich Cheryl in ihrer Küche in Johannesburg gegenüber (der Ort ist mir bekannt). Sie sagt, es gehe ihr viel besser, und tatsächlich sehen ihre Lungen aus wie ein rosiger Tempel von innen oder wie eine rosige Kathedrale. Allerdings habe sie schon seit Kindheit Brustschmerzen gehabt und sei immer mit dem Gedanken durchs Leben gegangen, sie sei viel zu krank, um zu leben, aber sie müsse leben, sie müsse. Niemand habe sie das je gesagt, auch ihrem Mann nicht.

Dies bringt ihr unvermutet das mentale Bild eines umgestürzten Maultierkarrens in den Sinn. Während der Burenkriege gegen die Engländer will ein Botschafter sein Dorf vor einem Angriff warnen, doch er verunglückt. Beim Umkippen des Wagens wird sein Brustkasten zerquetscht;

er kann kaum noch atmen. Aus der Außenposition sieht er seinen Körper hilflos krabbeln und zappeln, und er schämt sich, sich auf eine so ehrlose Weise davon zu machen und sein Dorf dem Feind auszuliefern. Er versuchte alles, sich eng am Körper zu halten und diesen wiederzubeleben, doch vergeblich. Nach dieser Erkenntnis, die uns Cheryls lebenslangen Brustschmerz und damit ihre Anfälligkeit für die Lungenentzündung erklärt, fühlt sie sich endgültig befreit.

Drei Tage später, am 19. Januar, schreibt mir Frank aus Johannesburg, seit dem Tag nach Versenden seiner Mitternachtsmail – er meint den 14. Januar und damit den Nachmittag meiner ersten Sitzung – sei Cheryl wieder auf dem Weg der Besserung und habe sich seitdem Tag für Tag weiter erholt.

Erst jetzt setze ich ihn von meiner Interaktion mit seiner Frau in Kenntnis, die ich von mir aus nie angestrebt hätte. Eine Fernsitzung ohne Cheryls Genehmigung zu machen, wäre übergriffig gewesen. Indessen teilte sich mir bereits beim Lesen von Franks E-Mail Cheryls volle Präsenz mit; ich konnte somit im Sinne meiner persönlichen Gesunderhaltung gar nicht anders, als hier einzugreifen. Hätte ich die Erscheinung abgewehrt, so wäre es eventuell meiner eigenen Lunge schlecht ergangen. Aufnehmen und Beschreiben heilt, wie man weiß; Ablehnen führt zu nichts als Spannung.

Beschreiben heilt

MindWalking heilt nicht im medizinischen Sinn, es heilt nicht körperlich. Dennoch ist es heilsam, insofern es heil macht, was unter Spannung steht und zu zerreißen droht oder gar schon zerrissen ist, nämlich Beziehungen: die Beziehung eines Wesens zu anderen Wesen, seien es Geistwesen – wozu Männer, Frauen, Kinder, Kollegen, Freunde, Engel, Dämonen gehören - oder Vitalwesen, sei es das des eigenen Körpers oder die von Tieren, Menschen oder Pflanzen. MindWalking macht die Beziehung zu solchen Bezugspunkten heil, die im Leben zentrale Bedeutung haben, etwa die Familie, der Beruf, die Heimat, die Zukunftsaussichten. Ebenfalls macht es die Beziehung zur geistigen Innenwelt heil, zu Erinnerungsbildern, die sich störend in die Gegenwart einmischen.

Alle diese Beziehungen sind nur in der Gegenwart zu spüren, nur und ausschließlich in der Gegenwart. Geschehnisse und Erinnerungsbilder aus der Vergangenheit, spannungsreiche Beziehungen und die Gedanken daran sind erst dann vorhanden, wenn sie sich in der Gegenwart störend bemerkbar machen. Kommt man mit seinen Bildern und Beziehungen zurecht, so entsteht Frieden in Geist und Seele. MindWalking heilt die Gegenwart.

Das ist gemeint, wenn von „Neutralisieren" die Rede ist. Bei der dabei verwendeten „Erzählmethode" beschreibt der Sitzungspartner seine geistigen Bilder mit sämtlichen darin vorkommenden Emotionen, Gedanken, körperlichen Empfindungen, Abläufen, Teilnehmern, Örtlichkeiten und Zeitpunkten. Das ist weniger einfach als es klingt. Manche Bilder sind zu gruselig oder unwahrscheinlich, als dass man sie anschauen möchte. Vieles fällt einem schwer auszusprechen, nachdem man es endlich mal angeschaut hat. Und das dann gar noch mit Gelassenheit akzeptieren? Doch nur so lässt sich eine Spannung auflösen: mit freundlicher Gelassenheit.

Es wird bei MindWalking nichts erklärt, vermutet, hineingedichtet oder herausinterpretiert. Es wird nur und ausschließlich beschrieben. Und zwar nicht nur ein einziges Mal durch die ganze Geschichte, sondern dreimal, fünfmal, zehnmal. Bei jedem Durchgang kommt einem Neues, bisher Verborgenes in den Sinn. Ist schließlich alles gesagt, so ist die Spannung damit verflogen. Heiterkeit setzt ein – und unversehens kommen einem Lösungen in den Sinn, wo man zuvor nur Bretter vor dem Kopf hatte. In der Beschreibung liegt die Lösung.

Die Macht der Bilder

Die Macht der Erinnerungsbilder wurde mir in mehreren Fällen mit größter Deutlichkeit vor Augen geführt, so etwa bei Verena. Im Zusammenhang mit ihrem Thema kommt ihr die Erinnerung an eine Hexenverbrennung. Es schaudert sie; sie möchte das nicht weiter ansehen. Auf ihren Wunsch beenden wir die Sitzung. Auf ihrer weiteren Suche nach einer Lösung ihres Themas macht Verena eine Rundreise durch sämtliche Angebote des esoterischen Marktes mit seinen Edelstein-, Farb- und Musiktherapien, Medien und Hellsehern. Das aber erfahre ich erst zwei Jahre später von ihr persönlich, als sie sich wieder bei mir meldet. Im Eingangsgespräch frage ich sie, was sie derzeit am meisten beschäftigt? Antwort: das Bild mit der Hexenverbrennung. Wir setzen unsere Bildbeschreibung bis zum Endergebnis fort. Es war, als hätten wir nur für eine kurze Kaffeepause unterbrochen und in der Zwischenzeit wäre nichts geschehen.

Ähnliches geschah mit Helmut, hier jedoch mit einem Zeitabstand von sieben Jahren. In der ersten Sitzungsrunde kamen wir nicht zum Endergebnis und verabredeten eine zweite Runde. Zu der aber kam es nie; immer wieder mussten Termine verworfen werden. Erst sieben Jahre später war es soweit – und wir setzten exakt an dem Punkt fort, wo wir aufgehört hatten. Das damals unaufgelöste Bild war nach wie vor unverändert vorhanden.

Oder die Sitzung mit Robert: wir gerieten an die Grenze unserer Erkenntnis – mehr ging nicht. Und doch spürten wir beide, dass das Thema noch nicht in aller Tiefe ausgelotet war. Aber wie da drankommen? Die Zeit verging, ich lernte dazu. Zwanzig Jahre später meldet sich Robert und möchte weiter daran arbeiten, das Thema hinge ihm immer noch nach – und wir setzen fort, als hätte es keine Zwischenzeit gegeben. Als würde man in einem Buch umblättern und auf der nächsten Seite weiterlesen. Diesmal erfolgte der erwünschte Durchbruch.

Ein weiterer Sitzungspartner: im Dunkeln und bei geöffnetem Fenster bekommt er Panik, er muss bei Licht und mit geschlossenem Fenster schlafen, am besten mit dem Rollladen runter. Wo ist das Problem? „Ich denk, es zieht mich hoch, es zieht mich raus!" Deswegen immer wachsam sein, deswegen Licht an und Fenster zu. Wegen seiner Intensität frage ich ihn ganz direkt, ob er zu „es zieht mich hoch, es zieht mich raus" ein Erinnerungsbild hat, und prompt beschreibt er mir seine Entführung in ein

Raumschiff; er war damals noch ein Kind. In dreißig Jahren Psychotherapie, Hellseherei und Mediendurchsagen – denn er ließ nichts unversucht - hatte ihn nie einer gefragt, was er für ein Bild sieht!

Die Moral der Geschichte: Die Zeit macht *nicht* alles heil.

Alles dummes Zeug?

Man könnte all diese wilden Geschichten leichtfertig damit abtun, dass nun mal jeder in seiner eigenen paranoiden Welt lebt, vollgepfropft mit von ihm selbst fabrizierten Katastrophen und Abenteuern, mithilfe derer er sich seine Schwächen und Absonderlichkeiten zu erklären sucht. Wäre dem tatsächlich so, dann müsste der Betreffende diese seine Vorstellungswelt irgendwann einmal nicht nur fabriziert, sondern auch mit erheblichem Aufwand unterdrückt haben, zudem müsste er beide Aktionen so gründlich vergessen haben, das Fabrizieren wie auch das Unterdrücken, dass es Stunden mühseliger Sitzungsarbeit braucht, um die „fabrizierten" Inhalte wieder ans Tageslicht zu zerren.

Eine überaus umständliche und keineswegs stichhaltige Erklärung. Würde sie nämlich zutreffen, so müsste sich ein Sitzungspartner irgendwann einmal an diesen selbstgemachten Vorgang der Verdrängung selbstgemachter Fantasien erinnern – was bislang noch nie geschah. Zudem haben die meisten Menschen überhaupt kein kreatives Talent für die Art von abgefahrenen Erlebnissen, wie sie ihnen in einer MindWalking-Sitzung ungewollt in den Sinn kommen – was sich ja an ihrem Staunen, Abwehren und Schaudern zeigt, wenn sie drauf stoßen.

All das, und insbesondere der Umstand, dass man sich nach erfolgter Bewältigung leichter und freier fühlt, spricht für Wahrhaftigkeit und Authentizität, für echte Erinnerungen. Wären es fabrizierte „Stories", so bliebe der wahre Kern des Problems auch nach deren Sichtung und Neutralisierung nach wie vor unberührt – und das ist nicht der Fall.

Teil Zwei
Was man von Atlantis weiss

Legenden hier, Wissenschaft da

In Teil Eins stand zu lesen, jeder Sitzungspartner werde früher oder später mit Erinnerungen an die Sintflut konfrontiert, und dieses Urerlebnis verursache sowohl eine individuelle wie auch eine kollektive Schockstarre. Als Methode der Auseinandersetzung damit wurde MindWalking vorgestellt, wodurch, wie man sah, im Zusammenspiel von Geist, Vitalwesen und Körper große Erleichterung erzielt werden kann.

Ähnliche Sitzungsberichte, die eigentlichen Atlantis-Protokolle, werden Sie in Teil Drei vorfinden. Sie bedürfen der Vorbereitung, und das ist die Aufgabe dieses Teil Zwei.

Erstens wären da die Legenden zu berücksichtigen. Nicht nur diejenigen der Europäer, sondern die aller Völker rund um die Erde verweisen auf den katastrophalen Untergang eines „Goldenen Zeitalters". Was geschah damals?

So vage und diffus Legenden auch sein mögen, kreisen sie doch um einen wahren Kern, wie sich später durch die Erinnerungen aus MindWalking-Sitzungen zeigen wird. Um ihnen die gebührende Ehre zu erweisen, werden sie in diesem Kapitel vorgestellt.

Zweitens wäre zu fragen, ob in Geologie, Archäologie und Anthropologie ein vergleichbares weltuntergangsähnliches Ereignis genannt wird. Zu klären wäre außerdem, wie es sich mit der Erd- und Menschheitsentwicklung verhält, denn die Wissenschaften haben da ganz andere Vorstellungen als die Legenden. All das ist Thema dieses Teil Zwei.

Wie unsere Atlantis-Legende entstand …

Sokrates und die Folgen

Die Verbreitung der Atlantis-Legende begann mit den beiden berühmten griechischen Philosophen Sokrates und Platon, die um 400 v. Chr. lebten. Laut Platon habe ein junger Mann namens Kritias dem Sokrates berichtet, was er, Kritias, als Zehnjähriger - also gute zehn bis zwanzig Jahre zuvor - von seinem Großvater erzählt bekommen hätte. Der Großvater sei damals neunzig gewesen, und er hätte es von seinem Freund, dem griechischen Staatsmann Solon. Dem wiederum wäre es von einem ägyptischen Priester erzählt worden. Diese Gerüchtekette ist unsere einzige Quelle zum Thema Atlantis.

Wenn man sich das anhand der Lebensdaten dieser Personen durchrechnet, stimmt es hinten und vorne nicht. Solon hat Ägypten um 600 v. Chr. bereist, das ist historisch belegt. Vierzig Jahre später, im Jahr 560 v. Chr., starb er; Sokrates aber führte seine Gespräche erst um das Jahr 360 v. Chr. herum, runde 200 Jahre später – wie soll da des Kritias Großvater den Solon getroffen haben? Wenn überhaupt, müsste es sein Ur-Urgroßvater gewesen sein.

Die Unstimmigkeit erklärt sich größtenteils dadurch, dass Platon diese Gespräche mit Sokrates erst Jahrzehnte später notierte, um 355 v. Chr., und sie in Form der beiden Bücher „Kritias" und „Timäus" herausbrachte. Platon war damals in seinen Siebzigern und Sokrates schon lange tot. Leider ist kaum auseinander zu halten, was in diesen Aufzeichnungen Dokumentation sei und was Erfindung (damals nicht unüblich); zudem sind uns die Bücher nur in Fragmenten erhalten geblieben.

Kurz, die ganze Atlantis-Legende beruht auf Hörensagen und fragmentarischer Überlieferung. Genaueres weiß man nicht. Demgegenüber behauptet Platon, immerhin der wohl scharfsinnigste Denker der Antike und kein Luftikus, mehrfach felsenfest, Atlantis sei keine Erfindung, sondern eine authentische ägyptische Überlieferung. Ihr folgend, wäre Atlantis eine Insel im Atlantik jenseits der Straße von Gibraltar gewesen, durch die sich der Atlantik ins Mittelmeer ergießt.

Platon scheute sich nicht, diese Insel in blumigen Details zu beschreiben; angeblich gäbe es dort nichts wie Gold, Edelsteine, warme Bäder, Elefanten, Pferderennbahnen und einen Hafen mit einer riesigen, das ganze Mittelmeer beherrschenden Flotte. Atlantis sei größer gewesen als die heutigen Länder Israel, Palästina, Jordanien, Libanon, Syrien, Türkei, Ägypten und Libyen zusammengenommen. Durch Erdbeben und Flutwellen sei das Reich in einer einzigen Nacht ausgelöscht worden. Das sei, so der ägyptische Priester in ihrer Rede zu Solon, 9000 Jahre vor Solons Geburt geschehen.[25]

Wie konnten ägyptische Priester wissen, was 9000 Jahre zuvor geschehen war – lange vor Beginn des ägyptischen Großreichs? Von heute aus gerechnet wäre das besagte Geschehnis 11.600 Jahre her: die 9000 Jahre vor Solon plus die 600 Jahre von Solons Geburt bis Christi Geburt plus die 2000 Jahre seit Christi Geburt bis heute, zusammen also 11.600 Jahre.

Wegen Platons Hinweis auf ein Erdbeben wird von manchen Archäologen angenommen, es müsse sich um die vulkanische Explosion der griechischen Insel Thera, auch Santorini genannt, gehandelt haben, 1500 v. Chr. Deren nachfolgender Tsunami hätte die Insel Kreta überflutet und die minoische Hochkultur ausgelöscht. Andere Archäologen bestreiten das und sagen mit nicht weniger überzeugenden Belegen, da habe sich einer (nämlich der Archäologe Spyridon Marinatos, 1939) etwas zurechtgelegt, um es passend zu machen.[26] Zudem könne die Tsunami-Geschichte auf beliebig viele Örtlichkeiten und Epochen zutreffen, denn von Erdbeben erschütterte Hochkulturen gäbe es schließlich rund um die Welt herum genügend.

Mit unumstößlichen Belegen tut sich die Archäologie schwer. Viele ihrer Aussagen beruhen notgedrungen auf Annahmen, Vermutungen und Schlussfolgerungen, was sich an der häufigen Verwendung von Floskeln wie „vermutlich“, „wahrscheinlich“, „es ist anzunehmen, dass …“, zeigt. Moderne Archäologen jedenfalls gehen beim Datieren des Beginns der ägyptischen Zivilisation von ca. 3.500 Jahren v. Chr. aus. Das würde angeblich grob zu einem legendären Vernichtungskrieg passen (auch dieser nur eine Annahme), der sich angeblich 1000 Jahre vor der ägyptischen Staatsgründung vollzogen habe.[27]

Wäre dem so, dann wären wir für die Datierung des Untergangs bei 4.500 Jahren v. Chr., und der Priester hätte dem Solon gegenüber mit seinen 9000 Jahren ein wenig übertrieben. Wer hat Recht?

Was war früher als Ägypten?

Was war früher als Ägypten? Die megalithische Kultur, deren Dauer Archäologen auf 3200 Jahre schätzen, angeblich im Zeitraum von 5000 bis 1800 v. Chr. 3200 Jahre lang eine einzige Kultur; eine beachtliche Zeitspanne – sofern die Schätzung stimmt.[28] Ihre imposanten Zeugnisse wie Stonehenge, Steinkreise und Menhire sowohl in Europa wie auch auf anderen Kontinenten verweisen auf höchste geometrische und astronomische Kenntnisse. Woher, darf man fragen, hatten die megalithischen Baumeister solches Wissen? Und wie brachten sie es technisch und logistisch fertig, die für Stonehenge verwendeten tonnenschweren Steine (*mega lithos* heißt „großer Stein“, griechisch) ganze 300 km von den Steinbrüchen in Wales herüber zu schaffen?

Waren das die „wahren Atlanter“? Wäre dem so gewesen, so hätte das Ende ihrer Kultur in den „offiziellen“ Beginn der ägyptischen hineingereicht – aber anscheinend wusste keiner vom andern; nichts ist diesbezüglich überliefert, und auch von Vulkanausbrüchen und Flutwellen hört man nichts. Hätte hingegen Platons ägyptischer Priester mit seinem „9000 Jahren vor Solon kam die Flut“ richtig gelegen (d. h. 9600 Jahre v. Chr.), dann wäre die megalithische Zeit - wenn sie doch erst 5000 v. Chr. begann - bereits eine Folgezeit, ein erstes Erwachen *nach* Erdbeben und Flutwelle. Es hätte demzufolge bereits zuvor eine Hochkultur gegeben haben müssen, denn wie gesagt, woher nahm man die Kenntnisse?

War eventuell die megalithische Zeit selbst die gesuchte Hochkultur? Welchen Zeitraum umfasst diese Epoche wirklich?

Die megalithische Epoche

(Die nachfolgende Darstellung ist, falls nicht anders angemerkt, Rico Paganinis und Armin Risis äußerst gründlicher Recherche zu verdanken;

für einen weit reichhaltigeren Einblick in die Materie und eine differenzierte Diskussion der Befunde sei der Leser auf deren Buch verwiesen.)[29]

Nach Ansicht der Ägyptologen vereinigte um 3000 v. Chr. ein Pharao namens Menes Ober- und Unterägypten zu einem Großreich und gründete die damalige Hauptstadt Memphis (30 km vom heutigen Kairo entfernt). Damit begannen die sogenannten Dynastien, in die man die ägyptische Geschichte aufzuteilen pflegt. Nach 500 Jahren habe dieses Reich die Stufe einer Hochkultur erlangt, und um 2500 v. Chr. hätten drei aufeinander folgende Pharaonen im Verlauf von 100 Jahren die drei großen Pyramiden von Gizeh gebaut. Diese Altersangabe hätte sich angeblich durch Radiokarbonmessung bestätigt[30] (wie vertrauenswürdig diese Messmethode ist, wird im Verlaufe des Buches angesprochen werden).

Die Existenz einer vordynastischen Frühzeit, gar einer hoch-kultivierten, wird von der offiziellen Ägyptologie abgelehnt. Genau von einer solchen berichtet indessen der Historiker Herodot im 5. Jh. v. Chr. Er habe von einem Priester einen Raum mit 341 Holzstatuen gezeigt bekommen, von denen jede einen seiner Priester-Vorläufer darstellt, jeweils persönlich angefertigt von eben diesem Vorläufer, eine ununterbrochene Folge über einen Gesamtzeitraum von 11.340 Jahren hinweg (von damals aus betrachtet). Wenn man sich das ausrechnet, kommt man zu der realistischen Zahl von 33 Jahren Amtszeit pro Priester. Doch noch frühere Epochen gäbe es, so hörte Herodot, denn noch vor diesen Priestern hätten in Ägypten die Götter geherrscht.

Eine ähnliche Darstellung gibt Manetho um 300 v. Chr. Er schrieb eine ägyptische Geschichte, und von ihm stammt die bis heute übliche Unterteilung in 30 Dynastien. So überzeugend sein Werk, zurück gehend bis zur Herrschaft des Königs Menes, auch sein mag, wird es – vom Standpunkt eines ernsthaften Ägyptologen aus betrachtet – schwammig und fabulierend, sobald er auf noch frühere Zeiten zu sprechen kommt. Zuvor nämlich habe es drei große Epochen gegeben: die früheste die der Gottkönige, danach die der Horus-Könige, schließlich die der Götter-Sprösslinge. Danach erst sei König Menes aufgetreten. Und jede dieser Epochen hätte 10.000 Jahre lang bestanden, ein Gesamtzeitraum von 30.000 Jahren.

Auch der leider nur fragmentarisch erhaltene „Turiner Papyrus" aus der Zeit um 1400 v. Chr. – er wurde in Ägypten gefunden und liegt heute im Museum von Turin – spricht von drei Königsepochen vor König Menes. Die erste habe 13.420 Jahre gedauert, die zweite sei die der Horus-Könige gewesen und diese hätten 23.200 Jahre regiert. Danach ist der Papyrus beschädigt, deswegen erfahren wir nichts von der dritten Königsepoche.

Ein weiteres aufschlussreiches Relikt ist der sogenannte Palermo-Stein, von dem sich ein Bruchstück im Museum von Palermo befindet. Der Chronist beschreibt nicht nur Menes und die nachfolgenden Pharaonen auf historisch stimmige Weise, sondern erwähnt außerdem 19 frühere Könige mit einer Gesamtregierungszeit von 2100 Jahren, also 110 Jahren Amtszeit pro König.

Diodor, ein hellenistischer Historiker behauptet in seinem kurz vor Christi Geburt geschriebenen Geschichtswerk, Ägypten sei von den Göttern gegründet worden und ein Wesen namens Hermes habe sie in die Geheimnisse der Zivilisation eingeweiht. Es habe eine Zeit der Götter und Helden von 18.000 Jahren Dauer gegeben; der letzte göttliche König sei Horus, Sohn der Isis gewesen, und zwischen dieser Zeit und der Herrschaft Alexanders im dritten Jahrhundert v. Chr. seien 10.000 Jahre verflossen, möglicherweise sogar 23.000 Jahre.

Kurz, ganz genau weiß es keiner dieser Berichterstatter. Das mag daran liegen, wie Diodor schreibt, dass es den ägyptischen Priestern verboten war, Neugierigen und Uneingeweihten letzte Wahrheiten bekannt zu geben. Immerhin, gerade weil sich die angegebenen Zeiträume beträchtlich unterscheiden, ist anzunehmen, dass die Auskunftsgeber nicht voneinander abgeschrieben, sondern über originäre Quellen verfügt haben. Trotz aller Unterschiede sind sie sich einig nicht nur über eine weit in die Tiefen der Zeit zurückreichende Hochkultur lange vor König Menes, sondern auch über deren spirituelle Dimension.

Pyramidenrätsel rund um die Welt

Sind jene archaischen Zeiten gleichzusetzen mit der megalithischen Epoche? Begann sie damals schon? Mit Blick auf die Pyramiden darf man schlussfolgern: ja, so war es. Man betrachte deren Masse wie auch deren handwerkliche Präzision. Die Menge der Steine insgesamt ist gewaltig, das Eigengewicht eines jeden Bausteins riesig, die Ausführung sowohl in geometrischer wie auch handwerklicher Hinsicht vom Standpunkt der heutigen Technik her betrachtet regelrecht unglaublich. Verwendet wurde Kalkstein und Rosengranit, beides extrem hart und zudem herbeigeschafft von Steinbrüchen in Hunderten Kilometer Entfernung. Manche Steine wiegen Hunderte von Tonnen, sie sind zusammengefügt auf geradezu spielerische Weise, weisen völlig „überflüssige" Ecken und Kanten auf und sind dermaßen präzise gefugt, dass keine Rasierklinge zwischen die Blöcke passt. Manche Zugänge und Schächte sind so eng und verwinkelt, dass man keinen Küchenschrank hindurch bekäme, aber unten in der Kammer findet sich dann ein massiger Granitsarkophag von der Größe eines VW-Busses. Wie ist das zugegangen, fragt man sich immer wieder? Zudem kommen geometrische und astronomische Konzepte zur Anwendung, von denen wir Europäer immer glaubten, die alten Griechen seien als erste darauf gekommen – dabei fiel es ihnen erst ein paar Jahrhunderte v. Chr. ein, also zehntausend Jahre später als die Megalith-Epoche.

Riesige Steinbrocken, herbeigeschafft von weither, spielerisch bearbeitet und mit Berücksichtigung astronomischer Feinheiten platziert - all dies ist charakteristisch für Bauwerke der megalithischen Kultur. Überall auf unserer Erde sind sie vorzufinden, ob in England als Stonehenge, in Frankreich als Reihen und Kreise tonnenschwerer Blöcke, auf den Oster-Inseln als die bekannten langohrigen Figuren, in Peru als die Steinblockmauern von Machu Picchu und Sacsayhuaman, jeder Block wie mit dem Messer aus warmem Wachs herausgeschnitten, oder als die Stadtanlagen von Tiahuanaco am Titicaca-See oder die Baalbek-Paläste im Libanon. Erich von Däniken liefert dazu beeindruckendes Fotomaterial.[31]

Die Kolossalbauwerke seien nach Dänikens Meinung von außerirdischen Entwicklungshelfern dorthin gestellt worden; er bezeichnet sie als „Götter" (womit er nicht Unrecht hätte, wie sich bereits in den Sitzungsberichten in Teil Eins zeigte; in Teil Drei wird sich dies noch weiter bestätigen). Megalithische Kolossalbauten aber hätte den Steinzeitmenschen wenig genutzt, sie hatten andere Sorgen. Diese Bauwerke sind weit älter als die Atlantis-Katastrophe, sie stammen aus der Zeit *vor* der Großen Flut. Vor der Flut gab es *keine* Steinzeit, vor der Flut war eine Hochkultur. Alle Legenden verweisen darauf.

Megalithische Charakteristika treffen auch auf die Pyramiden zu. Manche entsprechen dem megalithischen Bauhandwerk, andere dem neuzeitlichen. Den Pharaonen seit Menes sind die neuzeitlichen, mit Hieroglyphen bedeckten Anteile zuzuordnen, denn Hieroglyphen sind neuzeitlich. Es handelt sich dabei um nichts weiter als große Ziegelbauten. Die gewaltigen, präzise gefugten Konstruktionen hingegen sind megalithisch. Sie stammen aus jener alten, mythischen Zeit, von der keiner etwas weiß, weil schriftliche Aufzeichnungen oder eingemeißelte Hinweise damals nicht üblich waren. Sie fehlen. Die nackten, kahlen Steine selbst sind die Zeugnisse.

Wie baut man eine Pyramide?

Zwar läuft die hier vorgetragene Auffassung dem Dogma der offiziellen Ägyptologie zuwider, diese selbst aber kommt mächtig in Verlegenheit, wenn man sie auffordert, die architektonischen Wunder und Rätsel dieser Anlagen sowie deren bautechnisches Zustandekommen stichhaltig zu erklären. Hätte Cheops die ihm zugeschriebene Pyramide von 2,3 Millionen Blöcken tatsächlich innerhalb der 25 Jahre seiner Amtszeit erbauen lassen, dann hätten bei einer Arbeitszeit von 365 Arbeitstagen und 12 Stunden pro Tag in jeder Stunde 21 Blöcke gesetzt werden müssen, jeder von einem Gewicht, unter dem heutige Schwertransporter samt Autobahnbrücke zusammenbrechen würden. Die gern benutzte Darstellung von Hunderttausenden von schwitzenden Sklaven, welche Steinblöcke auf Holzschlitten eine Erdrampe hinaufziehen, geht auf das zurück, was ein vermutlich redseliger und fantasiereicher Touristenführer dem Herodot erzählte oder den Hieroglyphen abzulesen ihm vorgaukelte (Herodot sprach nicht Ägyptisch): Herodot zeichnete es getreulich auf und deswegen wird es seitdem wiederholt.[32]

Die Ägypter selbst der späten Dynastien kannten keine Flaschenzüge.[33] Sie schleppten, bauten Rampen und kippten. So unglaublich dies angesichts des Tempels von Abu Simbel klingen mag, ist es doch in ägyptischen Aufzeichnungen unbestreitbar dokumentiert. Beispielsweise ein Obelisk in Karnak aus der Zeit von Thutmosis III: er ist 32 Meter hoch, hat eine Standfläche von 2,7 Meter Seitenlänge im Quadrat und ein Gewicht von 230 Tonnen. Es dauerte laut Protokoll über ein halbes Jahr, ihn aus dem Steinbruch herauszulösen. Der Transport erfolgte mit Schiffen und über Land - eine Mischung aus genialer Beherrschung von Mechanik und der unbegrenzten Verfügbarkeit von Arbeitskraft. Heute steht der Koloss auf der Piazza de Giovanni in Laterano, weil die Römer nach ihrer Besetzung Ägyptens ein Dutzend Obelisken als Souvenirs mit nach Hause nahmen.[34]

Dass man in historischer Zeit schwere Massen zu transportieren verstand, steht damit außer Frage. Aber so sehr der Transport eines solchen Obelisken einen staunen macht, ist es doch sozusagen eine Kleinigkeit im Vergleich zum Bewegen von Millionen solcher Blöcke. Man bedenke auch, welche Logistik das Bereitstellen unfassbarer Mengen von Wasser und Nahrungsmitteln für die Arbeiterkompanien sowie das Abholzen und Transportieren ganzer Wälder erfordert hätte. Hinsichtlich des von manchen Theoretikern vermuteten Anmischens einer Steinmasse direkt am Ort verhält es sich ähnlich; man hätte Unmengen an Material gebraucht.

Hält man sich vor Augen, wie akribisch die Buchhaltung der pharaonischen Schreiber war, die jeden kleinsten Kassenzettel aufführten, so muss es doch sehr verwundern, dass gerade solche riesigen Posten nicht erwähnt wurden – ganz davon abgesehen, dass sich keiner der von der Ägyptologie gepriesenen Pyramidenbauer je in seinen Annalen mit dieser seiner angeblichen Leistung herausgestrichen hätte.

Darüber hinaus ist es unsinnig, die Pyramiden als Pharaonengräber bezeichnet zu haben, denn nie wurde in einer Pyramide ein verstorbener Pharao gefunden. Zwar fand man Sarkophage, doch sie waren leer. Es ist anzunehmen, dass die Pharaonen der ersten Dynastien die bereits existierenden Pyramiden zwar verehrten und für ihre Zwecke nutzten und ausbauten, sie jedoch nicht selbst erbauten. Denn das Know-how dafür gab es zu ihrer Zeit schon lange nicht mehr.

Wie baut man denn nun eine Pyramide? Tibetische Mönche könnten dazu einen Vorschlag beisteuern; bei ihnen scheint das Know-how nicht ganz in Vergessenheit geraten zu sein. Noch im Jahr 1940 beobachtete ein Dr. Jarl, wie Mönche im Rahmen eines Bauvorhabens schwere Felsblöcke mittels Schall auf den 250 m hoch gelegenen Felsabsatz an einer nahezu senkrechten Klippe beförderten. Die Mönche standen in einem Viertelkreis angeordnet in mehreren Reihen, ausgerüstet mit Trommeln und Trompeten, vor ihnen in einer Entfernung von 63 m der zu hebende Felsblock. Von ihm bis zur Klippe waren es 250 m, der Höhe der Klippe entsprechend. Sie begannen, ihre Instrumente zu spielen. In den ersten vier Minuten geschah nichts, dann begann der Stein zu wackeln, schließlich sich zu erheben, und in einem parabelförmigen Bogen schwebte er die Klippe hinauf bis zu dem gewünschten Felsabsatz.

Dr. Jarl drehte hiervon einen Film und erstattete bei der englischen Firma, in deren Diensten er stand, Bericht. Man nahm die Sache unter Verschluss; erst 50 Jahre später, also 1990, sollte sie freigegeben werden. Ob dies geschah, ist nicht bekannt.[35]

Auch die Hopi, ein nordamerikanisches Indianervolk, könnten Vorschläge zum Bau einer Pyramide ohne Bagger oder Sklavenkolonnen beisteuern. Zwar können sie es praktisch nicht mehr ausführen, doch berichten ihre Legenden davon, wie das in alter Zeit gemacht wurde. Im weiteren Verlaufe des Kapitels wird davon berichtet werden.

Ein megalithisches Kulturzentrum

Beeindruckend an den ägyptischen Bauten ist nicht nur das, was sich dem Auge über der Erde zeigt, sondern auch, was sich alles in der Tiefe verbirgt. Es gibt Schächte hinunter zu Kammern in 30 Meter Tiefe, Verbindungstunnel, Labyrinth-Anlagen. Weil vom Sand verweht (und das dauert dort nur wenige Jahrzehnte) waren sie nie zu sehen, weswegen man die diesbezüglichen schriftlichen Zeugnisse für reine Fantasie hielt. Sie sind daher kaum erforscht. Erst in jüngerer Zeit ließen sich mit modernsten elektronischen Messmethoden Hohlräume in den Pyramiden und den Arealen darunter erkennen.

Angesichts der Dimensionen und der Anzahl von über- wie auch unterirdischen Bauwerken ließe sich Ägypten mit Fug und Recht als Zentrum und Höhepunkt megalithischer Kultur bezeichnen.

Sphinx nicht witterungsbeständig

Im Hinblick auf die Vermutung, das Ende des mythischen ägyptischen Reiches sei durch eine Sintflut zustande gekommen, sind die Verwitterungsspuren an der Sphinx und den Pyramidensockeln von größtem Interesse. So sehr sich Ägyptologen dagegen sträubten, wurde die durch Wasser verursachte Erosion 1992 auf der Jahresversammlung der „Geological Society of America" aufgrund der Arbeit des Geologen Dr. Robert Schoch, Universität Boston, unwiderruflich bestätigt. Das bedeutet, die Sphinx musste bereits lange vor der Epoche großer Regenfälle erbaut worden sein, die mit dem allseits angenommenen Ende der letzten Eiszeit vor 10.000 Jahren einsetzten. Es müsste so lange und so kräftig geregnet haben, dass sogar das Baumaterial des Sphinx-Sockels, ein superharter Kalkstein, ausgewaschen werden konnte.

Unter den Pyramiden eine Palast-Welt

Die offizielle Archäologie nahm die Berichte der Alten hinsichtlich unterirdischer Anlagen deswegen nicht ernst, weil es nichts zu sehen gab, da über die Jahrhunderte alles von dickem Sand zugeweht wurde. Und doch machten europäische Ägyptologen vom 17. bis zum 20. Jh. vielversprechende Ausgrabungen. Gegen Ende kam auch modernste Technik zum Einsatz. So fand man seit 1978 mit „Remote Sensing" Hohlräume in der Großen Pyramide, die 15 bis 20 Prozent ihres gesamten Volumens ausmachen. Mit ähnlichen Röntgengeräten fanden japanische Wissenschaftler 1987 Hohlräume innerhalb und unterhalb der Sphinx. Beim Ausbau eines U-Bahn-Schachtes für Kairo wurde 1991 der Eingang zu einem kilometerlangen, verästelten Tunnel gefunden. Dies wurde der Öffentlichkeit nicht mitgeteilt. Auch die Ergebnisse solcher „Durchleuchtungen" aus den neunziger Jahren wurden verschwiegen.

Auffällig in diesem Zusammenhang ist, dass die ägyptische Altertümer-Verwaltung in den Jahren 2002 bis 2004 ein großflächiges Areal von 12 qkm rund um die Gizeh-Pyramiden durch eine mehrere Meter hohe Mauer mit aufgesetztem Maschendrahtzaun absperren ließ, Gesamthöhe sieben Meter. Stellenweise durchschneidet sie Wohnviertel und Straßenzüge (die Pyramiden liegen direkt am Stadtrand von Kairo). Was gilt es da mit solchem Aufwand zu schützen? Keine Erklärung wurde abgegeben.

Ein Forschungsteam des Jahres 2008 konnte mit ihrem „geologischen Röntgengerät" nicht tiefer gucken als 12 Meter, entdeckte aber immerhin Hohlräume. Daraufhin wurden die Forscher festgenommen und des Landes verwiesen. Der Generalsekretär der ägyptischen Altertümer-Verwaltung, Dr. Zahi Hawass, behauptete, „es gibt dort überhaupt nichts".[36] Wäre dem so, warum dann den Zugang verbieten?

Außerhalb dieser Sperrzone ging die Forschung indessen weiter. 2014 entdeckte Dr. Carmen Boulter mit Hilfe der neuen GeoScan-Technik zwei riesige, in 20 Meter und 40 Meter Tiefe untereinander liegende Anlagen.[37] Sie befinden sich in der Nähe der Pyramide von Hawara, die äußerlich nichts weiter scheint als ein 20 Meter hoher Schutthaufen, also durchaus nicht so prächtig ist wie die drei Gizeh-Pyramiden. Die Ergebnisse des GeoScan zeigen mehrere Schwimmbecken in Olympia-Standardgröße sowie Dutzende weitläufiger Räume und Kammern von bis zu 2000 qm, was etwa der Grundfläche eines gotischen Doms entspräche.

Zumindest die obere der beiden Anlagen wurde über fünf Jahrhunderte hinweg von staunenden Zeugen als ein in seinen Ausmaßen kaum begreifbares Labyrinth beschrieben. Herodot war um 450 v. Chr. begeistert davon, dann Strabo, dann Pomponius und schließlich Plinius um 50 n. Chr. Laut Herodot handelt es sich um ganze dreitausend Kammern, von denen er auf der oberen Ebene die Hälfte durchwanderte. Die andere Hälfte lag eine Etage tiefer, dorthin aber gewährten ihm die Aufseher keinen Zutritt. Dort ständen die Särge der Könige, die das Labyrinth bauten, sowie die der heiligen Krokodile. Der nächste Ort ist die Oasen-Stadt Fayum, auf Griechisch Krokodilopolis, die Krokodilstadt.[38] („Heilige" Krokodile? Wir kommen später darauf zu sprechen.)

... und was andere Völker davon erzählen

Dank ihrer enormen Antriebskraft regt die Atlantis-Legende nie enden wollende Spekulationen an (man gebe den Begriff bei YouTube ein), führt aber auch zu aufwändigen Expeditionen in alle möglichen Länder, selbst in weit von Mittelmeer und Atlantik entlegene: nach dem Irak (1525), Grönland (17. Jh.), Südafrika (1685), Nordamerika (17 Jh.), Schweden (1675), Spitzbergen (18. Jh.), Mongolei (18. Jh.), Iran (1819), Brasilien (1925), Helgoland (1953), um nur einige zu nennen.[39]

Atlantis scheinen die Menschen überall zu erahnen. Damit erweitert sich die Dimension des Geschehens von einer lokalen Angelegenheit, wie es noch die ägyptischen Priester und infolgedessen auch Platon sahen, zu einem globalen Ereignis. Und in der Tat finden sich rund um die Welt Flutlegenden.

Alle Völker kennen die Sintflut

Beginnen wir mit der Sintflut, wie wir sie aus dem Alten Testament kennen: Gott schuf als Erstes Himmel und Erde, anschließend die Tiere und danach die Menschen, erst Adam, dann Eva. Er setzte sie in eine paradiesische Umgebung, ernannte sie zu seinen Gärtnern und gestattete ihnen, zu essen was immer sie wollten. Nur vom Baum der Erkenntnis sollten sie auf keinen Fall essen, denn dann würden sie den Unterschied zwischen Gut und Böse wissen. Neugierig waren die beiden aber schon, und als dann eine Schlange vorbeikam und ihnen entsprechend zuredete, nahmen sie von dem Baum, aßen und hatten unversehens peinliche Erkenntnisse. Als die Sache Gott zu Ohren kam, wurde er zornig und bestrafte die drei. Die Schlange musste für immer auf dem Boden kriechen; Adam und Eva bekamen im Paradies Hausverbot. Was gut war und was böse, war damit ohne jede Widerrede klargestellt.

Die Ursünde der beiden besteht offenbar darin, dass sie, die von Gott nach seinem Bilde geschaffenen Menschen, ihre Selbstbestimmtheit nutzten, die ja diesem Bild entspricht, und ihren freien Willen gegen Gott durchsetzten. Damit hatte dieser anscheinend nicht gerechnet und geriet in entsprechend schlechte Laune.

Anschließend bekamen Adam und Eva Kinder, diese wiederum Kindeskinder, und allmählich bevölkerte sich die Erde. Aus nicht genannten Gründen kam Gott zu der Auffassung, die Schlechtigkeit auf der Erde nähme ständig zu. Er bereute es, die Menschen überhaupt geschaffen zu haben und beschloss, sie vom Erdboden zu vertilgen. Nur Noah fand aus nicht genannten Gründen in seinen Augen Gnade. Er riet ihm, sich ein Schiff zu bauen und es mit Tieren und Pflanzen zu beladen. Kaum war Noah fertig damit, ließ Gott es vierzig Tage und vierzig Nächte lang regnen. Das Wasser auf der Erde stieg hundertfünfzig Tage lang, dann lief es allmählich wieder ab, doch erst weitere siebeneinhalb Monate später setzte Noahs Arche auf dem Berg Ararat auf. Ararat hat 6000 Meter Höhe; das Wasser stand also ganz schön hoch.

Gott sagte zu Noah: „Ihr könnt jetzt wieder rauskommen. Ich weiß zwar, dass die Menschen von Grund auf böse sind, aber ich garantiere euch, eine solche Strafaktion mache ich nicht nochmal. Ich übergebe euch diese Erde, benehmt euch anständig. Als Zeichen setze ich den Regenbogen in die Wolken, damit ihr immer wieder an diesen Vertrag erinnert werdet."

Soviel zur Genesis I, 1-9. Ähnliches findet sich in allen denkbaren Variationen des Grundthemas um die ganze Welt herum, zum Beispiel im Gilgamesch-Epos. Gilgamesch ist ein legendärer Held der Sumerer; er bekam von Utnapischtim von der Flut erzählt. Utnapischtim musste es wissen, denn er war dabei. Er und seine Familie waren die einzigen Überlebenden.

Ein Gott hatte ihn im Traum gewarnt, deswegen baute er beizeiten ein Schiff, belud es mit Familie, Verwandten, Handwerkern, Tieren des Feldes und der Weide und verschloss gerade noch rechtzeitig die Tür, als sich fern am Horizont eine schwarze Wolke zusammenballte. Der Tag wurde zur Nacht, sechs Tage und sechs Nächte herrschten Orkan, Sturm und Flut, am siebten Tag glätteten sich die Wogen und schließlich strandete das Schiff auf dem Berg Nissir. Utnapischtim ließ eine Taube fliegen, dann eine Schwalbe, dann einen Raben. Als der Rabe nicht wiederkam, wusste Utnapischtim, dass sich der Wasserspiegel soweit gesenkt haben musste, dass der Vogel anderswo hatte landen können.[40]

In Griechenland erzählt man von Deucalion und Pyrrha, einem mythologischen Königspaar aus Thessalien, welches das Volk der Hellenen begründete. Sie waren die einzigen Überlebenden der von Zeus verursachten großen Flut. Neun Tage lang trieben sie in einem Boot umher, bis sie schließlich auf dem 2500 m hohen Parnass-Berg aufsetzten.[41]

Die genannten Archen setzten jeweils auf einer Bergspitze auf. Wie es scheint, hat jede Legende ihre Bergspitze: in den Anden, den Rocky Mountains, im Kaukasus, im Himalaya. Noah wurde von Gott gewarnt, Utnapischtim auch, und ähnliches liest man in den Legenden der Malaien, Dayak, Griechen, Melanesier, Polynesier, Algonkin, Maidu, Chibcha und Maipuri. Der Autor Karl F. Kohlenberg ist wegen seiner verlässlichen Quellenangaben eine Fundgrube für solcherlei Legenden.[42]

Im Popol Vuh der Maya: „Das geschah zur Strafe, da sie nicht des Himmels gedacht hatten. Darum verdunkelte sich das Antlitz der Erde, und es begann ein schwarzer Regen, Tagregen, Nachtregen."

Das Buch Chumayal: „Ein feuriger Regen fiel, Asche fiel; Felsen und Bäume fielen zu Boden, Bäume und Felsen schlugen gegeneinander (...) dann kamen die Wasser mit furchtbarem Schwall. Der Himmel fiel herunter und das trockene Land versank."

Überall heißt es, die ganze Erde wäre unter Wasser gesetzt gewesen, der Mond oder aber ein flammender Feuerball und sogar ganze Sonnen wären vom Himmel gestürzt, lodernde Fackeln hätten am Himmel gestanden, Feuerstürme wären versengend über die Erde hinweg gerast, die Luft erfüllt von giftigen Gasen, glühende Steine wären herab geprasselt, flüssiges Metall vom Himmel getropft. Gott schleudert voller Zorn einen großen Stein auf das Land, und es zerbrach, erzählen die Polynesier; so entstand ihre Inselwelt. Die Erde erzittert unter einem heftigen Stoß, die Gestirne flitzen über den Himmel, die Sonne hielt inne in ihrem Lauf. Kohlenberg vermutet eine Erdachsenverschiebung. In Finnland geht die Sage, die Erde habe einen Stoß erhalten, bei Platon heißt es (im Dialog Politeia), die Pole seien vertauscht worden.

In ägyptischen Aufzeichnungen liest man: „Neun Tage lang verließ niemand den Palast, neun Tage nichts als wütende Stürme. Weder Götter noch Menschen können des Nachbarn Gesicht erkennen. Wir wissen nicht, was auf der Erde geschehen ist. Eine große Verwirrung hast du (zum Gott sprechend) über die ganze Erde gebracht mit lautem Getöse. Bitte lass das Beben der Erde aufhören! Städte sind zerstört, Ober-Ägypten ist verwüstet. überall Blut." An anderer Stelle: „Die Sonne ist verhüllt und scheint nicht erkennbar in die Augen der Menschen. Niemand kann überleben, wenn die Sonne von Wolken verhüllt ist. Gott hat die Menschen verlassen. Wenn die Sonne scheint, dann allenfalls für eine Stunde. Man weiß nicht, wann Mittag ist, niemand kann seinen eigenen Schatten erkennen. Die Sonne im Himmel scheint nicht heller als der Mond."[43]

Woher kam das ganze Wasser? Auf diese meine Frage bekam ich von einem Geologen folgende Auskunft: Durch Vulkanismus. Würden alle Vulkane der Erde gleichzeitig verrückt spielen, gäbe es erstens unendlich viele hohe Tsunami, zweitens ungeheure Wasserdampf-Wolken und entsprechende Regenfälle. Man brauchte nicht mehr Wasser für eine Weltflut, als sowieso schon da ist. Beweis: Am Ende lief es wieder ab, und alles war wie zuvor. – Was voraussetzt, dass die Erde zu Zeiten der Sintflut die gleiche Größe gehabt hätte und die Ozeane die gleiche Tiefe wie heute. Hinweise darauf, dass dem nicht unbedingt so war, folgen im nächsten Kapitel. Wäre dem so, dann hätte man doch mehr Wasser gebraucht, und zwar für die heutige, größere Erde. Woher also kam das ganze Wasser?

Was Hellseher zu berichten wissen

Rudolf Steiner, Begründer der Anthroposophie, nutzte weder archäologische oder geologische Recherchen noch stützte er sich auf Literatur und Legenden, vielmehr war ihm die innere Schau gegeben. 1909 sagte er zu Atlantis: „Dort haben wir den Vater- und Mutterboden unseres Kulturlebens zu suchen. Es waren vor jener gewaltigen Katastrophe, welche das Antlitz der Erde so verändert hat, dass die gegenwärtige Gestalt derselben zu Stande gekommen ist, innerhalb des alten Atlantis von den gegenwärtigen ganz verschiedene Menschenarten vorhanden, geleitet von hohen Eingeweihten, von Führern der Menschheit. Da entwickelte sich eine Kultur, welche im Wesentlichen unter dem Einfluss eines alten Hellsehens stand, so dass die Menschen jener Zeit die instinktartige Fähigkeit hatten, sowohl durch den Schleier der Sinneswelt zur oberen Geistwelt hinzuschauen, wie auch durch ihr eigenes Seelenleben hindurch zu den unteren Göttern zu blicken. Das war damals natürlich."[44]

Edgar Cayce (1877-1945) hatte von Kindesbeinen an die Gabe der inneren Schau und wurde als Seher schließlich weltbekannt. Als junger Mann verlor er seine Stimme und konnte nur noch flüstern, weswegen er sich einer Hypnose-Behandlung unterzog. Sogleich erlangte er den Gebrauch seiner Stimme wieder und beschrieb außerdem, noch in Trance, die Ursache seines Leidens und was zu tun sei, damit bleibende Heilung einträte. Hinterher konnte er sich an nichts erinnern, war aber von da ab in der Lage, solche Konsultationen auch für andere Menschen durchzuführen. Teilweise geschah dies in Fremdsprachen, die Cayce selbst nicht verstand, in seinem hypnotisierten Zustand aber wiedergeben konnte.[45]

Einige seiner *readings* bezogen sich auf Atlantis. Laut Cayce begann alles vor 10 Millionen Jahren mit einer Bevölkerung von 133 Millionen Menschen, die damals noch als „Gedankenformen" existierten, aber im Lauf der Zeit, bedingt durch Begierde, zu Körperformen „aushärteten". Sie wurden zu fünf unterschiedlichen Völkern, den fünf Sinnen entsprechend, in fünf Hautfarben; später auch mit Zweigeschlechtlichkeit und Sexualität. Grundsätzlich gab es zwei Fraktionen: die Guten, die *Sons of the*

Law of One, und die Bösen, *Sons of Belial.* Wegen der ständigen Reibereien stiegen Materialismus und Korruption; so setzte allmählich der Zerfall der Kultur und auch der Inseln selbst ein. Diese Endphase dauerte 50.000 Jahre und endete mit der Flucht nach Ägypten.

Atlantis war laut Cayce eine Inselwelt, die sich von Mittelamerika und der Karibik über Marokko und den Mittelmeer-Raum bis hinüber nach Vorderasien zog. Das Auseinanderbrechen erfolgte in drei Etappen über mehrere tausend Jahre. Die erste kam durch Einsatz von Explosivwaffen gegen nicht näher beschriebene Tierhorden zustande; die zweite war eine Selbstzerstörung durch mit Kristallen verstärkte Sonnenstrahlen. Bei der dritten verfügte man im Bereich Transport und Kommunikation über High-Tech im heutigen Sinn. Dazwischen lagen jeweils ausgedehnte „Rekonstruktionsphasen", nach der letzten Etappe aber war es vorbei mit Atlantis.

Im Verlauf dieser dritten Zerstörung erfolgte ein Exodus nach Yucatan, Poseidia (was dann versank), den Pyrenäen und Ägypten. Mit „fliegenden Luftschiffen" ging es dort hin, denn man verstand die Nutzung von Atom, Elektrizität und Raumschiffen. Die ägyptische Kultur, zu der man stieß, schien der atlantischen nicht unähnlich. Wichtigstes Anliegen der Geflüchteten war, dort den *fire stone* zu verbergen, der durch so etwas wie einen Kernschmelz- oder Spaltvorgang zur Energiegewinnung diente.

Erschwerend ist die Schwammigkeit und Vieldeutigkeit von Cayce's *readings* bei Beschreibungen wie auch Zahlenangaben; man kann alles Mögliche in sie hineinlesen. Allerdings steht er während seiner *readings* auch in keinem kritischen Kreuzverhör, sondern es bricht aus ihm heraus, während er praktisch bewusstlos ist, und jemand hört zu und protokolliert. Hinterher muss man dann schauen, was wohin passt – über die Jahrzehnte und die Zehntausende von Protokollen hinweg kein leichtes Unterfangen.

Immerhin: er hatte sich nie für Atlantis interessiert (sagt sein Bruder, der Autor seiner Biographie) und war in technischer und anthropologischer Hinsicht seiner Zeit weit voraus: die Atombombe wurde erst in Cayce's Todesjahr offiziell, und an eine zehn Millionen Jahre zurückreichende Menschheitsgeschichte hätte damals niemand auch nur gedacht. Man dürfte ihn daher kaum einer „blühende Phantasie“ beschuldigen.

Nicht alles, was Cayce prophezeite, trat ein, so etwa der für die 1990er Jahre vorausgesagte Untergang Japans, New Yorks und Mexikos. Einen Volltreffer landete er allerdings 1933 mit der Angabe, man werde 1968 oder 69 Atlantis-Reste in der Nähe der Insel Bimini in der Karibik finden. Tatsächlich entdeckte man 1968 bei Bimini eine Art unterseeische Straße von etwa 1000 m Länge, die nach einer U-Kurve weitere 750 m zurückläuft und sich dann verliert. Wegen der verwendeten Steinblöcke von 5 mal 5 m Seitenlänge und 1 m Dicke handelt es sich nach Auffassung der Forscher um eine megalithische Anlage, nicht um etwas Neuzeitliches.[46]

Die Hopi erinnern sich bestens

Die Hopi, ein nordamerikanisches Indianervolk, beschreiben ihre Vergangenheit weder mit Hilfe der hellsichtigen Schau noch über vage Legenden, sondern verfügen über eine Überlieferung von größter Klarheit und Überzeugungskraft. Denen zufolge stammen sie von einem versunkenen Kontinent im Bereich der Inselwelt nördlich von Neuseeland, konnten sich im Verlauf der Katastrophe nach Südamerika in die Region des heutigen Titicaca-Sees flüchten und wanderten von dort im Lauf der Jahrtausende nach Nordamerika.

Die Highlights der Hopi-Legende sind: Zum Untergang führte ein Angriff mit Raumschiffen; die Verteidigung erfolgte mit Strahlenwaffen; bei der Flucht spielten außerirdische Helfer eine Rolle; eine abschließende Gehirnwäsche sollte Vergessen bewirken.

Traditionell ein sorgfältig gehütetes Geheimnis, fand das Wissen der Hopi schließlich doch seinen Weg in die Öffentlichkeit. In den 1970ern kam es zu einem Zusammentreffen von Weißer Bär, einem Priester oder Medizinmann der Hopi, mit J. F. Blumrich, einem 1913 in Deutschland gebürtigen Physiker, der nach dem Zweiten Weltkrieg zusammen mit Werner von Braun das Raumfahrtprogramm der NASA aufbaute. Blumrich hatte Interesse an der Hopi-Kultur und der Weiße Bär hielt es für an der Zeit, sein

Wissen in die Welt zu bringen. So kam man zusammen und daraus wurde das von Blumrich verfasste Buch „Kásskara und die sieben Welten".[47]

Nach Auffassung der Hopi, leben wir heute in der vierten Welt; die vorherigen drei wurden zerstört durch Feuer, Eis und Überflutung; diese letzte Welt hieß Kásskara. Dieses Land deckt sich ungefähr mit Ozeanien, sein östlichster Punkt wäre die Oster-Insel. Die Rettung erfolgte durch die Hilfe fliegender Menschen mit und auch ohne Raumschiffe. Man nennt sie Kachinas.

Auch weit früher schon hatten Kachinas als Zivilisationsbringer gewirkt. Sie erschienen körperlich und zeugten Kinder mit Erdenfrauen, ähnlich wie es die griechischen Götter taten und wie es auch die Genesis erwähnt: „(Da) sahen die Gottessöhne, wie schön die Menschentöchter waren, und sie nahmen sich von ihnen Frauen, wie es ihnen gefiel. (…) In jenen Tagen gab es auf der Erde die Riesen, und auch später noch, nachdem sich die Gottessöhne mit den Menschentöchtern eingelassen und diese ihnen Kinder geboren hatten."[48]

Das Versinken Ozeaniens geschah im Krieg mit einer anderen hochrangigen Zivilisation „weit im Osten", die Weißer Bär als Atlantis bezeichnet. Die Atlanter waren in dieser Lesart also die Bösen. Der Krieg sei mit Raumschiffen geführt worden (eine für die frühen Siebzigerjahre bemerkenswerte Aussage). Die Vertreter jener anderen Zivilisation „erforschten auch die Planeten. Sie flogen zu ihnen hinauf (…). Dann wendeten sie sich gegen Kásskara. (…) Sie drohten unserem Herrscher, sie würden alle ihre Raumschiffe über unserem Erdteil versammeln und uns von dort oben vernichten. (…) Von hoch oben in der Luft richteten sie ihre magnetische Kraft auf unsere Städte."

Im Verlauf der Katastrophe kippte die Erde; Nord und Südpol wurden vertauscht. Die Erde blieb auf der Seite liegen und alles erfror.

Wer es schaffte, auf „fliegenden Schilden" mitzufliegen, wurde gerettet. Viele flohen auch mit Booten, heißt es. Vom nahegelegensten Punkt Ozeaniens aus, der Oster-Insel, bis zum südamerikanischen Festland wäre das nach heutigen Verhältnissen eine Strecke von rund 4000 km. Mit Kanus ist das nicht machbar. War die Strecke damals kürzer? War die Erde anders?

Es ging nach Südamerika zum Titicaca-See. Dieser war zu jenem Zeitpunkt noch eine Meereslagune. Er wurde zum See, weil die Anden von Meereshöhe aus nach oben stiegen. Laut Weißer Bär war es, als kippte eine Wippe runter zum Amazonasbecken und die andere Seite der Wippe hob die Anden – so schnell, dass man zuschauen konnte.

Am Titicaca-See wurde die Stadt Tiahuanaco erbaut und durch Gottes Zorn zerstört. Die Anden hoben sich immer mehr, das Gebiet wurde unfruchtbar, und die Hopi zogen mit Zwischenstationen von langer Dauer immer weiter nach Norden bis nach Nordamerika.

Die Vernichtung Tiahuanacos geschah durch eine Druckwelle und ein Erdbeben: „[Weißer Bär sagt:] Und er (Gott) nahm die Stadt, hob sie in die Höhe, stellte sie auf den Kopf und versenkte sie im Boden. In allen Gebäuden rings um spürte man den mächtigen Luftzug, der dabei entstand, und der Boden zitterte; es war wie ein Erdbeben. (…) [Blumrich kommentiert:] Weißer Bär erfuhr von seiner Großmutter, es sei gewesen wie das Gefühl, das man hat, wenn in der Nähe plötzlich eine Tür geschlossen wird. Das ist eine gute Beschreibung einer Luftdruckwelle infolge einer Explosion, wie sie in Form eines heftigen Vulkanausbruchs und durch tektonische Vorgänge leicht ausgelöst worden sein kann."

Kampfhandlungen mit atomaren Mitteln werden beschrieben, sowohl später auf der Wanderung durch Yucatan wie auch bei der Zerstörung Kásskaras selbst: „(…) Es war fast wie ein Beschuss mit Atomsprengköpfen, so stark waren die Waffen. (…) man einigte sich, das Dorf zu zerstören, und zwar durch eine Explosion und ein Feuer (…)." Dazu benutzte man: „ein fest zusammengepresster Haufen Maismehl mit einem Loch in der Mitte und um das Loch zwei Ringe, einer aus rotem und einer aus gelbem Hämatit. Die gelbe Masse kann auch etwas Uran gehabt haben (…). Wenn die Flamme verlöschte, oder vielmehr, wenn sie in das Loch hinunter ging, fand die Explosion statt. (…) eine große Explosion und starke Hitze, und die Menschen und das ganze Dorf wurden vernichtet. Selbst einigen, die schon früher gegangen waren, schadete die Hitze, so dass die anderen sie tragen mussten."

Vor der Zerstörung wurden wundersame Geräte und Kräfte eingesetzt: „In Kásskara kam alle Kraft und Energie, die wir brauchten, von der Sonne. Man konnte Energie überall gewinnen, Leitungen waren nicht nötig. (...) Wir hatten ein Gerät, tatsächlich viele davon, mit einem Kristall darin, der nur etwa einen Zoll groß war (2,5 cm). Damals brauchten die Menschen nicht tagelang an einem Stein zu meißeln. Sie mussten nur dieses Gerät in einer Weise halten, dass sich die Sonne in dem Kristall spiegelte, und so konnten sie jeden Stein mit Sonnenenergie spalten. Auch konnte man alle Laute in Kristallen speichern [Wie konnte Weißer Bär das 1970 sagen, zu einem Zeitpunkt, als Computer noch nicht ins öffentliche Bewusstsein gedrungen waren?] Dort unten in Südamerika konnten die Menschen auch gewaltige Felsblöcke heben, indem sie einfach die Hände ausstreckten; sie brauchten sie nicht anzurühren."

Den Hopi ist ein die Erde umgebendes Feld bekannt, in dem alle Informationen („ihre Stimmen") hängen bleiben, weswegen die Tradition erhalten bleibt: „Wir wissen, dass sich unsere Stimmen, auch ohne Laut, der Atmosphäre eingeprägt haben, und das ist unzerstörbar!"

Die Legende der Inkas deckt sich in mancher Hinsicht mit denen der Hopi. Was den einen die Kachinas, sind den anderen die Viracochas. Letztere sind beschrieben als weißhäutige, bärtige Männer (weswegen die Indios nicht über die neu ankommenden Spanier erstaunt waren, sondern ganz selbstverständlich annahmen, die kämen vom Himmel). Viracocha bedeutet „Schaum des Meeres", weil der erste, als er die Indios verließ, ins Meer ging und spurlos verschwand - eine Parallele zu den wohlmeinenden und hilfsbereiten Fischmenschen der Mittelmeervölker mit ihren Neptuns und Meerjungfrauen?

Eine sicherlich beeindruckende Überlieferung – doch wirft sie insbesondere hinsichtlich Distanz und Dauer Fragen auf. Per Kanu 4000 km oder noch weiter über den Ozean? Und mal schnell die Stadt Tiahuanaco bauen, mit ihren Felskolossen und Zehntausenden von Kilometern der Terrassierung – von Leuten, die gerade gestrandet waren? Und dies, obwohl sich die Anden zusehends hoben und man in absehbarer Zeit gezwungen sein würde, weiter zu wandern? Selbst mit Kachina-Hilfe wären dies keine nebensächlichen Aktionen.

Viel eher doch spricht aus diesen Berichten, dass die Stadt Tiahuanaco samt Terrassen aus der Zeit vor der Zerstörung stammt, wofür auch deren megalithische Bautechnik spricht. Die Flüchtenden retteten sich demnach zu einer damals bereits existierenden Stadt, die als Hafenstadt auf Meereshöhe lag und sich mit dem Aufsteigen der Anden zu einer Stadt am Titicaca-See in den hohen Anden wandelte; sie wurde nicht erst nach der Flut gebaut.

Die Hopi-Legende besagt, drei unterschiedliche Welten seien nacheinander zerstört worden, am Schluss durch einen Raumschiffkrieg mit Versinken des Kontinents. Anschließend war die Rettung nach Peru, danach die Zerstörung der Stadt Tiahuanaco. Handelt es sich vielleicht um verschiedene Aspekte eines einzigen Geschehnisses?

Bei der aggressiven „Zivilisation im Osten" kann es sich kaum um Atlantis gehandelt haben, wie Weißer Bär angibt, und zwar wegen der Verwendung von Raumschiffen. Die Kachinas aber kamen ebenfalls nicht von der Erde, sondern von ganz woanders her – wieso also nicht auch die Aggressoren? Sie könnten ähnliche Aliens gewesen sein wie die Kachinas, nur eben mit anderen Absichten. Und wieso ging Atlantis selbst unter, also das Land der Aggressoren? Das erklären die Hopi nicht.

Die Widersprüchlichkeit und Lückenhaftigkeit der Hopi-Legende lässt sich erklären als Ergebnis einer „Gehirnwäsche", von der Weißer Bär berichtet: „Als wir die große Ruinenstadt verließen, wurde (…) alle Erinnerung an das, was sich ereignet hatte, aus dem Sinn der dort Verbleibenden für alle zukünftigen Generationen ausgelöscht. So sollte niemand, der noch in den Ruinen lebte, irgendeine Kenntnis der vergangenen Ereignisse haben. Von jenen, die weggingen, sollten es nur die Hopi wissen."

Wirklich? Wurden vielleicht nicht auch die Hopi selbst von dieser Gehirnwäsche erfasst?

Flugmaschinen und Raumschiffkämpfe im Altertum

Nicht nur die Hopi wissen von Raumschiffen zu berichten. Auch in der zentralen Schrift des Hinduismus, dem Mahabharata, steht von Luftschlachten mit Flugmaschinen namens Vimanas und mit Superwaffen geschrieben. Die Internationale Akademie für Sanskritforschung übertrug einen alten Sanskrittext in moderne Terminologie. Dort werden der Bau von Flugapparaten beschrieben sowie deren Einsatz zur Abhör- und Foto-Spionage und für Zerstörungszwecke. Ähnliches gilt für Darstellungen der Sumerer und Ägypter und für über dreitausend Jahre alte chinesische Aufzeichnungen.

Die mysteriöse Symbolik von Schlangen, Drachen, fliegenden Schilden, fliegenden Wagen und fliegenden Schiffen lässt sich aus dem technologischen Verständnis der damaligen Zeit heraus erklären, denn wie anders hätte man es einander vermitteln sollen?[49]

Gott Zeus und andere Aliens

Schon Jahrtausende, bevor die Handwerker des Mittelalters Automaten herzustellen verstanden, die sich von selbst bewegten, wenn man sie mit einer Sprungfeder aufzog - Spielzeuge für Fürsten waren es, oder bewegliche Figurenreigen im Kirchturm beim Schlagen der Glocken -, schon Jahrtausende früher findet sich in der griechischen Mythologie die Vorstellung von *gemachten Wesen*, also solchen, die nicht geboren sind, sondern von anderen gemacht wurden. Der Unterschied zwischen biologischer Geburt und technischer Herstellung bildete in der Antike die Grenze zwischen menschlich und nichtmenschlich, zwischen natürlich und unnatürlich, zwischen Mensch und Roboter.

Der früheste Roboter der griechischen Mythologie trägt den Namen Talos. Das Epos „Die Argonauten" aus dem 3. Jh. v. Chr. erzählt von ihm; dieses wiederum stützt sich auf weit ältere, mündliche Quellen. Talos war eine sich selbst bewegende Statue, ihr Konstrukteur der Schmied Hephaistos, Auftraggeber Gott Zeus persönlich. Es sollte ein Geschenk für den Sohn des Zeus sein, Minos, König von Kreta.

Dieser in den Mythen häufig erwähnte Hephaistos war offensichtlich mehr als ein simpler Schmied. Er bastelte nämlich auch die beiden anderen recht erstaunlichen Geschenke des Zeus an Sohn Minos, nämlich einen Köcher voller Pfeile, die wie Drohnen auf ihr Ziel zusteuerten, und einen goldenen Jagdhund, der jede Beute unfehlbar zu fassen bekam.

Das Erstaunliche an diesem Mythos ist die Selbstverständlichkeit, mit der man dem Zeus einen Sohn zubilligt. Darüber hinaus fungierte dieser als Begründer der ersten mediterranen Kultur überhaupt, war also einer jener Pioniere, welche der Steinzeit ein Ende setzten, wie es mehr oder weniger gleichzeitig auch in Sumer, Indien und Ägypten geschah. Offenbar kam Minos nicht direkt „vom Himmel“, wurde aber von einem Himmlischen gezeugt, nämlich Zeus – kam der nun körperlich von einem Raumschiff herunter und begattete eine irdische Frau? Kam er als Geistwesen herunter, schlüpfte zeitweilig in einen männlichen Körper und verlustierte sich entsprechend? Das verschweigt uns diskret die Sage.

Roboter Talos patrouillierte durch das minoische Königreich, indem er dreimal pro Tag rund um die gesamte Insel marschierte (und die ist nicht klein). Er hatte die Gestalt eines Menschen (weswegen man ihn heute als Androiden bezeichnen würde), er konnte sich selbst bewegen und eigene Entscheidungen treffen: kurz, künstliche Intelligenz erster Güte. Seine Aufgabe war, Eindringlinge zurückzuschlagen und Invasionen zu verhindern. Er erkannte heransegelnde Fremde, hob dicke Steine auf und warf sie den fremden Schiffen entgegen, um sie zu versenken. Er war außerdem (in Perversion einer hochgeschätzten menschlichen Geste) in der Lage, seinen Gegner mit einem Klammergriff zu umarmen, gleichzeitig seinen Brustkasten rotglühend werden zu lassen und das Opfer zu Tode zu rösten.

Talos Absichten und Bewegungen wurden angetrieben von einer Kraft namens *Ichor*, dem „Blut“ der unsterblichen Götter. War das Elektrizität mit oder ohne Akku? Oder die Lebenskraft eines Vitalwesens? Was war dieser Talos für einer? Eine seelenlose programmierte Maschine? Ein mit Lebenskraft *(Ichor)* ausgestattetes fühlendes Wesen? Oder gar ein Geistwesen, das in einen genial gebauten Roboterkörper hineingebannt war? War er ein Geborener oder ein Gemachter?

Diese Frage bewegt die Autorin des fabelhaft recherchierten Buches, auf das ich mich hier beziehe, eine Geschichtswissenschaftlerin an der Stanford University.[50] Eine Antwort vermag sie zwar nicht zu geben, gleichwohl leuchtet sie das Feld mit unzähligen Beispielen aus der gesamten griechischen Mythologie aus. Es scheint, als seien in prähistorisch-mythologischer Zeit Dinge geschehen, die eher einer magischen als einer mechanistischen Technologie erwuchsen. Sie scheinen in jene Zeit zu gehören, die im vorliegenden Buch als die globale Atlantis-Kultur bezeichnet wird. Faszinierend sind die zahlreichen Abbildungen von Prometheus, der menschliche Skelette bastelt und sie anschließend mit Muskeln und Organen ausstattet. Auch verstand er es, Erde und Wasser zu mischen und aus dieser Pampe Figuren von Männern, Frauen und Tieren zu kneten; auf Befehl des Zeus hauchte anschließend der Wind ihnen den Lebensatem ein (offenbar war unser alttestamentarischer Gottvater nicht als einziger auf diesem Sektor tätig).

Man gewinnt den Eindruck, eine prähistorische Kultur habe mit großer Könnerschaft bereits das realisiert, was uns im 21. Jh. mit der Kombination von Künstlicher Intelligenz und Biotechnologie vorzuschweben beginnt. Die uns aus der klassischen Bildungswelt vertrauten Namen wie Zeus, Prometheus, Hephaistos, Dädalus und Ikarus, Medea und Pandora gewinnen auf dem Hintergrund einer möglichen, hochtechnologischen atlantischen Vorzeit eine völlig andere Bedeutung. Sie scheinen eher historisch belegte Entwicklungshelfer denn mythische Persönlichkeiten. Anders ausgedrückt: beschreiben Mythen in Wirklichkeit real gelebte Geschichte? Sind Mythen vielleicht ins Diffuse verzerrte Erinnerungen?

Übrigens beschränkt sich die Vorstellung von automatisierten Kriegern nicht auf die Mittelmeer-Welt. Als Buddha starb, beschloss der Sage nach ein ihn verehrender König, Ajatasatru, die sterblichen Überreste von automatisierten Kriegern mit wirbelnden Schwertklingen sowie von einem schwer gepanzerten Streitwagen mit ebenfalls wirbelnden Klingen bewachen zu lassen. Viele Statuen von *dvarapala*- und *yaksha*-Leibwächtern des Buddha haben das Aussehen von Robotern. Reine Fantasie? Oder Erinnerung? Oder vielleicht von Erinnerung beflügelte Fantasie?

Vom Werden des Wissenschaftsbewusstseins

Der Urknall – ein mathematischer Mythos?

Vor einigen Jahren, bei einer Tagung des „Scientific-Medical Network", kam ich mit einem Professor für theoretische Physik der Universität Winchester, England, ins Gespräch. Den Mythen aller Völker nach, sagte ich, wäre die Welt von Göttern und Geistern ins Leben gerufen, gesungen oder gezaubert worden, nirgendwo hörte man von einem Knall als Anfang des Universums. Was denn er davon hielte? Woraufhin er antwortete, ja, das sei ihm auch schon durch den Kopf gegangen. Den Urknall, den hätten wir nur, *because the mathematics of it want it that way.* Weil die Mathematik es so will.

Der Urknall – ein mathematischer Mythos? Auch in den höheren Etagen des Wissenschaftsbetriebs lassen sich Skeptiker der Urknall-Theorie durchaus finden, man denke an Rupert Sheldrake oder Fritjof Capra[51]. Wenn selbst ein Pionier der Quantenphysik und Nobelpreisträger wie Richard Feynman offen zugibt, dass man Energie zwar berechnen könne, aber hinzufügt: „Es ist wichtig, sich klarzumachen, dass wir in der Physik heute keine Ahnung haben, was Energie eigentlich *ist*" [52] – dann macht einen das im Hinblick auf große fundamentale Konzepte wie den Urknall schon nachdenklich.

Der Glaube, die Mathematik sei ein Ausdruck ewiger Wahrheiten, begann im alten Griechenland mit dem Philosophen Pythagoras. Mit Hilfe der Mathematik vermochte ein begrenztes menschliches Wesen sich in die Unbegrenztheit des göttlichen Schöpfungsplans einzudenken. Aus diesem Grund hatte das Betreiben mathematischer Studien in der griechischen Antike religiöse Züge. Selbst die Begründer unseres modernen Wissenschaftsdenkens, Kopernikus, Galileo, Descartes, Kepler, Newton dachten unverändert entlang der Leitlinien des Pythagoras. Im 19 Jh. sagte der Physiker Heinrich Hertz: „Mathematische Formeln haben eine unabhängige Existenz und eine eigene Intelligenz, sie sind weiser als wir sind." Werner Heisenberg, einer der Begründer der Quantenmechanik, drückte es Anfang des 20. Jh. so aus: „Die kleinsten Einheiten der Materie sind keine physikalischen Objekte im gewöhnlichen Sinn des Wortes: sie sind Formen, Strukturen (...), über die sich mit Eindeutigkeit nur in der Sprache der Mathematik sprechen lässt."[53]

Wie nachdrücklich die Mathematik die Gedanken eines Forschers in ihre Bahnen zwingt, drückt der Physiker Stephen Hawking so aus: „In der theoretischen Physik hat die Suche nach logischer innerer Geschlossenheit immer den Vorrang vor experimentellen Resultaten gehabt. (...) Die Theorie erscheint immer als Erstes, motiviert vom Streben nach einem eleganten und in sich geschlossenen mathematischen Modell. Diese Theorie macht Voraussagen, die wiederum durch Beobachtung überprüft werden können."[54]

Praktisch gesprochen bedeutet das, dass es lediglich und ausschließlich diejenige Realität gibt, welche die betreffende Theorie zulässt. Nur an dieser wird geforscht; andere Möglichkeiten ignoriert man.

Mit Aristoteles begann es

Um den Urknall wie auch andere wissenschaftliche Mythen zu begreifen, von denen nachfolgend die Rede sein wird, und um die in vieler Hinsicht andersartige, durch MindWalking hervorgerufene Sichtweise einzuordnen, sei kurz geschildert, wie es zu unserem heutigen Weltverständnis kam. Bevor von einem „neuen" Bewusstsein gesprochen werden darf, sollte das alte umrissen worden sein.[55]

Der heilige Kreis und die Quintessenz

Der Weg zum Wissenschaftsbewusstsein begann, wie alles in Europa, mit Platon und Aristoteles. Platon starb 347 v. Chr. Aristoteles, einer seiner Schüler, setzte dessen Arbeit in neuem Stil fort. Platon war eher der

Philosoph, Aristoteles hingegen zerbrach Hühnereier, um herauszufinden, wie sich Tag um Tag ein Küken herausbildete. Er hatte eine deutliche Neigung zum „Wissenschaftlichen" im heutigen Sinn, nämlich zu unabhängig beobachtbaren und reproduzierbaren Experimenten. Seiner Ansicht nach war die Welt im Sinne einer natürlichen Leiter geordnet *(scala natura)*, die unten mit den einfachsten Pflanzen anfängt und an deren Spitze der Mensch steht, und zwar deswegen, weil er als einziger analytisch denken kann. Aristoteles betrachtete tierische und pflanzliche Körperstrukturen als sinnhaft, insofern sie eine Funktion erfüllten, sie waren „für was gut". So etwa dient die Konstruktion eines Vogelflügels dem Flug oder die Konstruktion der Nieren dem Erzeugen des Urins. Die Dinge hatten für ihn einen Endzweck *(telos)*, sie waren „teleologisch". Jedem Ding wohnt ein Potenzial inne, welches zu seiner Erfüllung strebt und damit zu seiner eigentlichen Bestimmtheit. Ein Haufen Ziegelsteine etwa hat das Potenzial, zu einem Haus zu werden; im fertigen Haus findet er seine Erfüllung. Außerdem beobachtete Aristoteles, dass alle Dinge zur Erde gezogen werden - Steine fallen zu Boden, Vögel müssen irgendwann landen - und so betrachtet er die Erde als den natürlichen Zustand für alle Dinge.

Damit erhob sich für Aristoteles die Frage, wie das denn mit dem Mond, der Sonne und den Planeten sei, die ja nicht herunter fielen. Seine Antwort war, Veränderung gäbe es nur in der Welt der vier Elemente Feuer, Luft, Erde und Wasser; diese aber fänden sich nur diesseits des Mondes. Vom Mond auswärts bestehe die Welt aus einem fünften Element, der „fünften Essenz" oder Quintessenz *(quinta essencia)*. Diese bewirke die ewige Unveränderlichkeit der Himmelskörper, die sich in perfekter Ästhetik kreisförmig um die Erde bewegten. Das müsse einfach so sein, ganz klar, denn der Kreis sei die perfekte Entsprechung der Vollkommenheit Gottes. Der Beginn all dieser Bewegungen erkläre sich durch die Absicht eines Verursachers, der selbst keiner Veränderung unterliegt, dem „unbewegten Beweger" (den die Religionen mit Gott gleichsetzen).

Das gewaltige Werk des Platon und Aristoteles hinterließ tiefe Spuren im europäischen Denken, vor allem deswegen, weil sich die katholische Kirche daran orientierte. Da alle europäischen Wissenschaftler tief im christlichen Denken verwurzelt waren, setzte sich das Gedankengut der beiden Philosophen bis zur großen Wende des 17. Jahrhunderts fort, also gute 2000 Jahre lang.

Astronomen setzen Aristoteles ab

Die Abwendung vom aristotelischen Denken erfolgte in den rund 170 Jahren von 1514 bis 1685 durch die Astronomen Kopernikus, Kepler, Tycho Brahe, Galileo und Newton. Kopernikus stellte fest, die Erde sei nicht das Zentrum des Universums, sondern bewege sich genauso um die Sonne wie die anderen Planeten auch. Nichts war in Zeit und Raum fixiert, alles bewegte sich, und außerdem war das Universum weit größer als man bis dahin dachte. Der Däne Tycho Brahe beobachtete das Entstehen eines neuen Sterns und den Weg eines Kometen (damals alles noch mit dem nackten Auge!), woraus er den unerhörten Schluss zog, dass auch im Bereich der fünften Essenz Bewegungsdynamik gegeben war. Schlecht für Aristoteles. Kepler entdeckte die elliptischen Bahnen der Planeten und stellte damit die von Aristoteles gesetzte göttliche Harmonie der Kreisbewegung infrage. Galileo schließlich war in der glücklichen Lage, die damals in Mode kommenden Teleskope zu nutzen und für seine Zwecke auszubauen. Damit brachte er die ganze Welt in Aufregung, vor allem seine konservativen Wissenschaftskollegen (von denen sich übrigens viele weigerten, einen Blick durch dieses Rohr zu werfen, aus Angst, ihre Weltanschauung zu gefährden).

In der Kirche, vor allem bei den Jesuiten, war man begeistert von Galileo, mit Papst Urban VIII war er bestens befreundet. Solange er sich in seinen Forschungen auf nichts weiter als mathematisch fundierte Arbeitshypothesen beschränkte, sei alles in Ordnung, ließ man Galileo wissen; er möge bloß nie behaupten, seine Befunde seien wahr. Die Wahrheit über die Konstruktion dieses Universums, die wisse nämlich nur Gott allein.[56]

Weil sich Galileo daran nicht hielt, fiel er in Ungnade (allerdings in angenehm luxuriösem Ambiente). Newton schließlich, als letzter in der Reihe der astronomischen Pioniere, formulierte in Zusammenfassung der Arbeiten seiner Vorgänger eine Himmelsmechanik, die der Präzision einer Taschenuhr entsprach.

Weltumseglung wirft Fragen auf

Zur gleichen Zeit, als die Astronomen ihre revolutionären Entdeckungen am Himmel machten, fuhren Segelschiffe erstmalig um die Welt und entdeckten ähnlich Revolutionäres im Hinblick auf fremdartige Länder und deren Menschen, Tiere und Pflanzen. Die Frage entstand, wie dies alles in die aristotelische Ordnungsleiter der Natur einzufügen sei. Die einfachste Annahme war, Gott hätte das alles eben Stück für Stück erschaffen. Man erwartete eine vollständige Kette von Kreaturen entlang der aristotelischen Ordnungsleiter und suchte eifrig nach den noch fehlenden Zwischengliedern, den *missing links.* Eine zweite, weniger einfache Annahme war, Gott hätte nicht jedes Individuum geschaffen, sondern lediglich die betreffende Hauptart von Tier oder Pflanze, und diese wären mit jeder Folgegeneration zu immer unterschiedlicheren Unterarten geworden.

Wichtigster Vertreter der erstgenannten Auffassung war der französische Adelige George-Louis Leclerc, Comte de Buffon, der von 1749 an vierzig Bände exakter Naturbeschreibung verfasste. Für ihn gab es nur unabhängig voneinander existierende Individuen. Im Gegensatz dazu behauptete der wichtigste Vertreter der zweiten Auffassung, Carl Linnaeus (auch Linné geschrieben), diese vielen Individuen gehörten in Wirklichkeit in einige wenige Ordnungsgruppen, die er „Klassen" nannte. Von 1735 an machte Linné es sich zur Lebensaufgabe, alle Tiere und Pflanzen zu benennen und ihren Klassen zuzuordnen. Eine besondere Novität seiner Arbeit war, dass er auch den Menschen in eine biologische Klasse einordnete, indem er ihn *Homo sapiens* benannte. Linnés Werk ist bis heute tragfähig und wurde zudem enorm populär, weil es Amateurbotanikern gestattet, alles nach einem klaren System einzuordnen, was ihnen in Feld und Wald begegnete.

Linné glaubte nicht, dass sich eine Art in eine andere entwickeln könnte, denn Gott hätte diese Arten ein für alle Mal so erschaffen, wie sie nun mal sind. Diese Auffassung änderte sich ein Jahrhundert später mit der berühmten Schiffsreise von Charles Darwin. Als Kind und junger Mann hatte Darwin großes Interesse an Naturgeschichte und Biologie, versuchte sich dann erfolglos im Medizinstudium und studierte schließlich Theologie, um Pfarrer zu werden. Befreundete Professoren der Botanik und Geologie nahmen ihn wiederholt auf Exkursionen mit, wo sie Gesteine und Fossilien studierten, was Darwin viel Freude machte. Nach seinem Abschlussexamen wusste er nicht recht, was er mit sich anfangen sollte. Da bot ihm ein befreundeter Kapitän an, auf der *Beagle,* einem Schiff der königlichen Marine, als *gentleman naturalist,* also als Hobby-Naturforscher, an einer globalen Erkundungsreise teilzunehmen. Darwin sagte zu und verbrachte nahezu fünf Jahre auf dieser Weltreise, von 1831 bis 1836, die meiste Zeit seekrank. An Land aber beäugte und sammelte er fasziniert eine riesige Menge von Tieren, Pflanzen und Fossilien und brachte sie mit nach Hause. 1859 schrieb er das wohl bekannteste Buch in der Geschichte der Biologie: „Vom Ursprung der Arten" *(On the Origin of Species)* und formulierte darin das Prinzip der „natürlichen Auslese" *(natural selection),* denn es sei offenkundig, dass nur das mit Bezug auf seine Umgebung am besten angepasste Individuum lange genug überleben würde, um Nachkommen zu zeugen und die Art zu erhalten (*survival of the fittest* bedeutet nicht, wie oft wiedergegeben, Überleben des Stärkeren, sondern des Geeigneteren).

Parallel zur natürlichen Auslese steht die künstliche Auslese, wie sie Tier- und Pflanzenzüchter seit Menschengedenken betreiben. Beides, sowohl die natürliche wie auch die künstliche Auslese brachte Darwin (im Unterschied zu Linné) zu der Überzeugung, neue Arten könnten durchaus hervorgebracht werden, allerdings ginge diese Entwicklung nur äußerst langsam vonstatten. Diese seine Überzeugung bezog er von seinem Freund Charles Lyell.

Evolution geht richtig langsam

Lyell, Rechtsanwalt und Geologe, befasste sich mit der alten Frage nach der Entstehung der Erde. Zweihundert Jahre vor Lyell wäre die Antwort darauf noch einfach gewesen. So etwa sagte der Schriftsteller Thomas Brown noch 1642: „die Zeit ist gerade mal fünf Tage älter als wir selbst". Völlig logisch, denn wie jedermann wusste, begann die Zeit, als Gott Himmel und Erde schuf, und das war fünf Tage vor Adam und Eva, denn die waren erst am sechsten Tag dran. Bis ins 17. Jh. verstand man den Begriff „Geschichte" nicht als das Studium der Aufeinanderfolge von Veränderungen, sondern reihte einfach Geschichten und Beschreibungen aneinander; man hatte kein Geschichtsbewusstsein im heutigen Sinn. Aus diesem Grund porträtierten die damaligen Maler Christus, Maria und die Jünger in den Gewändern und der Umgebung der ihnen vertrauten eigenen Zeit. Man hatte keinen Sinn dafür, dass früher alles mal anders gewesen sein könnte.

Der irische Erzbischof Ussher ging die Frage nach dem Alter der Erde etwas präziser an als der Schriftsteller Brown. 1650 rechnete Ussher aus - indem er die im Alten Testament getreulich verzeichneten Altersangaben der Nachkommen Adams und Evas zusammenzählte - dass die Erde am 22. Oktober 4004 v. Chr. entstanden war, und zwar am frühen Abend. Nach Ussher war die Erde also 4004 plus 1650 gleich 5654 Jahre alt.

Dieser Zeitraum erschien den Geologen des 19. Jh., also Lyell und seinen Kollegen, nicht ausreichend zur Erklärung der unterschiedlichen Landschaftsformen, Gesteinsarten und Fossilien, die man mittlerweile weltweit aufspürte. Man fand Muscheln auf Bergeshöhen, weit entfernt von den gegenwärtigen Meeren und Ozeanen. Welche geologischen Veränderungen konnten das erklären? Auf alle Fälle müsste das länger gedauert haben als bloß die von Erzbischof Ussher ausgerechneten rund 6000 Jahre. Der bereits erwähnte Comte de Buffon schüttelte locker den Vorschlag aus dem Ärmel, die Erde sei vor 80.000 Jahren als heißer Ball aus der Sonne heraus geflogen, und nach entsprechender Abkühlung sei das Leben entstanden. Damals, in jener Zeit der Herrenclub-und-Tabakskollegium-Wissenschaft, konnte man noch herrlich ungestraft vor sich hin spintisieren.

Eine verlässlichere Antwort schienen Fossilien bereitzuhalten. Sie gäben, so meinte man, einen klaren Hinweis auf das Alter des Gesteins, in welchem man sie fand. Versteinerte Überreste von Pflanzen und Tieren der Gegenwart mussten notwendigerweise jüngeren Datums sein als andere Funde und weiter oben in der Schichtung liegen. Man war überzeugt, die Erdgeschichte sei von Katastrophen bestimmt, von Vulkanausbrüchen und Erdbeben, und dazwischen habe es lange ruhige, stabile Phasen gegeben. Nach jeder Katastrophe seien dann neue Pflanzen und Tiere entstanden, die den veränderten Bedingungen standzuhalten vermochten. Am Ende schließlich sei - als ruhmreiche Krone - der Mensch aufgetreten.

Weil Überschwemmungsfluten als Katastrophen galten und man damals noch enorm bibeltreu war, war man froh, über diese Katastrophenlehre eine Bestätigung für die Geschichte von der Sintflut gefunden zu haben.

James Hutton belegte in den 1780iger Jahren, dass die Menschheit aufgrund geologischer Befunde älter sein müsse, als von der Bibel berechnet. Damit bestimmte er den Kurs der Geologie bis in die Gegenwart hinein. Er verwarf die Katastrophen-Theorie und präsentierte stattdessen die Gleichförmigkeitstheorie. Charles Lyell griff 1830 die Arbeiten von James Hutton und dessen Nachfolger John Playfair auf und verhalf der Gleichförmigkeitstheorie so zum Durchbruch. Ihr folgend gäbe es heute wie schon immer Vulkanausbrüche, Fluten, Erosion und Erdbeben, und wenn man davon ausginge, dass deren Heftigkeit über die Jahrtausende hinweg mehr oder weniger gleich gewesen war, würde das den Zeitverlauf der geologischen Entwicklung ganz anders aussehen lassen, nämlich viel länger. Die Vorstellung, durch Katastrophen habe eine Evolution stattgefunden, war nach Lyells Ansicht unhaltbar. Fossilien verwiesen letztlich auf keinerlei Entwicklung von Pflanzen und Tieren, entwickelt habe sich nur der Mensch.

Die Katastrophenvertreter, behauptete Lyell, hätten mit ihren Sintflut-Vorstellungen völlig Unrecht. Dies sagte er keineswegs aus einer streng wissenschaftlichen Argumentation heraus, sondern vielmehr aus machtpolitischem Kalkül. Zu seiner Zeit nämlich gab es in Großbritannien eine

Partei, die Whigs, welche die Monarchie auszuhebeln suchte. Nach traditionellem Verständnis war, mit Berufung auf die Bibel, der König eingesetzt von Gott. Gelänge es, die Sintflut-Geschichte unglaubhaft zu machen, wäre die Bibel in Frage gestellt. Und damit im selben Aufwasch – hurra! - auch die Monarchie.

Da war es wohl nicht ganz zufällig, dass Charles Lyell, ein Whig und Parlamentsmitglied, nach Veröffentlichung seiner *Principles of Geology* zum Präsidenten der Geological Society berufen wurde.[57]

Charles Darwin war von Lyells Ausführungen sehr beeindruckt, er hatte dessen Buch auf seiner Weltreise dabei. Sein Konzept der Evolution - natürliche Selektion des jeweils am besten Angepassten - fußte nicht auf der Katastrophenlehre, sondern auf Lyells Idee der großen Zeiträume.

Schwimmende Erdteile

Lyells Denken in großen Zeiträumen eröffnete die Möglichkeit zu Fragen nach Aussehen und Beschaffenheit der Erde vor 200 oder 800 Millionen Jahren. Von heute aus rückblickend erscheint es verblüffend, dass man diese Fragen überhaupt stellte, denn man verfügte diesbezüglich damals über keinerlei Messtechnik. Manchem fiel auf, wie gut die Ostküste Südamerikas in die Westküste Afrikas hinein passte, und wie ähnlich die Gesteinsformationen Südafrikas denen Brasiliens waren. Angesichts der Gesteinsbildung schien es denkbar, dass England nicht immer von Europa getrennt war oder Alaska von Asien. Ebenso fand man vergleichbare Pflanzen und Tiere in einander gegenüberliegenden Küstenstrichen, getrennt durch die Weite des Ozeans. Man begann, Landbrücken zu vermuten, die sich durch das Aufsteigen und Absinken der Landmassen im Verlauf der Jahrmillionen gebildet hätten und wieder verschwunden wären.

Im Jahr 1912 veröffentlichte der deutsche Alfred Wegener seine Theorie zur Entstehung der Kontinente mit der Annahme einer Kontinentaldrift. Er war diesbezüglich nicht der erste, wohl aber der kraftvollste

Vertreter dieser Sicht. Vor Urzeiten hätte es einen einzigen Riesenkontinent gegeben, Pangaea, umgeben von Ozean. Dieser sei vor 200 Millionen Jahren aufgebrochen, seine Teile seien umeinander geschwommen wie Eisberge und hätten allmählich die heutigen Kontinente gebildet. Wegener wurde belächelt. Nach seinem Tod aber - er starb 1930 auf einer Expedition – entdeckten im Verlauf des Zweiten Weltkrieges U-Boote, wie der Ozeanboden eine Fortsetzung der überseeischen Landschaften darstellt und wie sich überseeisch beobachtbare vulkanische Bruchlinien unterseeisch fortsetzen. So entstand in den 1970iger Jahren die Vorstellung der Plattentektonik. Das Gegeneinander der Erdplatten hätte vor 70 Millionen Jahren zum Aufbau von Gebirgen wie dem Himalaja geführt. Rückblickend musste man zugeben, dass Wegener mit seiner Kontinentaldrift zur Erklärung geologischer Dynamik nicht ganz unrecht hatte.[58]

Alt, älter, uralt

Die Entdeckung der Radioaktivität ermöglichte eine neue Form von Altersmessungen, das Radiokarbonverfahren oder auch C14-Verfahren. Es führte zu der heutigen Auffassung, manche Gesteine seien 4 Milliarden Jahre alt, und das sei demzufolge das Alter der Erde. Fortschritte in astrophysikalischen Messtechniken schienen die Beantwortung der Frage nach dem Alter des ganzen Universums in greifbare Nähe zu rücken.

Und wie fing es an, das Universum? Mit der mittlerweile allseits bekannten großen Explosion, dem Urknall? Seit den 1940er Jahren raunen die Physiker einander zu, es habe einmal vor rund 14 Milliarden Jahren, einer unvorstellbar langen Zeit, einen unvorstellbar heißen, dichten Zustand gegeben, einen Punkt, der aus sich heraus nach allen Seiten gleichzeitig explodierte. Warum, weiß man nicht. Das Resultat dieser Explosion kühlt seitdem ab und expandiert permanent weiter. Was das ist, das da abkühlt und expandiert, weiß man nicht. Jedenfalls wurde so eine unvorstellbare Anzahl von Galaxien geformt und formen sich weiterhin. Wie das kommt, weiß man nicht.

Waren alle Naturgesetze im Moment des Urknalls bereits präsent und festgelegt wie in einem kosmischen Kodex? Man nimmt heute an, es gäbe mehrere Universen gleichzeitig *(multiverse theory)*. Dabei geht man mit Selbstverständlichkeit davon aus, dass die Naturgesetze und Naturkonstanten in jedes dieser Universen vom Ursprung an fest eingebaut waren. Wieso, wird nicht erklärt. Woher sollte ein individuelles Universum „wissen", welche Gesetze und Konstanten in es eingebaut sind, fragt der Biologe Rupert Sheldrake? *("How does an individual universe 'know' what laws and constants are governing it, as opposed to the different laws and constants of other universes?")*.[59]

Alles nicht anschaulich, nicht vorstellbar - aber es lässt sich rechnen. Ohne Mathematik ginge hier nichts und ohne Computer überhaupt nichts. Nicht unsere Augen, Ohren und Finger, nicht unsere geistige Schau, sondern allein die computergestützte Mathematik, die computergestützte Übersetzung elektronischer Signale in bildschirmgerechte Abbildungen, die Ausschläge von Zeigern auf Messgeräten sind die Fühler, mit denen wir die Lebendigkeit der Natur und das Alter des Universums ertasten.

Ungeachtet dieser Abstraktheit haben die Physiker und Ingenieure ihre Theorien und prozessualen Modelle zur Meisterung der materiellen Welt mit Erfolg soweit entwickelt, dass sich Kanonen, Kühlschränke, Computer und Kommunikationssysteme herstellen lassen. Die Theorien um Urknall, Evolution und Erdgeschichte sind im Gegensatz dazu reine Erklärungsmodelle, weitestgehend ohne praktische Anwendbarkeit. Folglich entziehen sie sich jeglicher Beweisbarkeit. Doch ist die beharrliche Suche nach Belegen und die permanente Reflektion der Theorien aufgrund neuer Daten der Grundpfeiler von Wissenschaft. Durch die kritischen Anstöße einzelner kann ein Umdenken stattfinden, und zum Glück geschieht das auch nach und nach und immer wieder. So schreitet Wissenschaft fort.

Angenommen, Geist hätte seinen Ursprung außerhalb der Materie - wie sollte ein an die Materie gebundener Wissenschaftler je auf einen solchen Gedanken kommen, wenn er methodisch dran gebunden ist, mithilfe materieller Messgeräte materielle Erscheinungsformen zu vermessen und diese mathematisch zu interpretieren? Letzte Wahrheiten sind nicht das Betätigungsfeld von Wissenschaft – man erinnere sich an den Ausspruch des Papstes Urban VIII, gerichtet an Galileo, nach dem letztlich nur Gott selbst wissen könne, wie und warum das Universum entstanden ist.

Wie kalt und freudlos unsere Welt...

Was für eine Weltsicht ist hier im Lauf der letzten Jahrhunderte entstanden? Aus dem Staub des Urknalls wäre die Welt entstanden, heißt es, zu Anfang wäre sie öd und leer gewesen, das Leben hätte sich geformt im Zuge einer gewaltigen geologischen Dynamik, ganz zuletzt, zu allerletzt sei der Mensch hervorgebracht worden - dieses Zufallsprodukt der Allgewalt des Universums und seiner gigantischen Zeitdimensionen, dieser so kleine und unbedeutende, von Genen und Neuronen gesteuerte Mensch, letztlich bestehend aus dem Staub besagten Urknalls und nach seinem Tod wieder zu selbigem Staub werdend.

Was den formalen Ablauf angeht – erst ein öder und leerer Staub, danach Sonne, Mond und Sterne, anschließend die Lebensentstehung und der Auftritt des Menschen - ist kaum ein Unterschied zur Genesis des Alten Testaments zu vermerken. Die Wissenschaft erbrachte diesbezüglich keine Innovation. Indessen besteht durchaus ein Unterschied hinsichtlich der Sinnhaftigkeit der Weltentstehung, denn die ging der Wissenschaft seit Platon, Aristoteles und der Genesis verloren.

Vom archaischen Standpunkt her betrachtet ist die Welt eine absichtsvolle geistige Schöpfung und der Mensch ein Wesen mit göttlichem Auftrag, nämlich der Verwaltung dieser Schöpfung. Nichts davon ist in unserem gegenwärtigen materialistischen Weltbild vorzufinden. Ihm zufolge leben wir in einem sich aus unbekannten Gründen sowie nach nur unvollständig bekannten Prinzipien ziellos vor sich hin dynamisierenden Universum, wo sich alles ohne jede Ursache aus sich selbst heraus ergibt - eine blind herumtapsende Wurschtelei, in der Wille, Absicht und Bewusstsein keine Rolle spielen, und wenn, dann ist auch sie nur ein Zufallsergebnis von Gnaden des genannten Staubes.

Kurz, die Befunde der herrschenden Lehrmeinung in Geologie, Archäologie, Anthropologie, Physik und Astronomie laufen darauf hinaus, dass man sich als Mensch nur klein und bedeutungslos vorkommen kann.

Was geschah vor zehntausend Jahren?

Mythen, Legenden und Sagen geben uns ahnungshafte Impressionen von möglichen historischen Abläufen. Sie erzählen uns Geschichte als eine Reihe von Geschichten. Nichts anderes tun die von Wissenschaftlern aufgestellten Theorien. Auch sie erzählen uns eine Geschichte, so etwa die vom Urknall und seinen Folgen. „Aber, aber!“ werden nun einige rufen, „das ist doch alles objektiv so!“ - Wirklich?

Mythen der Wissenschaft

Was geschah denn nun wirklich vor jenen zehntausend Jahren, die seit Platon immer wieder im Gespräch sind? Laut der Überlieferungen muss da was Mächtiges gewesen sein, da sei die Erde ins Taumeln geraten und die Welt untergegangen. So etwas passiert nicht alle Tage; was weiß die Geologie davon? Nichts. Vor zehntausend Jahren ging das Eis allmählich zurück, ist ihre ganze Antwort. Wieso, weiß man nicht. Nichts Besonderes geschah damals.

Saurier gab es zu dem Zeitpunkt schon lange nicht mehr. Sie starben bereits vor 66 Millionen Jahren aus, darüber ist man sich einig, angeblich wegen einer Meteoriten-Katastrophe. Vielleicht kam ja auch die Venus der Erde zu nahe, wie Immanuel Velikovsky vermutet.[60]

Ist es vielleicht diese Meteoriten- oder Venus-Katastrophe, von der uns die Überlieferungen berichten? Ist das die Ursache für Sintflut und Atlantis-Untergang? Nein, sagen die die Anthropologen (die Menschenkundler, von *anthropos*, Mensch, und *logos*, Kunde), das kann nicht sein, denn damals, vor sechsundsechzig Millionen Jahren, hätte es noch keine Menschen gegeben.

Genaueres weiß man nicht, mal wieder. Dessen ungeachtet – oder vielleicht genau deswegen? - hat sich, wie oben aufgezeigt, in den letzten zweihundert Jahren ein geologischer Mythos der Erdgeschichte geformt, zu dem sich der gebildete Europäer der Gegenwart mit der gleichen Selbstverständlichkeit bekennt wie der Christ des Mittelalters zur Sieben-Tage-Kreation der Genesis.

Was ist ein Mythos? Wenn keiner wirklich Bescheid weiß und trotzdem alle drüber reden. Mythenbildung beruht auf dem zutiefst menschlichen Wunsch, sich die Welt begreifbar zu machen, sich in den Wirren des Lebens einen stabilen Orientierungspunkt zu zimmern, eine geordnete Realität. Realität wiederum entsteht durch stillschweigende Zustimmung: „Wird schon so sein; der weiß bestimmt Bescheid, schließlich hat er das studiert." Wer nicht über die Mittel verfügt, die Wahrheit selbst zu erkennen, delegiert an den Fachmann.

Der geologische Mythos ist beileibe nicht unser einziger. Auch einen archäologischen gibt es: „Die ägyptischen Pharaonen erbauten die Pyramiden mit Rampen, Schlitten und Menschenkraft". Dann gibt es einen anthropologischen: „Vor den Sumerern und Ägyptern gab's nichts wie Steinzeit". Der psychiatrisch-neurologische Mythos besagt: „Der Mensch ist eine von Genen und Neuronen angetriebene Maschine". Und mittlerweile haben wir sogar einen klimatologischen: „Der Mensch ist schuld am Klimawandel" - auch dies nicht schlüssig bewiesen, aber allseits nachgebetet.
Selbstverständlich enthält ein Mythos immer ein Körnchen Wahrheit, sonst würde er sich nicht so lange halten. Irgendwas ist schon dran, sonst wäre es bloß ein Märchen.

Vom Gasnebel zur Gegenwart: der geologische Mythos

In Stichworten:[61]

- Am Anfang war ein Urknall. Das ist 13,8 Milliarden Jahre her.
- Es bildeten sich Gasnebel, Galaxien, Sterne und Planeten.

- Die Erde entstand vor 4,5 Milliarden Jahren.
- Die Erde bestand fast nur aus Wasser. Es bildete sich durch chemische Reaktionen auf Grundlage vulkanischer Aktivität. Land gab es in Form herumdriftender Insel-Kontinente. Es war oft kalt, mit Eiszeiten von 80 Mio. (Millionen), 100 Mio. und gar 300 Mio. Jahren Dauer.
- Erst kamen die Viren, dann die Algen, dann gab es einfache Pflanzen. Dieser Prozess dauerte gute 3 Milliarden Jahre (sprich 3000 Mio. Jahre, also dreitausend mal tausend mal tausend).
- Vor 540 Mio. Jahren bildeten sich primitive Wirbeltiere.
- Die Kontinente wuchsen an und drifteten weiterhin herum. Die größte Landmasse lag um den Südpol herum. Aus ihr wurde später Afrika, Südamerika und Australien.
- Allmählich trieben die Kontinente auch nach Norden und ordneten sich zu einem länglichen Gebilde von Südpol bis Nordpol.
- Diese versammelten Kontinente vor 300 Millionen Jahren waren Pangaea. Es war warm von Nord bis Süd.
- Damals begann die Zeit der Dinosaurier; es gab sie überall auf diesem riesigen Gesamtkontinent. Sie lebten dort 180 Millionen Jahre lang, von vor 245 bis vor 66 Mio. Jahren. Es gab Dutzende von Arten, die einander epochenweise abwechselten; d. h. in jeder Epoche gab es andere. Diese Epochen dauerten zwischen 30 und 60 Mio. Jahre.
- Danach trieben die Kontinente wieder auseinander wie schwimmende Inseln. Ganz langsam nahmen sie ihren heutigen Platz ein. Die Saurier wurden voneinander getrennt, jeder auf einer anderen „Insel".
- Vor 66 Mio. Jahren schlug ein Meteorit auf Yucatan in Mittelamerika ein. Die Saurier wurden vernichtet.
- Vor 2,5 Mio. Jahren trat erstmals der Mensch auf.
- Die letzte Eiszeit-Epoche begann vor 1,6 Mio. Jahren. Sie erreichte ihre größte Ausdehnung während der letzten 200.000 Jahre und endete vor 10.000 Jahren. Auf der Nordhalbkugel reichte sie vom Nordpol bis hinunter zu den Alpen bzw. zur Grenze Kanada/USA, vom Südpol bis hinauf nach Südamerika.

Wie lang das alles gedauert haben soll, vom Anfang bis zum ersten Wirbeltier - 4 Milliarden Jahre (viertausend Millionen Jahre)? Die Saurier gab es insgesamt 180 Mio. Jahre lang? Und jede Saurierart soll 30 bis 60 Mio. Jahre existiert haben? Wieso gab es in jeder Epoche verschiedene? Wie haben die sich abgelöst, woher kamen die einen, wohin gingen die anderen? Bis zum Menschen waren es dann nochmals 538 Mio. Jahre? Schwer vorstellbar, schwer nachzuvollziehen. Außerdem, wieso dauerte das früher alles so lang und am Ende nur ganz kurz? Was ist die letzte Eiszeit von mickrigen 200.000 Jahren schon gegen eine von 300 Mio. Jahren?

Vor Ägypten gab's nichts wie Steinzeit: der anthropologische Mythos

- Am Ende schließlich tritt der Mensch auf, hört man. Wie erging es ihm in seiner 2,5 Mio-jährigen Geschichte?
- Vor 2,5 Mio. Jahren hatte er schon ein bisschen Gehirn und gilt daher als Mensch.
- Vor 800.000 Jahren begann er, Werkzeuge zu benutzen. Anders gesagt, er kam ganze 1,7 Mio. Jahre ohne sie aus.
- Vor 500.000 Jahren lernte er den Umgang mit dem Feuer. Die vergangenen 300.000 Jahre hatte er frieren müssen, weil er den Brand nach einem Blitzeinschlag nicht zu nutzen wusste. Das änderte sich jetzt.
- Vor 300.000 Jahren entwickelte er so etwas wie eine Sprache. Also gute zwei Millionen Jahre lang keine Unterhaltung mit niemand?
- Vor 100.000 Jahren hatte er ein ordentliches Gehirn im heutigen Sinn. Damit war er zu einem geistig-sittlichen Wesen geworden.
- Vor 80.000 Jahren schneiderte er sich erstmals Kleidung. Ihm war kalt, weil er weniger Haare hatte. Die waren ihm allmählich ausgegangen, da nicht mehr nötig, weil er sich seit 400.000 Jahren immer am Feuer wärmte.
- Vor 50.000 Jahren verließ er erstmals seine Höhle und baute sich draußen eine Hütte.

- Vor 30.000 Jahren schuf er mit Meißel und Hammer, Pinsel und Stift die ersten Kunstwerke.
- Vor 20.000 Jahren zähmte und züchtete er Tiere und hatte es nun etwas gemütlicher, denn er musste nicht ständig auf die Jagd gehen.
- Vor 10.000 Jahren begann er mit dem Ackerbau und von da ab ging es ihm richtig gut. Er lernte backen und kochen und genoss es, dass es wärmer wurde, weil sich die Eismassen nach 200.000 Jahren Eiszeit langsam zurückzogen.

Ähnlich wie im geologischen Mythos fällt auch hier auf, dass die Zeiträume der genannten Entwicklungsstufen von immer kürzerer Dauer sind, je weiter man in Richtung Gegenwart fortschreitet. Trotzdem ist die Länge der Abschnitte verwunderlich. Nun hat er schon ein zumindest rudimentäres Hirn, der Mensch, und trotzdem braucht er ganze 420.000 Jahre, bis er auf die Idee kommt, er könnte sich einen Pelzmantel umhängen? Und als man ihm anthropologischerseits schließlich ein richtig ausgewachsenes Gehirn zugesteht, 100.000 Jahre ist es her, musste er doch noch 50.000 Jahre lang tief nachdenken, bis er auf den Gedanken kam, aus seiner feuchten Höhle auszuziehen und sich draußen eine nette trockene Hütte aus Ästen und Zweigen zu bauen, fein säuberlich mit Schlamm und Lehm beworfen. Waren die damals echt so langsam im Kopf? Wenn ja, wieso sind wir dann heute um so viel schneller, wenn man sich vor Augen hält, wie wir uns in den bloß dreitausend Jahren seit den alten Griechen vorwärts entwickelt haben?

Man verzeihe dem Autor seinen Anflug von Ironie, doch sei dem Leser versichert, dass die obige Auflistung aus Paraphrasierungen und stellenweise wörtlichen Zitaten besteht, die dem „Peters“ entnommen sind, einem unter höchsten akademischen Weihen veröffentlichten Werk, für das immerhin ganze achtzig Akademiker, Doktoren und Professoren verantwortlich zeichnen.[62]

Unvermuteter Aufschwung beendet Steinzeit

Wie geht es voran mit dem Menschen, jetzt, da er die Eiszeit hinter sich hat? Auskunft gibt weiterhin der Peters:

Es vergehen 5000 Jahre. In dieser Zeit organisiert sich der Mensch, baut Schiffe, treibt Handel, entwickelt eine Gesellschaftsordnung von Herren und Knechten. Wie er das fertigbrachte, wissen wir nicht. Erst ab dem dritten Jahrtausend v. Chr., vor 5000 Jahren also, geben uns schriftliche Aufzeichnungen darüber Auskunft. In rasantem Tempo geht es voran, geradezu blitzschnell im Vergleich zu früher. Hier die ersten hundert Jahre ab 3000 v. Chr.:

Die Sumerer, die Phönizier, die Ägypter, Indien. Stadtgründungen. Relief-Technik. Kupferne Nähnadeln mit Öhr. Erfindung des Rollsiegels. Werkzeuge, Geräte und Waffen aus Kupfer und Zinn. Schrift auf Tontafeln. Gerstenbier. Vierrädrige Wagen mit Scheibenrädern. Von Rindern gezogene Holzpflüge. Wiegen mit Waage und Gewichten. Brettspiele. Seile. Baumwoll-Anbau. Einfache Bruchzahlen. Kalender auf Grundlage des Mondjahres. Hartgebrannte Tonziegel. Kupferguss-Technik, Schmiedehandwerk.

Aber auch: Territorialansprüche. Machtgelüste. Löwenjagden von vierspännigen Streitwagen aus. Uniformierte Armeen. Kriegszüge, eine Stadt gegen die andere, kaum waren sie gegründet worden: die Phönizier gegen Nordpalästina und Syrien, die Sumerer gegen andere Städte in Mesopotamien, die Ägypter gegen Libyen. Und immer so weiter. Versklavung unterworfener Völker. Massenhinrichtungen durch Pfählung.

Wieso das? Da gab es gerade mal eine Handvoll Menschen, verteilt über riesige, einsame Landstriche – und dann fallen sie mit Kriegszügen und Folter übereinander her, statt sich gegenseitig auszuhelfen? Machtgelüste und Unterdrückung statt Kooperation und Solidarität? Schon seltsam.

Und dann diese eigenartigen Wesen mit Menschenleibern und Tierköpfen, wie auf zahlreichen sumerischen und ägyptischen Darstellungen zu sehen – sind das wirklich nichts weiter als symbolisierte Götter? Oder wurde vielleicht bereits damals etwas realisiert, dem wir uns erst heute mit der Zucht von Mensch-Tier-Mischwesen zum Zweck der Organgewinnung für Transplantationszwecke ganz allmählich wieder annähern?[63]

Auf einmal geht es Schlag auf Schlag. Nach 2,5 Mio. Jahren Steinzeit kamen die „alten Griechen“ vor 2500 Jahren zu staunenswerten Erkenntnissen, und sie brauchten lediglich zweihundert Jahre dazu. Sie sahen die Erde als eine sich drehende Kugel mit Umlaufbahn um die Sonne. Größe und Entfernung von Sonne und Mond sowie die exakte Länge des Sonnenjahres waren bekannt. In Indien kannte man zur gleichen Zeit die Magnetkraft, die Wasserzirkulation in Pflanzen, die Veränderung von Molekularstrukturen durch Hitze, die Schwerkraft, die Prinzipien von Impuls und Bewegung, die Atome als Basis der Materie, die kosmische Strahlung, die Relativität von Raum und Zeit.[64]

Naturwissenschaftliche Forschung im modernen strikten Sinn gab es nicht. Das Weltbild war ein ganzheitliches, etwa so, wie es sich in der Alchemie bis heute erhalten hat. Die damaligen Menschen erwarben ihr Naturwissen durch eine Mischung aus geistiger Einstimmung und Logik. Zum Vergleich: noch im Jahr 1908 erschaute die britische Theosophin Annie Besant auf hellsichtige Weise die innere Struktur von Atomen und entdeckte so eine neue Form des Elements Neon samt Atomgewicht; es wurde 1912 bestätigt.[65]

In der Epoche vor und nach 500 v. Chr. war mit Buddha, Lao-Tse, Konfuzius, Pythagoras, Sokrates, Plato, Zarathustra ein globaler Höhepunkt der Entwicklung gegeben. Hier wurde das Fundament gelegt von allem, auf was wir heute bauen. Abgesehen von der Entwicklung mathematischer Konzepte für Naturforschung und Ingenieurwesen entstand ein Wertebewusstsein mit bis heute gültigen ethischen, politischen und wissenschaftlichen Grundbegriffen. Es entstand eine erste Abkehr vom bis dahin üblichen, menschenverachtenden Despotentum. Ebenfalls entstand mit dem Buddhismus die Idee der Selbsterlösung. Weder der Gnade herrschsüchtiger Tyrannen noch zürnender Götter fühlte man sich ausgeliefert wie früher in der Antike oder im Alten Testament.[66]

Wieso kamen diese ungeheuren Erkenntnisdimensionen innerhalb nur weniger Jahrhunderte zustande, wenn es in der Steinzeit fünfzigtausend Jahre gedauert haben soll (bei vollständig vorhandenem Gehirn!), bis man auch nur auf die simple Idee kam, sich eine Hütte zu bauen?

An all dem lässt sich zweifeln

Zweifel an den Befunden der Gleichförmigkeitstheoretiker nach Lyell und ihrer irrwitzigen Zeitdimensionen kamen in den 1990er Jahren dem deutschen Bauingenieur Hans-Joachim Zillmer. Den Anstoß zu seiner Forschung gaben zwei persönliche Erlebnisse, wie er mir erzählte. Das eine war der Besuch einer Tropfsteinhöhle. Der Fremdenführer erklärte, wie ungeheuer viele Millionen Jahre die Bildung eines Stalaktiten dauerte, und Zillmer zeigte sich entsprechend beeindruckt. Als er bei nächster Gelegenheit eine Feuchtstelle in einem Keller zu begutachten hatte, fielen ihm die zentimeterlangen gelben Kalkzapfen auf, die das durch die feinen Risse in der Decke herauströpfelnde Wasser gebildet hatte. Das gleiche Material wie die Stalaktiten der Höhle – aber nach nur wenigen Monaten! Nach Auskunft jenes Fremdenführers hätte es zumindest ein paar Zehntausend Jahre dauern müssen. Zillmer stellte fest, dass sich mit vergehender Zeit die Tropfrate verringerte, weil der Zapfen den Riss zunehmend verschloss. Man konnte bei einer Altersberechnung offensichtlich nicht von der Gleichförmigkeit des Heraustropfens ausgehen, sondern von der Formel: je länger die Zeit, desto weniger tropft es. Eine schnelle Überschlagsrechnung in Anwendung dieser Erkenntnis erbrachte das Ergebnis, dass die Tropfsteine in der Höhle allenfalls ein paar tausend Jahre alt sein konnten, aber nicht viele Millionen.

Sein zweites Aha-Erlebnis hatte Zillmer im „Dinosaur Valley State Park“ in den USA, wo man Dutzende ins Flussbett hineingetretene versteinerte Saurierfußspuren besichtigen kann. Zillmer fragte sich, wieso das nicht auch ihm passiert, wenn er durch den Wald geht und einen Schuhabdruck im feuchten Schlamm hinterlässt. Ein paar Tage später ist nichts mehr davon zu sehen. Eine Saurierspur hingegen hält sich für Jahrmillionen. Wieso? Welche Art von Zement würde für ein dermaßen schnelles Abbinden in solcher Härte sorgen?

Zillmer als routinierter Bauingenieur rechnete das durch und fand bald die Antwort: vulkanische Flugasche! Als diese Saurier unterwegs waren, musste es ordentlich viel vulkanische Aktivität gegeben haben, ganz klar.

Der endgültige Durchbruch zu einer neuen Sicht der Dinge erfolgte für Zillmer mit seiner Entdeckung menschlicher Fußabdrücke neben Saurierspuren und sogar *innerhalb* eines Saurierklauenabdrucks. Dieser Mensch musste kurz nach dem Saurier in die gleiche Richtung gerannt sein. Und zwischen all dem fand sich auch noch der Abdruck der Sohle einer Art Turnschuh, ein versteinerter Turnschuhabdruck, nicht zu fassen – da war es dann aus mit Zillmers Glauben an die orthodoxe Wissenschaft. Nicht zuletzt auch deswegen, weil diese Entdeckungen bereits gute fünfzehn Jahre zuvor gemacht worden waren – ohne dass die Wissenschaftswelt sie aufgegriffen hätte.[67] Eine doppelte fossile Unglaublichkeit fand sich in einer angeblich 570 Mio. Jahre alten Schieferplatte, in der ein seit 250 Mio. Jahre ausgestorbener Trilobit (Kleinkrebs) von der Ferse eines Schuhs in den damals weichen Boden gedrückt worden war.[68]

Zillmer besuchte die kleinen, unscheinbaren Museen der Umgebung und fand unglaubliche Schätze: einen in Stein eingebetteten Hammer aus bestem Eisen, nach offizieller Datierung angeblich 140 Mio. Jahre alt. Eine Art Qualle, aufs Feinste erhalten, versteinert vor mutmaßlich 390 Mio. Jahren. Die versteinerten Knochen einer 2,10 m großen Frau aus der Sauriergegend und Saurierzeit. Einen menschlichen Finger: keinen Knochen, sondern einen echten Finger mit versteinertem Fleisch um den Knochen, allerdings 20% größer als unsere heutigen Finger.

Als Zillmer schließlich noch einen versteinerten menschlichen Unterschenkel, in einem Cowboystiefel steckend, zu sehen bekam, war ihm klar, dass mit der offiziellen Datierungsmethode etwas absolut nicht in Ordnung sein konnte. Eine Versteinerung in kürzester Zeit! Er ging dem gründlich nach und sammelte zahllose Hinweise und Belege. So etwa wurde eine Sammlung von Knochenfunden der Universität Frankfurt von der Universität Oxford neu datiert – mit dem Ergebnis, dass ein ursprünglich auf 27.400 Jahre geschätzter Schädel lediglich 250 Jahre alt war, dass 72.000 Jahre alte Knochen und Schädel auf lediglich 4000 Jahre datiert wurden, und Ähnliches mehr.[69]

Ein weiterer Augenöffner war der Ausbruch des Vulkans Mt. St. Helens in Kalifornien 1982. Innerhalb von lediglich Stunden bildeten sich durch stürzendes Wasser Canyons; Wälder verschwanden, meterdicke Ablagerungen bildeten sich. Innerhalb von Stunden! Nicht innerhalb von Jahrmillionen, wie man es seit Lyell anzunehmen gewohnt war. Zillmer untersuchte weltweit Gesteinsformationen und kam zu dem Schluss, dass sie in nur kurzer Zeit von ungeheuren Wasserströmen geformt wurden. Das offensichtlichste Beispiel gibt der Grand Canyon. Nicht etwa das in diesem Canyon fließende Flüsschen hat ihn im Lauf der Jahrmillionen geformt, sondern eine Sturzflut von Wassermassen. Der heutige Colorado River ist nichts weiter als ein übrig gebliebenes Rinnsal.

Revolutionäre Thesen zur Erdgeschichte

Zillmers Befunde lassen sich wie folgt zusammenfassen:

- Saurier und Menschen lebten gemeinsam, siehe die Fußspuren, die Drachensagen, die auf hoher See aufgefischten Kadaver von Tiefsee-Urtieren.
- Versteinerungen brauchen keine lange Zeit und sind nicht immer lange her: siehe die Fußspurenbildung, die fossilen Quallen, den Schenkel im Stiefel, die lebend im Flintstein eingeschlossenen Kröten.
- Maritime Ablagerungen und Korallenriffe auf allen Gipfeln unserer Gebirge verweisen auf ehemaligen Meeresboden; Saurierspuren auf heute kalten Hochebenen lassen vermuten, dass diese Sumpftiere in kürzester Zeit in für sie lebensfeindliche Höhen gehoben wurden. Eine Landschaftsumbildung kann schnell erfolgen, siehe den Ausbruch von Mt. St. Helens. Gebirge haben sich somit schnell gebildet; nach Zillmers Ansicht vor etwa 10.000 Jahren (womit er auf seine Weise auf die Zahl kommt, die auch Plato angibt).

- Es gab keine Eiszeit. Wir haben seit 10.000 Jahren (mehr oder weniger) eine Schneezeit mit Gletscherbildung. Zuvor war die Erde von Nordpol bis Südpol warm bis tropisch. Die Erdachse stand senkrecht. Alle in Mitteleuropa gefundenen Tropen- und Savannentiere (Nashörner, Nilpferde, Elefanten, Geparden, Hyänen, Jaguare) lebten nicht etwa nach oder während der Eiszeit („in stoischer Ruhe", laut Lyell), sondern bevor es vor 10.000 Jahren kalt wurde. Dementsprechend wurden auch die Höhlenmalereien in Frankreich während einer warmen Zeit geschaffen.
- Wie es zu dem damaligen Klimasturz kam, wird wissenschaftlich nicht erklärt: weder, wieso es damals (in offizieller Sicht) warm wurde, noch wieso es (nach Zillmers Sicht) kalt wurde.
- Erdschichten sind ereignisabhängig, nicht zeitabhängig. Die Stratigrafie (Erdschichtenkunde) beruht auf Annahmen des 19. Jahrhunderts und ist von der Gleichförmigkeitstheorie Lyells geprägt. Funde wurden nicht verifiziert, weil die damaligen Forscher nur sehr begrenzt Gelegenheit zum Reisen hatten. Darwin zum Beispiel machte nur eine einzige Reise; er war kein zweites Mal an diesen Orten. Es gab damals nicht die Möglichkeit der Überprüfung. Die in der Stratigrafie verwendete Datierung ist daher falsch: ein Hammer aus hochveredeltem Stahl kann nicht aus der Kreidezeit stammen; für den versteinerten Fußabdruck einer Schuhsohle mit zerquetschtem Trilobit gibt es keine gemeinsame Erdschicht; eine lebende im Flintstein eingeschlossene Kröte kann dort nicht lange gewesen sein; versteinerte Menschenknochen aus der Dino-Zeit finden sich hoch oben in den Anden; Schichtenbildung von acht Metern, innerhalb weniger Stunden durch Schlammströme von 250 km/h, ist möglich, siehe Mt. St. Helens.
- Die Datierung über Halbwertszeit, Isotopen-Zerfall und Radiokarbon-Messung (C14) ist nachweislich nicht verlässlich: beispielsweise wurde das Alter einer lebenden Muschel auf Tausende von Jahren geschätzt.[70]
- Die Evolutionslehre kann nicht stimmen, denn nie wurden Übergangsformen gefunden. Während der so genannten „Kambrischen

Explosion“ vor 540 Millionen Jahren soll es zu einer Fülle von neuen Tierarten gekommen sein – doch ohne Übergangsformen. Die offizielle Lehre kann dies nicht erklären.

Wie kam es zur Weltkatastrophe?

Wer war schuld an der Katastrophe, wann immer sie nun gewesen sein mochte? Ein Meteor, behaupten die Geologen einhellig. Viele mächtige Einschläge mit kilometergroßen Kratern wurden an vielen Orten der Erde gefunden. Was so ein Einschlag für Auswirkungen haben kann, fassen die Geologen Alexander und Edith Tollmann wie folgt zusammen: Der Einschlag des Kometen oder Asteroiden - das Impaktbeben - der entfesselte Vulkanismus - Feuersturm und Weltenbrand - die Flutwelle – die Impaktnacht (Verdunkelung der Sonne durch Staub und Flugasche) - der Impaktwinter (weil es ohne Sonne immer kälter wird) – Sturzregen, Schneeflut, kochender Ozean – Entstehen von Umweltgiften – Ozonabbau und Strahlung – Massensterben.[71]

Viele heutige Menschen hatten dieses Erlebnis in abgeschwächter Form, zum Beispiel als 1982 Mt. St. Helens ausbrach. Bedeutend schlimmer war der Ausbruch des Krakatoa 1883. Die damalige Flutwelle hatte eine Geschwindigkeit von 350 km/h, eine Höhe von 35 Meter, überflutete auf Java und Sumatra 295 Städte, ertränkte 36.000 Menschen und war nach einer gewissen Zeit an allen Küsten rund um die Welt zu vermerken. Der Knall des Vulkanausbruchs war über gut 6000 km Entfernung noch in Sydney, Australien, zu hören. Er zerbrach Fenster bis in eine Entfernung von 800 km. Die Staubwolke verdunkelte den Himmel weltweit für Jahre.

Eine Atombombe von einer Megatonne Sprengkraft (eine Millionen Tonnen Dynamit) ist nichts dagegen. Ihre Explosion würde gerade mal Betondecken in 4 km Entfernung zerstören, Holzdecken in 6 km Entfernung und Fenster, Dächer und Wände in 12 km Entfernung. Enorm viele Megatonnen atomarer Sprengkraft würde es brauchen, um der Zerstörungskraft eines Krakatoa zu entsprechen.

Einen weiteren indonesischen Vulkanausbruch bekam man bis nach Europa zu spüren: „Im April 1815 ereignet sich auf Sumbawa – eine der Kleinen Sunda-Inseln östlich von Java – der größte Vulkanausbruch in der überlieferten Geschichte der Menschheit. Die Erde bebt, drei Feuersäulen steigen mit großem Geheul in den Himmel hinauf. Die Lava bahnt sich ihren Weg, als ob man scharfe Messer über das Fleisch der Erde zöge. Dann ein jäher Aufschrei: der Berg zerreißt. Von dem einst 4300 Meter hohen Tambora bleiben gerade noch 2800 Meter übrig. Glutlawinen rasen zu Tal. Wirbelstürme fegen Menschen, Pferde Rinder und Bäume in die Luft und tragen sie meilenweit aufs Meer hinaus. Schwimmende Inseln aus Bimsstein, in die diese grässlich entstellten Leichen eingeschlossen sind, treiben umher. Eine 60 cm dicke Schicht aus Vulkanasche bedeckt die Meeresoberfläche. Zusammen mit Asche und Staub sind hundertfünfzehn Millionen Tonnen Schwefelgase in die Stratosphäre geschleudert worden. Der Tag wird zur schwärzesten Nacht. Dann zieht die gigantische Wolke weiter Richtung Europa. In den Jahren 1816 und 1817 setzt sie die göttliche Ordnung des Wettergeschehens außer Kraft. Die Arktis taut. Eisberge treiben bis vor die irische und schottische Küste. In Ungarn fällt brauner, gelber und roter Schnee. Deutschland versinkt im Dauerregen. Es gibt weder Frühling noch Sommer, der Morgen kommt, aber es will nicht Tag werden, das Korn verfault auf dem Halm, kein Herbst bringt Ernte noch Frucht. Die Preise für Getreide verdreifachen sich. Das Leben wird unerschwinglich. Die Bauern verzehren ihr Saatgut und füttern ihre Schweine mit Fischen. (…) Aber aus dem Winter geht bloß ein neuer Winter hervor. Einer der kältesten seit tausend Jahren. Diesmal ist es ein Winter der Winde. Eisige Stürme blasen aus allen Richtungen und Schnee fällt zur Erde, die Fröste sind gewaltig. Die Sonne ist nicht mehr als ein blanker Mond und man kann mit bloßem Auge hineinsehen."[72]

Gehen die Sintflut und die in anderen Legenden genannten Katastrophen also auf Vulkanausbrüche und Meteoriten-Einschläge zurück? Wäre dem so, dann hätte jedes Volk „seinen" Vulkan und „seinen" Meteoriten gehabt – aber wenn sich dabei so gewaltige Auswirkungen auf Klima, Umwelt und Leben zeigen, kann das kaum sein. Es bleibt nicht lokal, sondern wirkt sich global aus. Zudem entstehen bei lokalen Katastrophen keine globalen Legenden. In Anbetracht der vielen gleich lautenden Darstellungen der Legenden ist daher anzunehmen, dass es sich um nur ein einziges Geschehnis handelt. Zumindest die MindWalking-Befunde sprechen dafür, wie sich in Teil III zeigen wird.

Alte Karten zeigen Arktis eisfrei

Einige Seekarten aus unergründlich alter Zeit erzwingen eine völlig andere als die orthodoxe Interpretation der Erdgeschichte. Sie zeigen, was nicht sein darf, nämlich eine eisfreie Antarktis.

Die Antarktis wurde erst 1818 entdeckt, und dass ihr Eis auf einem riesigen Landsockel mit gewaltigen Gebirgen sitzt – im Unterschied zur Arktis, die nur aus gefrorenem Wasser besteht -, das weiß man erst seit 1954. Die aufgefundenen Seekarten sind weit älter als die Reisen des Kolumbus. Zwar tauchten sie erst einige Jahre nach seiner Entdeckung der Karibik in 1496 auf, was sie aber zeigen, konnten weder Kolumbus noch seine Zeitgenossen gewusst haben. Der prunkvolle Stil der Darstellung ist zwar für das 16. Jh. typisch; wer jedoch die Zeichnungen anfertigte, und woher der Zeichner seine sensationellen Daten nahm, bleibt unergründet.

Die diesbezügliche Forschungsarbeit aus den 1960er Jahren ist Prof. Charles Hapgood zu verdanken. Einige Schlaglichter seien genannt:

- Eine gestochen scharfe Karte des Mittelmeerraumes, weit älter und trotzdem weit besser als die historisch belegten Karten des 2. Jh., die im Vergleich ungefähr aussehen wie krakelige Kinderzeichnungen.
- Die Karte des Zeno aus 1380. Sie zeigt Grönland eisfrei mit Gebirgszügen, deren Verlauf man erst heute mit speziellen Tiefenmessungen über Radar zu erkennen beginnt.
- Eine Karte des Admirals Piri Reis aus dem Jahr 1513, die die Westküste Nord- und Südamerikas bis hinunter zur Antarktis zeigt (nur 17 Jahre zuvor war Kolumbus überhaupt erst bis nach Kuba gekommen).
- Die Karte des Oronteus Finaeus von 1532, die die gesamte Erdkugel von Nordpol bis Südpol mit eisfreier Antarktis zeigt (die erste teilweise Weltumseglung nach Kolumbus war 1580, die erste vollstän-

dige 1779, die Antarktis wurde 1818 entdeckt und erst 1954 als Kontinent erkannt).

- Der berühmte Kartenzeichner Mercator musste sich 1538 auf ähnliches Material gestützt haben, als er eine Erde weit über das damals Bekannte hinaus zeichnete.

- Eine ähnlich eindrucksvolle arabische Karte gibt es aus dem Jahr 1559, was sie aber darstellt, hat man damals nicht einmal geahnt.
- Eine Karte des Zeichners Buache aus dem 18. Jh. stellt die Landmasse unter dem antarktischen Eis dar.

Die Datierung auf den Karten gibt den Zeitpunkt wider, als sie gezeichnet, besser gesagt, nachgezeichnet wurden. Woher hatten die Kartenzeichner ihre Vorlagen? Und wo sind die hingekommen? Hapgood zieht folgenden Schluss: „Alte Völker erkundeten die Küsten der Antarktis, als diese noch eisfrei waren. Sie müssen ganz klar ein Instrument zur Vermessung des Längengrades gehabt haben, welches allen Geräten weit überlegen war, die in archaischen, mittelalterlichen oder modernen Zeiten bis zur zweiten Hälfte des 18. Jh. zur Verfügung standen.“[73] Was die Verlässlichkeit von Eiszeiten und deren Datierung angeht, sagt Hapgood nach sorgfältiger Recherche: „Das Rätsel der Eiszeiten bleibt eines der ungelösten Rätsel der Geologie.“[74]

Manche dieser Karten wirken wie von einem Satelliten aus gezeichnet. Auffällig ist, dass sich alle Kontinente an ihrem heutigen Platz befinden. Hätte also die Erde vor 10.000 Jahren, als große Teile der Nord- und Südhalbkugel noch unter Eis lagen, das gleiche Aussehen gehabt wie heute?

Unter Annahme der Gleichförmigkeits-Theorie müsste das so sein. Die Kontinentalplatten bewegen sich heute je nach Region mit 2 cm bis 20 cm pro Jahr. Das macht auf zehntausend Jahre zwischen 200 m und 2000 m. Auf einer Weltkarte oder einem Schreibtisch-Globus wäre das nicht zu erkennen. Die Erde wäre also gleich geblieben.

Was aber, wenn die Gleichförmigkeits-Theorie nicht zuträfe? Wenn hier Ähnliches vorgegangen wäre wie bei Zillmers Tropfsteinen, die sich bei genauerem Hinsehen als nur ein paar Tausend Jahre alt erwiesen, statt Jahrmillionen, wie es immer heißt, weil sie eben *nicht* gleichförmig wuchsen?

Nähme man ein Impulsmodell zum Ausgangspunkt, dann hätte ein Anfangsschock ein mächtige Wirkung erzeugt und diese sich im Lauf der Zeiten immer mehr abgeschwächt, etwa wie ein Fußball nach dem Kicken mit großem Tempo los saust, allmählich immer langsamer wird und schließlich ausrollt. Auf die Kontinentaldrift übertragen: war die Bewegung der Platten anfangs vielleicht richtig schnell gewesen und hat sich in heutiger Zeit auf 2 bis 20 cm pro Jahr verlangsamt? Das aber würde bedeuten, dass die Erde früher einmal viel kleiner war. Diese Annahme ist nicht aus der Luft gegriffen, wie der nächste Abschnitt zeigen wird.

Allerdings, angenommen diese Impulstheorie träfe zu, wie würde das dann zu Hapgoods alten Karten passen? Einerseits zeigen sie Antarktis und Grönland ohne Eis, andererseits aber die Kontinente an den heutigen Plätzen? Widersprüche, soweit das Auge reicht…

Pangaea: War die Erde mal viel kleiner?

Wegener sprach von Pangaea und wurde verlacht; später gab man ihm recht. Dennoch blieb die Frage im Raum stehen, wie es wohl zum Aufbrechen von Pangaea gekommen war. Ein Meteor? Der Fast-Zusammenstoß mit der Venus? Die Eigendynamik der Plattentektonik?

Neben der Idee der Plattentektonik wurde von Roberto Mantovani 1889 und 1909 die Möglichkeit einer wachsenden Erde als Erklärungsmodell für die geologischen Befunde veröffentlicht. Auch Ott Hilgenberg von der TU Berlin entwickelte als Ergänzung zu Wegeners Theorie der Kontinentaldrift eine ebensolche Theorie der wachsenden Erdkugel.[75] Die Erde, so vermutete er, könnte expandiert sein mit dem Ergebnis, dass die Kontinente immer am Platz bleiben, aber zunehmend weit auseinanderrücken, so wie sich zwei Punkte auf der Haut eines Ballons voneinander entfernen, wenn man ihn aufbläst. Mit vier von ihm entworfenen Modellgloben konnte er zeigen, wie alle Festlandsockel der Erde aneinander passen, wenn der Erdradius etwa halb so groß ist wie heute. Der Gedanke wurde immerhin ernst genug genommen, dass man 2001 am Nationalinstitut für Geophysik und Vulkanologie in Rom ein entsprechendes Modell nachbaute.[76]

Sollte diese Theorie der Wahrheit entsprechen, dann würde das die Hopi-Legende umso glaubwürdiger machen. Denn dann wären es von der Osterinsel als östlichstem Punkt des versunkenen Kásskara bis zum südamerikanischen Kontinent keine 4000 km gewesen – eine Distanz, die man selbst mit der Hilfe wohlgesonnener Aliens kaum mit dem Kanu überwinden könnte. Demzufolge hätten die Hopi auf Wegeners Gesamtkontinent Pangaea gelebt, bevor der auseinander brach. Und Pangaea wäre so etwas gewesen wie der Erdball heute, nur viel kleiner, d. h. mit weniger Wasser zwischen den Kontinenten und demzufolge kürzeren Strecken von Ufer zu Ufer.

Zur Geologie der Anden hört man Erstaunliches. Sie verlaufen entlang der Westküste Südamerikas, an ihrer östlichen Seite entspringt heute der Amazonas und fließt durch Brasilien zum Atlantik hin. Der Erinnerung der Hopi nach war das nicht immer so, wie oben erwähnt – und sie hätten sogar recht damit. Wikipedia sagt unter dem Stichwort Amazonas:

„Vor dem Auseinanderbrechen des einstigen Großkontinents Gondwana [der südliche Teil Pangaeas] floss ein Vorläufer des heutigen Amazonas (Uramazonas) in die entgegengesetzte Richtung, von Osten nach Westen, und mündete in den Pazifik. (...) Einer Hypothese zufolge lag die Quelle des Amazonas bis vor 130 Millionen Jahren noch wesentlich weiter östlich, mitten im heutigen Afrika. (...) Nachdem Gondwana auseinandergebrochen war, driftete die südamerikanische Platte nach Westen. (...) Zugleich falteten sich an der Westküste des Kontinents die Anden auf, da sich seitdem die Südamerikanische Platte auf die Pazifische Platte schob. Aufgrund der damit verbundenen Sperrung des Abflusses kehrte sich vor circa 10 bis 15 Millionen Jahren der Flusslauf um." Ab da floss der Amazonas in den Atlantik und tut es bis heute.[77]

Wie konnten die Hopi das wissen? Weißer Bär dürfte zum Zeitpunkt seines Gesprächs mit Blumrich in den 1970ern wohl kaum von solchen geologischen Raffinessen gehört haben, weswegen man sein Aussage als authentisch, will sagen als nicht zusammenfantasiert, betrachten darf. Weißer Bär sagte drüber hinaus aus, die Hopi hätten *zuschauen* können, wie sich die Anden hoben – ein krasser Gegensatz zu dem oben genannten

Zeitverlauf, nach dem bis vor 130 Millionen Jahren die Amazonasquelle in Afrika lag und sich anschließend die Anden im Verlauf von 120 Millionen Jahren (!) hoben. Dann erst kehrte der Amazonas seinen Lauf um und floss in den Atlantik. In der Zwischenzeit, 100 Mio. Jahre lang, sei Brasilien ein riesiger See gewesen. Mal wieder sehr, sehr lange Zeiträume, wie immer in der Geologie.

Die brasilianischen Indianer waren als Augenzeugen übrigens dabei: „Die Götter begannen, die Menschen zu vernichten. Einen gewaltigen Stern schickten sie, dessen rote Spur den ganzen Himmel bedeckte. Und Feuer sandten sie, heller als tausend Sonnen. Dreizehn Monde lang regnete es. (...) Rückwärts flossen die Flüsse. Der große Strom verwandelte sich in einen gewaltigen See." [78]

Die Hopi und die brasilianischen Indios haben gewiss keine 120 Millionen Jahre da gestanden und zugeschaut, wie sich die Anden hoben. Fazit: Wenn das Zeugnis der Legendenerzähler stimmt, passen die geologischen Zeiträume nicht.

In Afrika finden sich ergänzende Überlieferungen. Angesichts einer Bruchlinie im östlichen Teil Afrikas von Nord nach Süd sind Geologen zu der Ansicht gekommen, der Kontinent sei zerrissen worden. Die Menschen dort wissen das noch: „Überall entlang der Linie bewahren die Eingeborenen Traditionen über große Veränderungen in der Struktur des Landes."[79]

Eine bizarre Verbindung zwischen Afrika und Ozeanien ergibt sich anhand nordafrikanischer Legenden: „Die nordafrikanischen Berber verwenden für ihre Magie das selbe Wort wie die Hawaiianer, nämlich *Kahuna,* wiewohl die beiden Sprachen und Kulturen ansonsten keine Ähnlichkeit haben. Weiterhin wissen die Berber, sie hätten früher, als die Sahara noch grün war, beim Pyramidenbau geholfen, indem sie mit ihrer Magie das Baumaterial schnitten, transportierten und aufschichteten. Weil sie voraus sahen, dass eine spirituelle Finsternis hereinbrechen würde, suchten sie nach einem Ort, das Geheimnis ihrer Magie zu wahren, fanden auf psychischem Wege eine leere Inselgruppe im Pazifik und begaben sich dorthin. Nur einer ihrer Stämme blieb in Nordafrika, die heutigen Berber."[80].

Ähnliche Zeugnisse finden sich in China. Nach der Flut musste man die vier Himmelsrichtungen neu finden, die Bewegung von Sonne und Mond neu ermitteln, die Tierkreiszeichen neu festsetzen, den Kalender neu ordnen und die Bevölkerung Chinas über die Folge der Jahreszeiten unterrichten.[81] Auch hier klingt es nach einem Bericht von Zeitzeugen.

Die Erde muss im Verlauf dieser Katastrophe regelrecht ins Taumeln geraten sein, eine Erdachsenverschiebung stattgefunden haben, denn nur dann würden sich die Sterne in die verkehrte Richtung bewegen, die Sonne tagelang am Himmel stehen oder aber es lange Nacht bleiben. Vielleicht spricht der Prophet Jesaja aus dieser kollektiven Erinnerung heraus, wenn er sagt: „Die Schleusen hoch droben werden geöffnet, die Fundamente der Erde werden erschüttert. Die Erde birst und zerbirst, die Erde bricht und zerbricht, die Erde wankt und schwankt. Wie ein Betrunkener taumelt die Erde, sie schwankt wie eine wacklige Hütte.“[82]

TEIL DREI
PSYCHO-ARCHÄOLOGIE ENTDECKT ERDVERNICHTUNG

Die Alpen, der Himalaya - gerade mal zehntausend Jahre alt? Wer hat recht, die Hellseher, die Legendenerzähler oder die Wissenschaftler? Vermutlich jeder auf seine Weise. Wie Zillmer es so wunderbar versöhnlich ausdrückt: „Entschuldigen möchte ich mich bei allen gewissenhaft arbeitenden Wissenschaftlern. Leider ergeben sich oft falsche Ergebnisse, da die meist sehr guten neueren Forschungen aus der Sicht überholter Theorien und Dogmen interpretiert werden. Die unserem wissenschaftlichen Weltbild zugrunde liegenden Gedankenmodelle der Wissenschaftler aus dem letzten Jahrhundert [gemeint ist das 19 Jh.] sind jedoch überholt und müssen grundlegend überdacht werden."[83]

Zillmers Kritik an Archäologie, Geologie und Anthropologie ließe sich endlos diskutieren, indessen ist das vorliegende Buch nicht der Ort dafür. Mir als Verfasser war es lediglich wichtig, Widersprüchlichkeiten und offenen Fragen aufzuzeigen und überraschende neue Sichtweisen vorzustellen. Das sollte einen gedanklichen Möglichkeitsraum eröffnen, in dem die nicht weniger überraschenden MindWalking-Befunde hoffentlich ihren Platz finden werden.

Das Zustandekommen der Atlantis-Protokolle

Datenbank über Jahrzehnte aufgebaut

Während einer MindWalking-Sitzung, ob duo oder solo, führt der Sitzungsleiter Protokoll. Das bedeutet, er schreibt stichwortartig und manchmal auch wörtlich mit, was der Sitzungspartner sagt. Außerdem notiert er in seinem Protokoll die Ausschläge und Spannungswerte am mindwalker. Diese Mitschrift wird nach der Sitzung zu einem Sitzungsbericht zusammengefasst und beim Ausbilder zur Supervision eingereicht. Damit ist gewährleistet, dass die Folgesitzung, und sei sie am nächsten Morgen, ohne Umwege auf das angestrebte Endergebnis zuläuft. Die in Teil Eins aufgeführten Sitzungen beruhen auf solchen Protokollen und Sitzungsberichten.

Seit Ende der 1990er Jahre werden Sitzungsberichte digital übermittelt, vor der Computerzeit benutzte man das Fax, und davor wiederum wurden Sitzungen von entsprechender Bedeutung aussortiert und abgelegt – leider nicht alle, im Rückblick betrachtet, aber zumindest doch einige.

Im Lauf der Jahrzehnte hat sich so, insbesondere zum Thema Atlantis, eine beachtliche Datenbank aufgebaut. Leider ist sie weit weniger vollständig, als man sich das wünschen würde. Viele Entdeckungen der achtziger Jahre – neue Wesen, neue Welten, neue Zusammenhänge und Beziehungen – wurden zwar protokolliert, aber nicht archiviert. Man glaubte damals einfach, so sei das eben „da draußen" und so würde das auch bleiben; wozu es also auf ewig ablegen? Niemand vermochte damals abzusehen, dass wir es mit endlichen, zeitlich begrenzten Phänomenen zu tun hatten, die irgendwann einmal abgetragen, abgehakt, erledigt sein würden – um von wiederum neuen Wesen, neuen Welten, neuen Zusammenhängen und Beziehungen abgelöst zu werden.

Diese frühen Entdeckungen nachträglich wieder zusammenstellen zu wollen, ist leider kaum machbar, insofern sich die meisten der damaligen Solisten in alle Winde zerstreut haben oder verstorben sind, und wer von ihnen noch in Kontakt ist, hat seine Sitzungen aus alter Zeit, ihren Wert nicht ahnend, irgendwann einmal in den Papiermüll gegeben.

Auf diese Datensammlung, so unvollständig sie sein mag, greift die folgende Zusammenstellung von Protokollen und Sitzungsberichten zurück. Ihr zentrales Thema: „Erinnerungen an die Erdvernichtungskatastrophe, deren Vorgeschichte und Folgen". Dass von dieser Erdvernichtungskatastrophe mehr als bloß eine Insel im Atlantik betroffen gewesen sein muss, dürfte mittlerweile deutlich geworden sein. Gleichwohl möchte ich die Bezeichnung „Atlantis" für diese untergegangene Weltkultur beibehalten, einfach weil es sich so eingebürgert hat. Mit „Atlantis" ist also eine untergegangene *globale* Kultur gemeint.

Jede der nachstehend zitierten Sitzungen trägt in Klammern vorangestellt einen Vermerk zu ihrer Herkunft, etwa [NER 2007, duo] oder [PLK 1996, solo]. Die Buchstaben sind das Kürzel für den Namen des betreffenden MindWalkers, sei es solo oder duo (mein Solo, das des Verfassers, ist selbstverständlich auch dabei). Die Zahl steht für die Jahreszahl, in der die Sitzung stattfand. Sie ist beigefügt, weil sich daran ablesen lässt, dass zu unterschiedlichen Zeiten unterschiedliche Themen „obenauf lagen" und von vielen MindWalkern im betreffenden Zeitraum gleichzeitig behandelt wurden – selbstverständlich ohne Absprache. Dazu möge man sich bitte vor Augen halten, dass die MindWalkerei ein einsames Geschäft ist. Mit Ausnahme des Sitzungsleiters oder, bei Solisten, des Supervisors, redet man in der Regel mit niemand über seine Sitzungsinhalte.

Authentische Zeugenaussagen

Bei den folgenden „Zeugenaussagen" handelt sich um eine Auswahl von wörtlichen Zitaten aus Sitzungsberichten. Die Erdvernichtungskatastrophe findet sich häufig mit „EVK" abgekürzt. Zur Vermeidung von Wiederholungen und Abschweifungen ließ sich nicht vermeiden, die Berichte redaktionell zu bearbeiten. Dies deswegen, weil ein Geschehnis dreimal oder auch zehnmal durchgangen wird, um es in jeder Hinsicht zu entlasten. Bei jedem Durchgang kommt Neues hinzu. Diese Annäherungen wiederzugeben, wäre nicht lesefreundlich. Deswegen wurden die Inhalte zum Zweck einer nachvollziehbaren Darstellung zusammengefasst - was den Eindruck vermitteln mag, der Ablauf eines Geschehnisses würde von Anfang bis Ende in einem Rutsch so locker heruntererzählt wie hier wiedergegeben. Das Gegenteil ist der Fall; die Berichte sind das Ergebnis vieler Stunden höchst anstrengender Konzentration, verbunden mit den gewaltigen Emotionsschüben und oft auch körperlichen Schmerzen des

Nacherlebens. Erst die letzte Version vermag der Sitzungspartner in einem Rutsch und mit Gelassenheit wiederzugeben. Ist das der Fall, so hat sich das gewünschte Endergebnis eingestellt, nämlich Erleichterung und Heiterkeit. An dieser letzten, leichten Version orientieren sich die meisten der nun folgenden Abschnitte.

Es versteht sich von selbst, dass seitens des Sitzungsleiters weder vor noch während der Sitzung irgendeine Indoktrination oder Einschulung zum Thema Erdvernichtung, Außerirdische, galaktische Politik usw. gegeben würde. Tatsächlich haben die meisten Sitzungspartner nicht den Hauch einer Ahnung von den Welten, auf die sie in ihrer Erinnerung schließlich stoßen. Um selbige griffig zu beschreiben, fehlen ihnen oft die richtigen Worte. Deswegen bemühen sie der Anschaulichkeit halber Vergleiche, die manchmal etwas schief geraten. Man möge es ihnen bitte nachsehen.

Anlass einer Sitzung, Thema, Durchführung und Erfolg werden im vorliegenden Buch nicht genannt (im Unterschied zu „MindWalking – Unbelastet in die Zukunft"). Vorgestellt wird nur der Inhalt des geistig Erschauten, die großen Zusammenhänge also, nicht die Lösung einer individuellen Problematik.

Sitzungsberichte: Atlantischer Alltag

Tolkien lag richtig

Vom Alltag in Atlantis erfährt man recht wenig. Das liegt daran, dass einem Katastrophen stärker im Sinn bleiben als die kleinen Freuden des normalen Lebens. Nichtsdestoweniger ergibt sich aus der Vielzahl von Sitzungen als Gesamtbild, dass Atlantis eine die gesamte Erde umspannende Kultur war, die sich über viele Epochen erstreckte. Sie begann feinstofflich-transparent und wurde immer solider und massiver, also nicht viel anders als heute. Bis zum Ende scheinen Kristalle für Kommunikation, Heilung, Datenspeicherung und als Waffen eine bedeutende Rolle gespielt zu haben.

Wie lange Atlantis andauerte, ist kaum zu sagen, denn ungeachtet dieser Entwicklung vom Fein- zum Grobstofflichen hin existierten all diese Welten bis zum Ende nebeneinander her. Für all diese Facetten Beispiele zu zitieren, würde mehrere dicke Bücher erfordern und selbst dann, beim gegenwärtigen Stand der Erkenntnis, allenfalls skizzenhaft geraten.

Eine wunderbare Veranschaulichung jener Zeit liefert Tolkien mit „Herr der Ringe". Er beschreibt eine Kultur, in der Menschen, Feen, Elfen, Zwerge, Riesen, intelligente Pflanzen, Magier und künstlich geschaffene Monster neben- und miteinander leben, also nicht als Abfolge von aufeinander folgenden Entwicklungsstufen, sondern gleichzeitig. Tolkien hat da vermutlich aus einer tiefen Erinnerungsquelle geschöpft. Sein Roman kommt im Großen und Ganzen dem Bild sehr nahe, das wir durch Mind-Walking erhalten.

Verdauungsprobleme im Astralkörper

AMK hat als Solistin über Jahre hinweg, von 2004 bis 2020, immer wieder Erinnerungen an die feinstoffliche Ebene in Atlantis bekommen und an deren Interaktion mit anderen Ebenen. Sie fasst zusammen:

[AMK 2020] „Ich erinnere mich an die Zeit der Prana-Akademie, da sieht es ziemlich genauso aus wie Oxford im Film. Alles scheint von innen zu leuchten und es sieht immer aus wie in einem animierten Film. Auf einer gewissen Ebene sieht es aus wie die Rose bei „Die Schöne und das Biest" mit dieser Glanzschicht darum. Alles wirkt altertümlich, aber neuwertig. In den Raumschiffen von uns ist das auch so, wie als hätte Steve Jobs sie erfunden.

Es gibt diese schöne Architektur mit Spitzbögen etc. Niemand ist hässlich, hat Pickel oder komische Augenbrauen. Alle sehen aus wie in der Werbung oder teuren Fernsehserien. Niemand ist dick. Manche haben normale Kleidung, aber manche sehen auch aus wie ein Hologramm. Die gehen dann auch nicht zu Fuß, die gleiten eher. Es scheint keine Muskeln oder Faszien zu geben am Anfang, jeder könnte jede Yogapose oder Gymnastiknummer, er bräuchte sich nur darauf einzustellen.

Weil es ist ja der Astralkörper, der das macht, der Energiekörper des Wesens. Je mehr man sich aber mit dem Vitalwesen und der aufgelagerten biologischen Schicht identifiziert, desto mehr verliert man diese Flexibilität. Man kann zum Beispiel eine Blume anschauen und sie wie ein transparentes Gebilde sehen, aber gleichzeitig auch als relativ solide Masse. Man kann sozusagen auf zwei Ebenen mit ihr interagieren und sich aussuchen, welche gilt. Wenn ich also einen Milchshake wirklich trinken wollte, müsste ich sozusagen den Biofilter aufsetzen und hätte das Erlebnis. Wenn ich ihn hingegen als blauer Astralkörper trinken würde, ist es eher, wie wenn Barbie oder ein Playmobilmännchen sich das an den Mund halten und es werden Lichtkügelchen eingesogen.

Wenn man zu viel auf der biologischen Ebene ist, verklebt man mit ihr. Also wenn ich in dem Astralzustand echtes biologisches Material essen würde, müsste ich sehr-sehr-sehr lange warten, bis ich es „verdaut" hätte, d. h. bis ich es energetisch in seine Bestandteile aufgelöst hätte. Ich wäre so lange, wie diese Materie noch da ist, auf dieser Ebene festgeklemmt. Wenn es bloß mal ein Milchshake ist, wäre das noch überschaubar. Aber würde ich normale Mahlzeiten essen oder generell täglich essen, so würde ich sehr schnell Biomasse werden und mit dem energetischen Abbau gar nicht mehr hinterherkommen. Ich müsste es abatmen oder abmeditieren oder es im Wald, wo sonst nichts ist, wegfluffen lassen.

Wenn du damals Forscher oder Wissenschaftler warst, war es praktisch, einen Laborkittel mit Handschuhen zu haben etc. Dann hast du Biomaterial um dich rum und kannst damit interagieren, wie ich beispielsweise mal mit diesen Vögeln; da hatte ich ja auch eine Art Neopren-Taucheranzug an, so eine Haut zum über den Astralkörper ziehen. Das kann man natürlich zum Vergnügen machen, wenn man das Gefühl erleben will, biologisch zu sein. Aber wenn du es in dich aufnimmst, also dich wirklich transformierst durch Verdichtung, Übereinkunft, Nahrung, dann musst du nachdrücklich dran arbeiten, dich energetisch auf Niveau zu halten. Du würdest sonst krank werden können wie ein Tier oder eine Pflanze, und natürlich würdest du deinen Astralkörper und dementsprechend deine Unendlichkeit auch viel weniger spüren. Die Biomasse ist wie Ohropax fürs Bewusstsein."

Ein Leben ohne Tod

[ROK 2007, solo.] „Vor der EVK gab es keinen Tod. Natürlich starb ein Körper, wenn sein Zweck erfüllt war, aber bis dahin hat es damals tausend Jahre dauern können. Wenn das Geistwesen mit seinen Projekten noch nicht fertig war, blieb der Körper einfach erhalten. Das Vitalwesen sorgte dafür. Ein Körper hat kein Ende, er hält ewig, man braucht dazu keinen Sex. Damals wurden Kinder in die Welt gesetzt ohne Sex. Es ging direkt über die kombinierte Vitalenergie der Elternwesen. Körper waren keine Garantie für die Zukunft, keine Stammhalter, sondern waren bereit gestellt, um wichtige Wesen einzuladen und zu empfangen, damit sie teilnehmen an unserer Welt, an unserer Gruppe. Verwandtschaften und Sippen waren Verbände von Kollegen, sie hatten alle Gleiches im Sinn, sie waren in der gleichen Mannschaft."

Gesellschaft erkrankt durch magische Manipulation

Atlantis schien nicht die Insel der Seligen gewesen zu sein, als die sie gerne hinstellt wird. Wegen der allseitigen Befähigung zur Magie und deren Alltäglichkeit traten enorme Spannungen auf.

Magie hat ein breites Spektrum, sie reicht von Telepathie und Fernheilung über die Psychokinese (Dinge bewegen auf Distanz) bis hin zu Apporten (Dinge aus dem Nichts schaffen), der Bilokation (an zwei Orten gleichzeitig erscheinen) und Transkorporation (hier verschwinden, dort erscheinen). Und weil jede weiße Anwendung ihre schwarze Kehrseite hat, waren magische Kämpfe an der Tagesordnung.

Anna als Sitzungsleiterin hatte 2018 DSP als Sitzungspartner, der über starke Erinnerungsbilder an solche Begebenheiten verfügte. Auf meinen Wunsch hin schrieb sie folgende Zusammenfassung:

[DSP 2018, duo.] Er gibt viele Hinweise auf seine Existenz in Atlantis. Hohe filigrane Gebäude, sieht aus wie bei Herr der Ringe, alles so in Weiß mit Türmchen und Bogenfenstern wie bei gotischen Kirchen, wenn oben im Spitzbogen so drei Kreise sind und Schnörkel.

Er erzählt von einer Hohepriesterin, einer Frau in weißer Toga mit einem riesigen weißen Wolf als Begleittier, sie trägt Silberschmuck und Smaragde. Dann ist da noch ein Priester, ein Mann mit Goldplattengeschmeide und Stab mit massiven Rubinen, er hat einen Tiger als Begleitung. Der dritte ist ein Mann mit wallendem Haar und einem Löwen, der trägt Gold mit Blau. Der Löwenmann scheint gekleidet wie ein afrikanischer Stammesfürst, die anderen eher griechisch-römisch. Der Tigermann scheint sich irgendwie schwarzmagisch zu betätigen.

Der Löwenmensch und der Tigermann geraten in eine Auseinandersetzung wegen des Lebens-Kristallbaums, in den der Tigermann seine Essenz einspeisen will, um mächtiger und größer zu werden, wovor der Löwenmensch warnt. Der Tigermann ist besessen von einer dunklen Macht, die zerstörerisch, manipulativ und wahnsinnig agiert.

Der Löwenmensch ist anders. Er ist in einer friedlichen atlantischen Gesellschaft König. Dort kommuniziert man durch Kristalle, die überall aufgestellt sind. Sie verstärken gesunde, gewünschte, positive Schwingungsmuster und gleichen aufsteigende negative aus. Es ist als würde man Lautsprecher mit Beruhigungsmusik oder Duftlampen überall auf öffentlichen Plätzen und Weihestätten aufstellen. Die Gebäude sind sehr schön, sie sehen aus wie in Klischee-Heimatfilmen.

Der König hat die besondere Verantwortung, eine spirituell klare Struktur zu repräsentieren. Praktisch heißt das, er ist die Hauptquelle der positiven Schwingungen, die über die Kristalle vermittelt werden. Die aufgestellten Kristalle wirkten aber auch andersrum, sodass die Bevölkerung selbst Schwingungen einspeist und über die Gesamtschwingung ein „Stimmungsbild der Bevölkerung" abgelesen werden kann. Es geht um ein gegenseitiges Einschwingen, nicht um ein aufgedrücktes Muster seitens des Königs oder ähnliche Manipulation. Der König ist also Balancehalter und Resonanzausgleicher.

Krankheiten sind zum damaligen Zeitpunkt eher vitalenergetischer Natur oder stecken im Astralkörper, also in der energetischen Form eines Wesens. Ganz am Anfang gab es ja auch keine echten Körper. Entsprechend feinstofflich hat man sie behandelt, also Kristalle aufgelegt oder drum rum gestellt oder deren Schwingung ins Wasser gegeben. In der Bioresonanztherapie heute geht das genauso.

Die Gesellschaft, Gewänder, König und Häuser sowie Energiedichte wirken alle luftig, fluffig, eine Mischung aus jedem beliebigen Fantasy-Film mit Herr der Ringe, Griechen und Römern.

Generell war man sehr spirituell. Egoismus oder harsche Worte gab es seit Generationen nicht, eigene Bedürfnisse oder individuelle Ansichten hatte man kaum bzw. stellte sie derart in den Hintergrund, dass die Gesellschaft unfassbar seicht und friedlich war. Seit einigen Generationen waren allerdings Wesen von anderen Kulturen, also anderen Teilen von Atlantis oder fremden Planeten, inkarniert, die an diese Sanftmütigkeit nicht gewöhnt waren und daher rebellischer und kontrastreicher waren, was die Gesellschaft aufwühlte. Sie brachten fremde Stimmungen und egoistisches Denken mit, sie haben sich nicht als Kollektiv begriffen und sich nicht so perfekt harmonisch eingefügt.

Aber das war noch nicht wirklich schlimm. Man hatte nur schlichtweg keine Handhabe und keinen Kommunikationsstil für solche resoluteren, egoistischen Personen. Die ihrerseits mussten ihre Bedürfnisse unterdrücken und sozusagen wegstauen, damit sie nicht negativ auffallen, wenn sie in die soziale Norm und harmonische angepasste Moral der Gesellschaft passen wollten.

Nun hat aber die böse, manipulierende, hinterhältige Macht genau diese Wesen mental- wie auch vitalenergetisch angezapft, sie hat von deren Staus Power bezogen. [Anna impliziert hier, ohne es zu sagen, die Machenschaften eines Despoten, von dem später Genaueres berichtet werden wird.] Man hat den aufgestauten Druck dieser Ego-Typen verstärkt, indem man dafür programmierte Dämonen auf sie setzte, und das Spannungsfeld dann als Kraftquelle benutzt.

Diese Besetzungen durch Energiewesen, also Dämonen, führten zu nie gekannten Ungeheuerlichkeiten wie Wunsch nach besonderer Anerkennung, rüden Worten und sogar unhöflichem Verhalten. Das war skandalös.

Schlimm wurde es, als sie Hysterie und Wahnsinn auslösten mit dem Ergebnis, dass die Befallenen in der Krise auch irgendwann körperliche Krankheiten manifestierten, sich selbst verletzten und starben. Also ähnlich wie Veitstanz, Wahnvorstellungen und Hysterie im 17. Jahrhundert oder Crackpenner an Bahnhöfen, richtig schlimm teilweise.

Es wurde eine immer stärkere Invasion, und die Energiemeister waren überfordert, da man sowas nicht kannte und nicht genug untersuchen konnte, um die Gegenschwingung zu finden. Diese Krankheit griff immer weiter um sich, Diebstähle, Streits entstanden und die Gesellschaft wurde unruhiger.

Opfer schwarzer Magie

[ANM 1998, duo.] Ein plötzlicher Tränenausbruch; ANM schluchzt. „Wie wenn einer etwas aus mir herausholen will, mit Gewalt. (Schmerzen am Hinterkopf.) Ein schwarzes Wesen mit einer Kapuze auf. Andere Wesen weiter hinten. Ein Innenraum, eine Art Höhle. Der Schwarze hat eine intensive Präsenz, als könnte er meinen Willen brechen. Mit präzis gelenkter Mentalenergie.

Es hat mit Magie zu tun. Ich habe magische Fähigkeiten und werde genötigt, diese anzuwenden. Die Kleidung der Männer ist eine Mischung aus Mittelalter und futuristisch: Grau-silbrig glänzende Oberteile, enge Hosen, Stiefel, eng anliegende Helme wie aus Kunststoff. Ähnlich wie Langstrecken-Eisläufer. Sie bewegen sich starr, als seien sie nicht ganz bei sich. Dann tritt der Schwarze näher. Ich bin Schülerin der Weißmagie, etwa 30 Jahre alt. Er will was von mir, aber ich will mich nicht unterwerfen. Er meint, ich hätte keine Chance, ist siegessicher. Ich habe keinen Überblick über die Dimensionen der Sache. Alles läuft im telepathischen Austausch, ohne gesprochene Wörter."

Ich frage ANM, wann sich dieses Geschehnis wohl ereignet haben könnte. Ihre spontane Antwort: „In Atlantis." Was sie damit meint, kann sie nicht erklären. Es fühlt sich für sie einfach richtig an.

„Er will Macht, und er bietet mir Macht. Magische Macht. Die Menschen haben gelernt, sich gegen ihn abzuschirmen. Mich aber kennen die Menschen nicht. Ich soll Schwachstellen in den Abwehrschirmen der anderen Wesen auskundschaften. Durch mich hindurch, wenn ich erst mal drin bin, schlüpft er dann auch in sie hinein. Die Menschen damals sind leichtere Wesen als wir heute. Alles ist aus leichter, transparenter Materie, aus Mentalstoff."

Eine Schicht legt sich um sie wie zwei Eierschalenhälften und zieht sich zusammen; dann begann eine Zentrifuge, ein Strudel in ihr drin, Schwindel. Immer mehr Strudel kommen hinzu. Diese Kräfte entströmen den Augen des Schwarzmagiers. Mit den Händen dirigiert er die Wirbel. „Aufhören!" schreit ANM. Der Magier zieht seine Kraft zurück und sagt ironisch: „Darf ich dich in unseren Reihen begrüßen?"

ANM bekommt die Anweisung, sich auszudehnen. Dabei umhüllt sie den Magier. Dieser hilft mit Energieschüben nach. Eine machtvolle Vibration geht von ihm aus. Im Grunde will ANM schon gar nicht mehr aussteigen, so groß ist die Faszination der schwarzen Macht. Obwohl sie sich dafür verachtet, unterwirft sie sich ganz dem Schwarzen. „Als ob ich nichts wäre und er alles."

Verblüffender Weise kam ANM diese Geschichte ein weiteres Mal in einer Solo-Sitzung im Jahr 2017 in den Sinn, fast zwanzig Jahre später. Hier ihr knapper Bericht:

[ANM 2017, solo.] „Ein neuer Aspekt aus dem Zusammenstoß mit dem Magier: Ganz siegesgewiss strebe ich anfangs hin und will ihn wegpusten, bin aber unterlegen. Bei dem Zusammenstoß mit seinem Schild habe ich mir einen Energie-Klumpatsch aus Traurigkeit und Versagen eingeheimst. Als ich den Klumpatsch vor mir sehe [in der Sitzung], löse ich ihn auf und muss lachen. Und dann ist mir noch klar geworden, dass ich seitdem in Bezug auf klares Hinstreben, um etwas zu wissen oder zu können bzw.

für etwas zu kämpfen, „schaumgebremst" war. Nach Ideen darüber, wie ich diesen Kampf hätte vermeiden können, tauchte Freude auf und Alpha-Anzeige auf dem mindwalker."

Inkarniertes Lichtwesen entdeckt Sex

[UBK 2013, duo.] „Die Körperspiele – wir haben uns angefasst und gespürt: da fühl ich was, das ist neu, das ist schön. Wir haben unsere Körper erforscht. Wir trugen keine Kleider, denn es war warm. Das Fühlen und Erfühlen durch Berühren, das war eine neue Erfahrung. Eine regelrechte Entdeckung, alle waren begeistert davon.

Das schlimmste dabei ist, dass ich die anderen mit reingezogen habe. Das ist so furchtbar. Ich habe so viel Leid verursacht! Alter, Neid, Gier, das gab es vorher alles nicht. Das gab es erst, seit wir angefangen haben, unsere Körper zum Eigentum zu erklären. Der Übergang dahin hat sich so schön angefühlt, da habe ich die anderen animiert, mitzumachen – und so bin ich unabsichtlich zum Täter geworden. Auch deswegen schäme ich mich.

Anfangs, als wir mit den Körpern spielten, da haben wir sie benutzt für die Künste, haben unsere kreativen Kräfte mit ihnen ausgelebt, so wie der Maler seinen Pinsel benutzt. Wir waren an unser göttliches Wissen angekoppelt, wir spielten mit den Körpern, alles war nur Glück. Wir lebten im Paradies. Dann aber kam es zu einem Wandel, und ich glaube, deswegen kam es überhaupt zu dieser Geokatastrophe später.

Der Wandel war, dass wir anfangs mit den Körpern spielten und sie als Werkzeug benutzten, am Ende jedoch begannen wir die Körper selbst zu erforschen und zu entdecken und sie für kostbar und wertvoll zu halten. Am Ende waren wir als Wesen - als Geist - nicht mehr da. Das ist ungefähr so, als würde der Maler sich nicht mehr für das Bildermalen interessieren, sondern nur noch für seinen Pinsel, und allmählich selbst zum Pinsel werden. Der Fokus lag allein auf dem Körper, um uns herum haben wir nichts mehr gehört und gesehen.

Eigentlich will ich davor warnen, aber es hält mich jemand davon ab. Ein Gegner? Ein wohlmeinender Freund? Ich teile ihm meine Befürchtungen mit, aber er will weitermachen. Weil ich ihm vertraue, lass ich mich abhalten und greife nicht ein. Er hat das Sagen, denke ich, da bin ich nicht verantwortlich.

Dieser Chef im System, das ist ein König. Deswegen habe ich mich nicht an ihn herangetraut. Er ist ein Mächtiger, da gehört es sich nicht, herumzumotzen.

Kann es sein, dass dieser König nur mit mir gespielt hat? Dass er mit mir Spiele gespielt hat, um mir zu zeigen, was man mit einem Körper so alles erfahren kann?

Ich glaube, ich bin von ihm verführt worden. Er wusste, was ich mag, was mir Freude macht, und wenn ich was nicht wusste, hat er es mir schmackhaft gemacht. Außerdem wusste er, es wird sich verbreiten über mich. Dieser König hatte am Ende die volle Macht über mich.

Diese Verführung ist so peinlich, es ist wie in jedem beliebigen Schwimmbad, wie an jedem Badestrand. Ich lege mich hin, eine Musik spielt, er verspricht mir Schönes, er berührt meinen Körper, er streichelt mich, dann machte er irgendwelche komischen Sachen, die eine Freude sind für uns beide – ist das Sex? Wie ungeheuer peinlich …! Aber ich glaube, so fing es an.

Früher, zu Beginn der Körperspiele, gab es keinen Sex. Der König hat uns ganz allmählich da hinein gelotst, und mit mir hat er den Anfang gemacht, weil er wusste, über mich wird es sich verbreiten. Jedenfalls war es eine völlig neue Erfahrung für mich, zu spüren, was der Körper spürt. Ich war völlig aufgelöst in den Körper hinein, wie in Trance. Er hat mich zu sich bestellt, viele Male. Jedes Mal hat er mir mehr gezeigt. Ich war ahnungslos, und es war so schön.

Der König hatte keine Königin, genauso wenig wie wir alle keinen festen Partner oder eine feste Partnerin hatten, jedenfalls nicht auf körperlicher Ebene. Natürlich hatten wir unsere Seelenverwandten, aber das hatte mit den Körpern nichts zu tun. Deswegen gab es keinen Neid und keine Eifersucht. Man konnte sich den Körper eines anderen ausleihen und mit ihm spielen wie auf einem Musikinstrument oder ihn benutzen wie ein Auto, das war völlig in Ordnung. Man durfte die Körper der anderen ausprobieren, das hat niemanden gestört, solange man sie ordentlich behandelt hat. Und das haben wir ja, denn wir wollten Freude verbreiten, Freude ausdrücken. Man durfte mit jedem Körper singen oder spielen, das war in Ordnung.

Als der König mich zu sich bestellte und mich in die sexuellen Spiele einführte, da war das völlig in Ordnung. Niemand hätte etwas dagegen haben können. Aber allmählich sind wir ins Körperbewusstsein abgedriftet. Rein äußerlich war das ganz unschuldig. Aber es brachte eine gewaltige Bewusstseinsveränderung mit sich, indem wir Gott quasi vergessen haben, weil es uns über lange Zeiten hinweg so gut ging.

Als ich dann allmählich merkte, dass ich meine Klarheit verliere, und ihm das melde, da ist es natürlich kein Wunder, dass er sagt, „keine Sorge, einfach laufen lassen". Wenn ich vor ihm stand, verschlug es mir regelrecht die Sprache. Er brauchte mich nur anzufassen, da hatte ich die volle Blockade. Meine Gedanken gingen weg, ich wusste nicht mehr, wie ich mich ausdrücken soll. Auf der einen Seite hatte ich das Gefühl, ich muss die Lösung wissen, ich muss etwas unternehmen, muss im Sinne meines göttlichen Auftrags handeln, darf mein göttliches Sein nicht vergessen, aber dann auf der anderen Seite hatte er diese Macht über mich …

Als ich schließlich bemerkt habe, wie mich der Körper regiert, wie mich der König über den Körper kontrolliert, da war es zu spät, da hatte ich mein Bewusstsein schon verloren. Er braucht mich nur anzufassen und ich lande im falschen Bewusstsein.

Meine Gottverbindung ist weg, weil ich mich ins falsche Bewusstsein habe verführen lassen. Das konnte ich mir damals nicht verzeihen. Aber jetzt kann ich es mir verzeihen, jetzt wo ich mich dem wieder gestellt habe.

Ich glaube, jetzt kann ich wieder zurück nach Hause."

Kampf der Magier

[AGP 2014, duo.] „Ich wachse auf in einer Umgebung wie Hawaii: warm, bunte Kleider, Bambushütten, ein Südseefeeling. Die Kindheit ist unbeschwert. Mit 13 Jahren komme ich in eine Priesterschule. Wir tragen lange weiße Gewänder. Das Leben wird nun ernster, aber wir sind froh und stolz. Nach guten zehn Jahren auf dieser Schule komme ich in eine Stadt. Dort gibt es Steingebäude, auch Pyramiden, aber kleiner als die in Ägypten. Leider entwickelt mein Kollege allmählich einen starken Egoismus. Er beginnt, mit dem Gelernten Missbrauch zu treiben, weil er das Machtgefühl genießt. Durch die Opferzeremonie bekommen wir nämlich Macht und Einfluss auf die Menschen. Blutopfer jedoch verweigere ich, denn sie bewirken eine schlechte Resonanz, und ich sage ihm das.

Nun haben wir ausgelernt, und es kommt zum Bruch. Jeder gleitet in eine andere Fraktion von Magiern hinein. Beide Gruppen bekämpfen sich. Er will mich aus Machtkalkül zu sich herüberziehen. Früher hieß es: du gehörst *zu* mir; nun heißt es: du gehörst mir. Ich will das nicht. Ich sage ihm: komm zurück und ich helfe dir, sonst will ich nichts mit dir zu tun haben. Ich mache einen klaren Schnitt: mit den Schwarzmagiern will ich nichts zu tun haben.

Ich bleibe mein ganzes Leben lang bei einem einzigen Lehrer und wünsche mir, dass dies mein letztes Leben sein möge. Ich will wieder hinauf ins geistige Reich und von außen wirken. Denn von hier unten aus kann man nicht viel erreichen. Als ich dann sterbe, will ich nicht noch einmal inkarnieren.

Dann aber werde ich Zeuge der Atlantis-Katastrophe. Ich beobachte sie von oben, als ich nach meinem Tod körperlos über der Erde schwebe. Ich erblicke die Erdbeben, Flutwellen, die Tsunamis, die alles wegspülen, sehe die Menschen auf der Flucht, die zerschmetterten Tiere. Das tut mir unendlich leid. Deswegen will ich doch noch einmal hinunter, wenn die Erde wieder bewohnbar ist; ich will beim Aufbau mithelfen."

Sitzungsberichte: Die Erde vernichtet

Blitz-Eis tötet Tanzende

[UBK 2013, duo.] „Unser Bewusstsein hat sich über lange Zeit hinweg verändert, im Rückblick fühlt es sich an wie Tausende von Jahren. Vielleicht ging es ja viel schneller, aber es fühlt sich an wie ewig lange. Ganz allmählich ging das Gottesbewusstsein weg und wurde ersetzt durch das Körperbewusstsein. Auf einmal war klar, ich bin ein Körper.

Wenn ich das jetzt erzähle, spüre ich einen Schüttelfrost bis in die Knochen hinein. Ich glaube das kommt von der Kälte. Als ich damals auf der Erde war, ganz zu Anfang, da hat sich die Erdachse verschoben. Eine furchtbare Kälte kam, alles war schockgefrostet. Ich las mal in der Zeitung, sie hätten ein Mammut in Russland gefunden, mit unverdautem Gras im Magen, das hat mich tief getroffen. Jetzt weiß ich, warum. Das Mammut war schockgefrostet, genau wie es uns damals allen erging. Durch den Zeitungsbericht wurde eine alte Erinnerung in mir aufgeweckt.

Ich glaube, ich bin auf der Erde seit Anfang an dabei, seit es mit diesem Körperspiel losging. Damals war es hier ein Paradies. Bis dann die Erdachsenverschiebung kam und die Veränderung der Welt. Meine Erinnerung daran ist: ich bin eine schön gekleidete Frau. Ich bin mit anderen zusammen auf einer Blumenwiese, wir tanzen. Dann ist da ein Berg aus Eis – kein Eisberg, sondern ein mit Eis überzogener Berg. Jetzt muss ich wieder an das Mammut denken, das schockgefrorene … Ich schaue auf das Eis von drei Meter oberhalb, ich schwebe darüber, und unten, unter dem Eis liegt eingefroren mein Körper und die Körper der anderen Frauen.

Von dieser Geokatastrophe weiß ich nicht viel, ich weiß nur das, was ich selbst erlebt habe. Wir waren viele Frauen, bestimmt zwanzig, schön angetan mit langen, fließenden Kleidern, und wir haben auf einer Wiese getanzt. Es sieht so aus wie die Krishna-Bilder im indischen Restaurant. Wir haben getanzt, und dann kommt eine Riesenwelle und haut uns um, und wir frieren ein. Die Wiese ist unter Wasser und wird zu Eis, die Körper liegen drunter. Ich schaue von ein paar Metern oberhalb des Eises auf sie hinunter, durch das Eis hindurch kann ich sie erkennen.

Wir tanzen auf der Wiese. Dann steigt es weiter hinten schwarz auf – eine Wasserwoge. Ich sehe sie kommen, die anderen nicht, ich will wegrennen, wir alle wollen wegrennen, aber die Woge erwischt uns und wirft uns um. Wir waren am Fuß des Berges, am Fuß des Berges haben wir getanzt. Nun ist er vereist. Unten in der Mulde, wo wir getanzt haben, da liegen unsere Körper unter dem Eis. Es ging so schnell, wir wurden schockgefroren, ich kann es nicht erklären.

Danach kommt das große Weinen. Ich bin heimatlos, eine heimatlose Seele, ich möchte nach Hause, zurück in die Seelenwelt, wo ich hergekommen bin. Die ganze Erde ist Eis, hier kann man keinem mehr helfen."

Gaia erschüttert von globaler Bombardierung

[ROG 2002, duo.] „Ich sehe überall den Bombenabwurf. Es sieht aus wie bei Independence Day [gemeint ist der Film]. (Schmerz im Bauch). Auf der Erde ist Feuer und Kälte. Ich spüre das Vitalwesen der Erde rund um den Globus herum. Aus dieser Perspektive heraus sind die Erinnerungen aufgezeichnet. Der Zusammenhalt des Erd-Vitalwesens wurde gesprengt. Daten gingen verloren, Daten zu Regeneration und Einheitlichkeit. (Heftiges Schaudern und Schütteln). Ein Gefühl: die Erde bebt. Harmonie ging kaputt. Vorher haben die Großen nicht die Kleinen gefressen. Es gab kein Gesetz des Stärkeren. Es ging ohne Fressen. Durch das Beben kam es zur Umkehrung von Lebensabsichten. Zuvor war der Verlauf von Geburt, Leben und Tod anders. Heute ist alles so sinnlos, so degeneriert. Man wird geboren, um zu sterben. Machen und Tun für nichts und wieder nichts. Einander zuarbeiten wäre sinnvoll, im Fluss sein. Allseitige Symbiose mit höherem Ziel. Statt wie heute: Leben, um sich fortzupflanzen, um zu leben, um sich fortzupflanzen, usw.

Ehemals war es so, dass alle die Spirale nach oben gingen, sowohl die Geistwesen wie auch die Vitalwesen. Es ging um Optimierung, Sublimierung und Harmonisierung der biologischen Wesen. Nach der Bombardierung wurde der Erhalt der Lebensform zum Selbstläufer, ohne dass man dem gezielt Aufmerksamkeit zu schenken hatte wie ehemals.

Die Erde war ein Pilotprojekt für den Export, ein Rehabilitationsprojekt. Alle Wesen sollten ihre gebundenen Kräfte wieder rückerstattet bekommen, ihre ins Universum eingebundenen Mentalkräfte (lallt vor Müdigkeit). Deswegen war der Mächtige gegen die Erde! Deswegen die Zerstörung! Die Erde sollte in einen höheren Zustand überführt werden. Der Mächtige ist nicht doof; der hat sofort kapiert, dass das Machtentzug heißt! Dass sein Spiel zerbröselt! Kurz vor der Serienreife kam dann der Hammer drauf.

Ich spüre, das kommt alles aus dem globalen Vitalwesen, ich selbst habe von diesen Dingen keine Ahnung (hellwach, strahlt).

Das Erden-Vitalfeld war damals selbstverwaltend. Sein Produkt war gelöste, freigesetzte Mentalenergie. Die Bomben bewirkten eine Starre. Plötzlich war alles Leben weg. Das wird an jeder Stelle auf der Erde gleichzeitig registriert, nicht nach Arten getrennt; es gibt keine Zeitverzögerung. Es ist, wie wenn die Uhr stehen bleibt, alles ist schockgefroren. Nicht eigentlich wie tot, sondern eher eine Art Nichts. Aber das Wissen davon, dass es Leben gibt, ist irgendwie noch da. Als wollte das Erdenfeld diese Wucht abstoßen, ja, regelrecht abstoßen, als Reaktion auf diese Wucht – aber es geht nicht! Dann kommt das Aufgeben. Dann die Starre. Ich kann es nicht ertragen, das anzuschauen!

Da war eine Hinterlist, und alles ist in den Grundfesten erschüttert. Das ursprüngliche Projekt wurde umgekehrt! Erst das Feld um den Globus herum, dann die Katastrophe, damit wurde alles umgekehrt."

Ohne es zu ahnen, hat die Sitzungspartnerin hiermit die Gaia-These des Mediziners James Lovelock aus den 1970er Jahren bestätigt.[84] Der Name Gaia bezieht sich auf die Große Mutter aus der griechischen Mythologie. Lovelocks Gaia-Hypothese besagt, die Erde und ihre Biosphäre seien als Lebewesen zu betrachten. Diese Biosphäre, bestehend aus der Gesamtheit aller Organismen, schaffe und erhalte Bedingungen, die nicht nur Leben, sondern auch eine Entwicklung in Richtung komplexerer Organismen ermögliche. Die Fähigkeit zur Selbstorganisation sei ein bedeutsamer Faktor für alles Lebendige. Die Unterbindung dessen ist, was ROG oben beschreibt.

Auch die folgenden Sitzungsberichte bestätigen die globale Traumatisierung allen Lebens.

[ELK 1995, solo.] „Seit ein paar Tagen Neurodermitis. Gefühl, als explodiert die Haut durch Überhitzung, als würde der Körper platzen. Erweist sich als Dramatisierung. Bilder von Reptilien, die sich ins Wasser zu retten versuchen. Zu viel Hitze an Land, verursacht durch einen Lichtblitz. Lava strömt ins Meer. Flucht ins Meer, aber das Wasser kocht. Sie platzen wie verkochte Würstchen, Millionen von Reptilien, einige wie Krokodile, andere wie Saurier. Sehr deutliches Bild. Im Bereich Pazifik/Hawaii/Peru, eine Dschungelwelt, ein schöner Tag. Plötzlich Flugzeuge, Bomben, Blitze, Donnergrollen. Vulkankegel explodieren. Hitze. Sengende Hitze. Man wird in der eigenen Haut gekocht wie in einem Mikrowellenherd. Ab ins Wasser! Aber die Lava! Du wirst gekocht. Millionen von Reptilien tot. (Neurodermitis ein paar Tage später weg.)"

[ROK 2002, solo.] „Sitzungsanlass massiver Schnupfen. Dramatisierung des Erstickens durch Staub. Körpergefühl und Bilder von Vögeln, Sauriern, Flugechsen. Die Nase ist zu, weil wegen Staub keine Atmung. Alles trocknet aus. Eindruck von Pilzen weltweit. Alle Pilze trocknen aus, sterben."

[ROK 2004, solo.] „Hatte nächtliche Asthma-Anfälle. Dramatisierung des Erstickens von Milliarden von Muscheln, ein Massensterben. Sie werden von riesigen Wogen auf den Strand geworfen und ersticken an dem Sand, der in sie eindringt, wenn sie das Wasser einzuatmen versuchen, über das sie Luft kriegen. Ein irrwitziges Durcheinanderwirbeln von Wellen, Muscheln und Sand. Vom Gefühl her die Pazifikküste. – Nach der Sitzung löst sich was auf der Brust, die Atmung normalisiert sich."

[ROK 2008, solo.] „Sitzungsanlass verschleimte Bronchien und Nase. Erweist sich als Dramatisierung von Sauriern, die heiße Asche einatmen. Ein Aschewind erstickt alles. Innenposition und entsprechendes Körpergefühl einer würgenden Echse, die am Ersticken ist. Rundum kotzende

Drachen, sie verenden reihenweise. Alles ist verätzt innen. Scheint im Bereich Mittelamerika gewesen zu sein."

Verteidigungsmaßnahmen versagen

[MIH 2006, duo.] „Es ging was schief – aber was? Wellen branden zehn Meter hoch. Ein Licht am Himmel, lila und rot, der ganze Horizont. Unsere Raumschiffe starten. Flucht, Panik. Die Erde zittert und vibriert. Die Menschen rennen panisch herum. Ich will das ordnen, das ist mein Amt. Bin auf einer Ebene, im Freien. Steilküste, Wellen. Wie Irland. Alles vibriert. Es ist heiß – Vulkanhitze. Ich schreie Kommandos. Die Flieger starten, Passagierflieger, viele Leute an Bord. – Eine Naturkatastrophe – überall das Licht – ein grollender Ton – alles vibriert. Ich stehe auf der Tempeltreppe. Da sind noch andere Priester. Ich rufe und schreie, nur um was zu tun. Tausende von Menschen auf den Tempeltreppen. Die Treppen führen zum Meer hin, dann die Klippe. Eine Priesterin umarmt mich, bedrängt mich, ich soll mit. Dann eine Riesenexplosion, ein Krachen, die Erde öffnet sich, alles bricht unter mir zusammen. Die Küste bricht zusammen, die Hochebene faltet sich zusammen. Keine Flieger gehen mehr hoch.

Wir haben Lichttürme zur Verteidigung. Eine Gruppe von Türmen, alle gerichtet auf ein Ziel – zentriert auf was im Weltraum. Eine Riesenenergie. Wie ein kosmischer Schneidbrenner. Ein Krieg mit einer fremden Macht. Abhauen nicht möglich. Höchstens paktieren mit der fremden Macht, aber das geht auch nicht.

Wir wollten uns befreien – wollen die da draußen zerstören mit unseren Türmen. Die Türme richten sich auf was, auf sowas wie ein dämonisches Auge im Kosmos – ich bündele die Strahlen dahin – dann kommt was in mich rein, in mein Herz – das hab ich nicht erwartet, nicht in dieser Art. Von dem Auge ging es zurück zu mir, wie ein Spiegel. Mein Körper verändert sich – ich verändere mich in meiner Stofflichkeit. Ich öffne mich dem Dämonischen. Ich hab das abgekriegt, weil ich den Strahl dahin gelenkt habe. Dieses andere Wesen will uns alle zu Marionetten machen.

[Nun schwebt MIH als Geistwesen über der Katastrophe:] Die Stadt liegt zwischen Tempel und Meer, auch unterirdisch, wie ein Kaninchenbau. Menschen strömen aus der Erde raus, wollen in die Flieger, sich retten – das einzige Fluchtmittel. Die Erdspalten krachen, es reißt mich in die Tiefe – ein Chaos, unvorstellbar – als würden Himmel und Erde gleichzeitig zusammenbrechen, überall. Das Meer fließt in die Spalten rein – kocht, verdampft. Die Stadt, über mehrere Kilometer unterirdisch – bricht jetzt nach oben. Da sind auch unterirdische Flugzeughallen – große Flieger mit UFO-Antrieb. Ich steige höher und höher werde zu Licht, bin ihm ausgeliefert, werde gefressen von dem Licht."

[REB 2007, duo.] „Bin in der Wahrnehmungsposition eines Mannes, der im Zustand der Meditation die Kultur koordiniert. Er berührt die Herzen telepathisch, fördert Fähigkeiten, hält den Neid gering. Ich sehe mehrstöckige Häuser, strahlend wie Kristalle, die Atmosphäre ist sirrend und flirrend vor Aktivität, wie ein Bienenstock. Eine schöne Atmosphäre. Er macht einen Rundgang mit seinem Körper; genauer gesagt, er begleitet seinen Körper beim Rundgehen. Genießt seinen Besitz, eine Wellness-Therme mit Sandweg und Stallungen. Er sieht sich immer von außen. Sein Körper ist nun im Büro, ein runder Raum mit Fenstern, gebaut im Adobe-Stil, ein Sofa an der Wand entlang. Das Sofa ist rot. Er setzt sich in den Lotus-Sitz und ist geistig sofort oben auf dem Berg.

Er ist auf dem Berg, hält Umschau, ob alles in Ordnung ist in der Stadt. Es ist früh am Morgen, alles friedlich. Dann wie ein Schlag und ein schwarzer Strahl trifft ihn, lähmt ihn, geht voll in ihn rein und durch ihn durch. Blitzschnell. Die Gedanken und Absichten da drauf sind: Neid, Hass, Grimm. Der Wunsch nach mehr, mehr, mehr. Sätze wie: Nur über meine Leiche! Setz dich durch! Du musst wer sein!

Als der Angriff kommt, trifft ihn der schwarze Strahl, verhärtete ihn. Der Strahl ist zwei Finger dick. Er kommt wie ein Blitz, gefolgt von lauter kleinen Energiebündeln. Die Information da drauf ist das genaue Gegenteil von ihm selbst: Hass, Gewalt, Macht, Kampf. Das geht durch ihn durch und weil er mit allen verdrahtet ist, trifft es Millionen."

Flächenbombardierung und Entführung

[REB 2005, duo.] „Ich bin eine Priesterin und Heilerin, ich schwimme mit Delphinen, bin in Einigkeit mit allen Wesen. Ich züchte Zentauren und Einhörner. Ich sehe sie vor mir. Dann ein Wassereinbruch, ich will meine Viecher retten. Ich schau aus dem Fenster, eine Flutwelle, keine Chance, was zu retten. Eine Viertelstunde später ist alles überflutet. Das sind die anderen. Sie sind voller Gier und Neid auf unseren ruhigen Planeten, unsere Bevölkerung, unseren Frieden.

Es ist ein Beschuss von UFOs, ein Machtkampf. Ich sehe eine weiße Flotte, wie Schlauchboote mit Kuppeln drauf, sie bewegen sich im Tiefflug. Es sind unsere Verteidiger. Sie haben die Größe von Autos, fliegen zunächst langsam, dann werden sie immer mehr und fliegen schneller. Ich breite die Arme aus zur Begrüßung. Sie landen, sie rennen raus, ganz schnell, alle weiß gekleidet.

Jetzt kommt eine dunkle Wand hoch, ein Riesenraumschiff, wie eine Gewitterwolke, wie eine schwebende Großstadt. Lichtblitze – ein Summen – eine Welle baut sich auf – Luftdruck? Eher elektromagnetisch. Sie macht einen handlungs- und denkunfähig. Sie sammeln uns ein, sie nehmen die Bewohner der ganzen Stadt mit. Unsere Weißen haben dagegen keine Chance.

Die Töne des großen Schiffes ziehen die Menschen aus ihren Häusern, sie gehen dorthin, wo das große Schiff ist, konzentrisch. Das große Schiff spuckt viele kleine Schiffe aus. Über allem andauernd diese Pulse und Töne. Eine Treibjagd auf die Menschen. Sie sammeln sie ein und hoch zum Schiff. Danach geht es schnell, dann kommt das Wasser.

Sie fangen die Geistwesen ein. Machen die Matrizen aus uns? Sie spulen uns auf Bänder, nehmen alles Denken weg, manipulieren uns. Unsere Ausrichtung an der Liebe wird uns genommen. Ich sehe mehrere Räume, darin Gruppen von Geistwesen, angeordnet in würfelförmigen Strukturen. Sie bekommen laufend Inputs, Worte und Klänge. Die Würfel sind aufeinander gestapelt, jeder so groß wie ein Zimmer, mindestens dreitausend Geistwesen in jedem Würfel. Oder dreißigtausend?

Die Würfel haben rundherum ein Metallgitter. Dauernd diese hochfrequenten Töne! Alle Aufträge sollen wir loslassen; jeder gute Rest mit Herz wird ausgelöscht; man findet sein eigenes Licht nicht mehr. Das Vertrauen in Gott und sich selbst geht weg. Millionen und Millionen von Wesen sind da zusammengepfercht."

[Wir gehen diese Einzelgeschichten durch. Sie haben unterschiedliche Urheber, auch wenn REB jeweils „ich" sagt. Dadurch lockert sich diese verklebte Masse von mentaler Energie und löst sich schließlich auf.]

„Jetzt habe ich die Perspektive von jemand, der übers Land schaut. Ich wirke jung, bin aber bereits 300 Jahre alt. Unsere Alterung lief damals anders. Wir sind auch größer als heute, gute drei Meter. Unsere Kultur ist im guten Sinne gleichförmig, es gibt keine krassen Unterschiede zwischen arm und reich. Die meiste Kommunikation ist über Telepathie. Die Atmung ist sehr leicht, so als sei die Atmosphäre anders.

Ich sehe die Landschaft, alles ist eben. Ich sehe die Stadt mit den Vulkanen dahinter, ganz normal. Dann kommen Raumschiffe, sie nehmen Kurs auf die Vulkane in der Ferne. Eine Armada von Raumschiffen, der Himmel ist voll von ihnen. Sachen fallen runter – Explosionen - Druckwellen. Bomben fallen in die Stadt – und in die Vulkane – in den großen und in die kleineren dahinter. Jetzt kommt die Druckwelle auch bei mir an – wie schlimm muss es erst in der Stadt sein!

Ich kriege die Bomben mit, die Druckwelle. Mein Volk ist zerstört – durch Bomben vom Himmel – Explosionen – die Wolken verdichten sich, der Himmel wird dunkel, die Erde wird dunkel, ein Ascheregen über dem ganzen Land, radioaktive Strahlung – über das ganze Land fällt was runter und schlägt auf, alles explodiert, ein Wolkenschaum. Die Bombardierung geht irre schnell, die Stadt ein einziger Bombenpilz.

Telepathisch kann ich weit schauen, das ist bei uns allen so. Ich bekomme die Schreie der Mitbewohner auf diese Weise mit, ich muss mich verhärten, will das nicht hören. Angriffe – das kennen wir nicht! Ich bin in Angst und Lethargie und Traurigkeit. Diese Impulse und Töne und dieses Summen, das macht den Organismus vibrieren und die Zellen zerbersten."

[Neue Perspektive, ein anders Wesen:] „Ich bin ein Mann, trage einen Armreif, habe langes dunkles Haar, trage einen Stab in der Hand, bin gekleidet mit einer goldbestickten Toga. Ich reiße die Arme hoch und stoße einen Fluch aus, um denen was anzuhängen. Er greift nicht wie gewohnt. Ich bin machtlos, denn einen solchen Fluch spricht man nur einmal aus.

Meine Atmung geht schwerer und schwerer, ich verlasse meinen Körper, kann mich als Geistwesen dem aber nicht entziehen, ich fliege über die Stadt, sehe das Konglomerat von Seelen, alle zusammen in einer großen Wolke, so groß wie die Stadt, da bin ich jetzt selbst mit drin. Man kann als Geistwesen dem nicht entweichen, ein Gitternetz hält alles zusammen. Ein Blitz, die Wolke zerreißt, die Raumschiffe saugen alle auf. Ich hänge am Gitternetz und das hängt an so einem Raumschiff. Auf diese Weise werden wir eingesammelt, ich auch.

Auf der Unterseite eine Öffnung, mit Wirbelkraft saugt es uns ein, gleichzeitig werden wir ineinander gesteckt, aufeinander gestapelt, verklebt und verclustert. Mein Bewusstsein geht weg, meine persönliche Erinnerung. Wir sind alle eins, Milliarden von uns sind eins."

[Ein weiterer Zeuge kommt REB zwei Jahre später in den Sinn, obwohl das Sitzungsthema ein anderes ist.]

[REB 2007, duo.] „Eine Gegend wie Hawaii, die Menschen haben Boote, sind mit Fischen beschäftigt. Dann die Bomberflotte, lauter Raumschiffe. Bomben. Lichtblitze. Unten an den Raumschiffen die Netze. Die saugen uns ein. Angst, Lärm, Fiepsen, Dröhnen. Rotation gegen den Uhrzeigersinn, es saugt uns aufwärts. Dann Vergessen. Alle ineinander gepackt in Würfelform, jeder eine Kantenlänge von ungefähr 20 cm. Elektrische Kräfte halten die zusammen, eine Seelenmasse in Würfeln.

Eine Bombe trifft voll in den Vulkanschlot, sehr starke Explosion, ohne Worte – der ganze Vulkan ist weg! Rundherum verdreifachte Wirkung, die Erde öffnet sich, überall kommt Lava raus, die ganze Erde ist bedeckt. Oder man versinkt in Spalten. Eine Lavaflut, die Menschen wollen weg, aber das Wasser kocht.

Über uns, von der Erde aus gesehen, sind Netze. Netze ohne Anfang und Ende, unsere Lichtkörper gehen da rein. So werden wir zusammengeklumpt. Wie mit Strom oder wie ein Magnet ist das. Man klebt dran. Wie Honig. Wir werden zusammengeballt. Vom einen wird was weggenommen und auf den andern drauf, so kommt's zur Verklumpung. Wir vergessen. Mit der Liebe ist es vorbei.

Jetzt hab ich die Wahrnehmung eines Klumpen von innen: das sind so viele, das ist wie Los Angeles.

Die Geistwesen werden eingesaugt und gehen durch so etwas wie eine Waschmaschine. Magnetplatten ziehen die Geistwesen in eine Würfelform hinein, sie werden mit Anweisungen beschallt. Aus den Würfeln werden Riesenwürfel gemacht, und die werden im Weltraum ausgesetzt; sie sind in der Erdumlaufbahn."

Abgesogen ins All

[MAL 2017] „Ich sehe eine Wüste mit Begrünung, sehe Menschen arbeiten, es ist eine warme Gegend, sie hacken den Boden auf. Jetzt bin ich unten zwischen den Menschen, es ist friedlich. Eine Landschaft, eine Stadt in der Wüste, Männer arbeiten auf den Feldern, dann kommt der Sog. Die Hackenden werden nach oben gezogen, ihre Arme gehen hoch; es kommt ein Sog von oben. Oben ist was wie mit Tentakeln, einer greift mich, zieht mich hoch. Im Himmel ist ein Loch, alles geht hoch, ich schwebe. Ich bin allein und in Panik. Alles ist weg. Meine Liebsten sind weg!

Eine schwarze Explosion wie ein Atompilz, ein Sturm, der den ganzen Planeten erfasst, schwarze Städte. Sie zapfen die ganze Sphäre an, die ganze Erdenkugel, sie saugen alles auf. Eine Trichteröffnung – gebogen, wie ein Tornado – ich bin unterhalb davon. Ein Wolkenstrudel, ich bin drin. Innen wie ein Kaleidoskop, eine Geometrie, die sich auseinander bewegt. Über mir die Öffnung, dann bin ich innen drin – erst dunkel, dann lauter Bilder, viele Bilder. Es geht von der einen Welt zur andern durch einen Trichter, der Trichter ist verlockend wie eine Blüte, wie eine sich drehende Galaxie, geometrisch und schön, schwarz und tief; es zieht, mächtig, dunkel, eine enorme Ausstrahlung.

Da sind an dem Trichter Tentakel, sie saugen mich auf. Sich fügen ist besser. Endlose Schläuche, ich muss da durch. Der Sog geht hinauf in eine große Sphäre hinein, übermächtig, riesengroß, ein Raumschiff. Ich muss rein, aber Angst, Angst. Es ist ein mächtiger Apparat; er macht was er will, ich habe keine Wahl. Jetzt ist es, als würde ich angezapft, mein Energiekörper wird leer gesaugt; er will was wissen, er will alles wissen. Ich will es nicht hören, diese Stimmen, diese Befehle. Die wollen alles von mir wissen; ich will nichts preisgeben; ich werde gefügig gemacht. Ich will meinen Willen nicht in die Hände eines anderen geben, aber ich werde entmachtet. Wo bin ich, was ist das? Bin alleine, habe Angst! Eine riesige Maschine tut das alles, kein Gegenüber, reiner Psychoterror. Beim Abzapfen bin ich wie in einem Schraubstock, von unten und oben der Druck, dazwischen ich. Ein Verhör. Ich will mich nicht hergeben. Angst! Ich werde gebrochen. Das Böse und Mächtige ist in der Überlegenheit mit seinem Energieschwall. Kein Kämpfen mehr. Aus. Einfach: „ich werde verwendet".

Diese Macht will Kontrolle, ich bin wie im Schraubstock. Ich bin leer gesogen. Es geht darum, dass man beherrscht wird, dass man in deren Macht ist, sein soll wie die. Eine Übernahme meiner Persönlichkeit jenseits von Ja oder Nein. Kein freier Wille."

Entführt und geistig ausgesaugt

[CHK 2019, duo.] „Ich bin eine Persönlichkeit, einer mit Erfahrung. Ich sehe einen weiten Raum, licht und luftig, in einem Tempel mit runder Kuppel. Alles ist irgendwie transparent, nicht solide und massiv. Ist das Atlantis? Da ist ein weiser Rat, ich bin dabei. Wir sind Menschentypen, gekleidet in lange Gewänder, bläulich, golden und licht. Alles ist feinstofflich. Etwa vierzehn sind wir, ein ovaler Tisch, Stühle mit Armlehnen. Die Stimmung ist angespannt. Wir ahnen einen Angriff von außen; es geht um die Existenz unserer Welt. Wir leben in friedlichem Einklang. Wir forschen, betreiben Bewusstseins-Erweiterung, erkunden die Möglichkeiten des Bewusstseins, wir sind kreativ und begeistert. Die Gefahr einer Invasion droht. Wir müssen handeln.

Die oben sind kleiner und dunkler und fester. Sie wissen von uns, sie wollen was von uns, wir aber nichts von denen. Sie schlagen einen Besuch vor, aber wir merken sofort, das ist nur, um uns zu täuschen. Wir wissen nicht, was die im Schilde führen, trotzdem will ich persönlich es mal drauf ankommen lassen. Wir sind so hoch entwickelt, denke ich, uns kann keiner was.

Wie ich dann vereinnahmt worden bin, das ging irgendwie technokratisch zu. Mit physischen Raumschiffen, nicht feinstofflich. Die haben mich schon ganz früh von außen angetickert, das habe ich damals nicht bemerkt. Und dann kommt mir ein Gefühl im Nacken, so massiv wie ein Griff mit der Faust. Ich geh in einen Hauseingang, will mich dem entziehen; es nützt nichts. Steine und Beton halten das nicht ab. Entweichen kann ich nicht. Warnen kann ich auch niemand, meine normale telepathische Kraft ist bereits gestört. Die pflanzen den nächsten Anker in mir ein – im Nacken – die Wirbelsäule entlang – im Kopf… (sie windet sich, verkrampft sich im Stuhl). Da steckt was in mir drin wie Stäbe. Das ist Hardware und Software gleichzeitig. Sie haben mich im Griff und gleichzeitig zapfen sie was ab. Sie bändigen meine Kraft. Ich bin wie ein offenes Buch für die. Ich bin blockiert, erstarre.

Nun werde ich hochgezogen. Mein feinstofflicher Energiekörper hängt wie an einem Haken und wird in das Raumschiff rein gezogen. Ich habe eine Außenposition dazu, ich sehe da zu! Als ich drin bin, bin ich nicht die einzige. Wir haben Drähte am Nacken, und damit hängen wir an einem Gestell. Ich will mich dicht machen, ich will mein Wissen zurückhalten – aber das geht nicht. Die saugen mich leer (sie kämpft).

Die Umgebung ist dunkel, metallisch, wie eine Frachthalle. Wir hängen im Kreis an einem Rondell, unser Wissen wird über diesen Draht im Nacken aus uns heraus gezogen und dann durch die Mitte des Rondells zentral abgeleitet. Da sind viele Rondelle, und immer so zwanzig Geistwesen hängen dran. Über mehrere Stockwerke geht das. Die

Macher sind halb Mensch halb Roboter. Insektenmäßig sehen die aus, langer schmaler Kopf, schräge Augen, Hände wie Kneifzangen. Sie gehen auf zwei Beinen leicht nach vorne geneigt, mit roboterhaften Bewegungen.

Dann kann ich auf einmal nicht mehr denken! Mein Kopf wird leer (sie sträubt sich, windet sich, wehrt sich, zappelt im Stuhl, schluchzt).

Ich wurde komplett übernommen. Sie waren in mir drin! Sie sind in mich eingebrochen und haben mich ausgesaugt. Ich bin leer, kraftlos, das Denken hört auf. Wir hängen lange an diesem Rondell, wochenlang. Irgendwann dünne ich aus - bin nicht mehr da – und dann wache ich auf in einer dunklen Sphäre, bekomme einen Auftrag, komme zur Erde."

[Gemeint ist die gegenwärtige Inkarnation. Anscheinend liegt ein vieltausendjähriger Nichts-Zustand zwischen beiden Ereignissen.]

Gebirgsbildung im Handumdrehen

[NEM 2016, duo.] „Jetzt auf einmal sehe ich Angriffsraketen, unzählige. Einschläge. Wasserfontänen. Erdverwerfungen. Himmelhohe Staubwolken. Wolken aus vulkanischer Flugasche; sie bedecken ganze Kontinente. Meeresdurchbrüche. Gut ein Drittel der Erde ist mit Einschlägen übersät, rund herum Krater und Bombentrichter; die Erde hat so viele Löcher wie von uns aus gesehen der Mond. Es gibt auf einmal Gebirge, wo vorher keine waren; man kann zuschauen, wie sie sich bilden. Ich glaube, die arbeiten mit Atombomben oder Wasserstoffbomben, die Sprengkraft ist einfach irrwitzig. Ganz schlimm ist es, wenn eines ihrer Schiffe abstürzt, da bebt die Erde, da schäumt der Ozean. Unsere Verteidiger sind mit Flugscheiben unterwegs, zu spät, viel zu spät. So viele werden abgeschossen. Aber gegen diese Allmacht hätten sie eh nichts auszurichten vermocht.

Am Ende fliegen sie irgendwelche große Gebilde herunter, wie Beiboote kommen sie aus dem Bauch der großen Schlachtschiffe; es sind Kugeln mit Beinen. Manche von ihnen landen, andere bleiben in ein paar Dutzend Meter Höhe in der Luft hängen. Sie schießen einen Energiestrahl heraus, der die Menschen hochzieht oder hochsaugt. Nicht ihre Körper, die

Körper sind tot und bleiben unten liegen. Was hochgesogen wird, sind die mentalenergetischen Körper, die Astralwesen selbst. Der Planet wird geistig entvölkert. Als würde man mit dem Staubsauger tote Mücken vom Fußboden aufsaugen."

Blitz-Eis als Kampfmittel

[DIS 2019] „Alles ist Eis. Plötzlich! Wie eine Welle! Ein Kälteschock, auf einmal ist es 50 Grad kälter!

Ich bin ein Mann in leichter Uniform, eine khakifarbene wie in der Wüste. Ich sehe eine Schlechtwetterfront am Horizont. Sie kommt irre schnell auf mich zu. Ein solcher Wind! Er reißt mir die Klamotten vom Leib. Wie ein Hurrikan. Ich werde hoch geschleudert, als wäre ich in einer Zentrifuge.

In der Wüste sind wir etwa fünfzig Mann. Wir werden durcheinandergewirbelt wie lose Blätter. Dann geht es in einen Trichter hinein, in einen engen Schlauch - die Zentrifuge endet in einem Schlauch von einem Meter Durchmesser. Da drin findet die Vereisung statt. Danach wird mein steif gefrorener Körper zu den anderen dazu gelegt. Ich bin außerhalb des Körpers. Die eingefrorenen Körper stehen einer neben dem anderen, sie sind an einen Fels gelehnt, in Zehnergruppen geordnet. Meine Wahrnehmungsposition ist ungefähr fünf Meter drüber.

Wo die Körper liegen, ist die ganze Umgebung vereist. Schockgefroren. Blitz-Eis. Wo der Rüssel hin zeigte, ist lokal eine Vereisung von ungefähr fünfzig Quadratmetern entstanden.

Dann werden die gefrorenen Körper eingelöffelt von einem Greifer wie auf dem Schrottplatz. Der packt immer fünf und lässt sie in eine Wanne rein fallen, die ist oben offen. Ein Raumschiff in Form einer Untertasse ist es, ein Riesenfahrzeug, ungefähr zwanzig Meter im Durchmesser. Hinterher kommt ein Deckel drauf. Da zerbrechen auch mal Körper oder es fällt ein Glied ab und nebendran runter. Beklemmend ist das. Wie bei der Erdbeerernte, aber nicht so sachte! (Lacht)

Als mein Körper durcheinandergewirbelt wird, sehe ich ihn unter mir - hinten rechts das wartende Transport-UFO – und weiter oben, außerhalb des Gewirbels, so ein Mini-Raumschiff, das ist die Kommandozentrale von denen. Ich kann sie drin sitzen sehen, ein Meter fünfzig groß sind sie, Augen wie Frösche, Helme haben sie keine auf. Die sind wie halb Mensch, halb Frosch.

Sie sitzen alle drei an Computern und schauen auf den Bildschirm, einer scheint der Kommandeur zu sein. Die haben es richtig eilig. Transport nach Transport geht da ab, scheint ein großer Job. Die koordinieren das. Aber sie haben Routine, das ist für die wie bei uns Gemüse ernten und einfrieren.

In der Wanne liegen alle Körper einfach durcheinander. Als der Deckel drauf kommt, gehe ich rein, denn ich will mit, will bei meinem Körper bleiben. Ich spüre das Abheben des Schiffes. Der Flug scheint lang, aber es gibt kein Zeitmaß. Ich glaube, da ist kein Pilot, das geht alles vollautomatisch. Bei der Landung prallt das Vehikel gegen einen Fels, Blechschaden sozusagen. Ist denen egal.

Dann geht der Deckel auf, wir werden abgeladen, liegen herum und tauen auf. Manche Körper kommen wieder zum Leben. Ich übernehme meinen, die anderen kriegen Seelen eingesetzt. Das sind Kunstseelen [d. h. Fabrikate aus Mentalenergie]. Ein paar echte sind auch dabei, die sind mitgekommen, so wie ich. So was Ähnliches wie Spritzen hängt da in der Luft, die drücken diese Kunstseelen in die Körper. Die sind klug, die können mit Körpern alles machen!

Eine Soldatentruppe wird zusammengestellt. Grüne Uniformen mit Jacke und Hose. Wir sind in einem Dschungel oder Urwald, wir bekommen Waffen, so was wie dicke Gewehre, geräuschlos und mit Strahlen. Wir werden auf einen Kampf vorbereitet, wir lernen Waffenbedienung."

[Anmerkung: Der Einsatz von Blitz-Eis als Kampfmittel könnte eine Erklärung für die schockgefrorenen sibirischen Mammuts mit noch unverdautem Mageninhalt abgeben. Auffällig ist nämlich, dass diese Erscheinung nur in einer begrenzten Region zu finden ist, nämlich Sibirien; nirgendwo sonst auf der Erde gibt es schockgefrorene Tiere. Möglicherweise kam die Blitzvereisung als Kampfmittel nur in diesem Teil der Erde zum Einsatz?]

Testlauf für Seelenfänger

[JTI 2018] „Ich sehe einen Berg in der Wüste. Es ist nicht die Erde. Ebenerdig ist ein riesiger Zugang in den Fels gebaut. Der Berg explodiert und zerfällt völlig zu Staub. Es ist eine Art Test. Leute kommen und schauen sich das Resultat an, sie tragen Anzüge wie aus den 30er oder 50er Jahren.

Es geht darum, Geistwesen in Eisblöcken zusammenzuschweißen. In so einem Eisblock stecken viele Wesen. Sie sind als kleine schwarze Punkte sichtbar. An manchen Stellen ist das Eis fast schwarz und undurchsichtig. An anderer Stelle sind es weniger, und da ist der Eisblock fast durchsichtig. Das im Eis sind Sklaven, Testmuster. Es soll später im großen Umfang durchgeführt werden.

Die Leute können Geistwesen zwar nicht sehen, aber sie können das Gebiet mit feinem Nebel besprühen. Die Astralkörper gefrieren und fallen dann zu Boden. Sie erscheinen dann als winzige leicht rötliche Energiepunkte.

Die Eisblöcke werden in den Berg mit dem großen Eingang gebracht, in den Eisblöcken sind die eingefrorenen Wesen. Die Eisblöcke werden in die Luft gesprengt, dabei verschweißen die Wesen miteinander. Hierbei wird Energie gebildet und damit eine Energiequelle geschaffen. Das hier ist ein Versuch. Das Vorgehen soll dann in großem Maß durchgeführt werden."

Intrige vereitelt Erdenrettungseinsatz

[DIP 2018, solo, Zusammenstellung von drei aufeinander folgenden Berichten zum selben Geschehnis.] „Die Erde sollte vor dem Angriff gerettet werden, dabei gerieten wir in eine Falle. Ich war Vizechef bzw. Vizekommandant, der Verrat wurde durch die Tochter des Kommandanten begangen.

Zum Einstieg sehr müde. Trotzdem weiter. Die Erde soll gerettet werden, zu diesem Zwecke Treffen mit anderer Flotte. Mir wird das Kommando anvertraut. Die Tochter der Chefin ist bei mir auf dem Raumschiff dabei. Am vereinbarten Treffpunkt ist niemand da. Irritation. Unbedingt warten. Mannschaft wird unruhig. Was soll ich machen? Der eigentliche

Chef, der aber nicht dabei ist, ist eine Frau, zu der es eine Beziehung gab oder gibt.

Die Tochter ist so eine Art Priesterin. Und eine Verräterin. Sie lenkt mich ab. „Was will die?“ Weiblicher Charme wird eingesetzt. Ich hege Hoffnung auf Beförderung. Fühle mich paralysiert durch lähmende Strahlen. Werde anscheinend hypnotisiert. Bin schließlich hin und weg von der. Falle wird zu spät erkannt.

Diese Tochter der Chefin sollte mich beim Auftrag unterstützen, ist aber eine Agentin. Sexueller Kontakt, dadurch werden Pflichten vernachlässigt. Als ich benommen und desorientiert aufwache, ist sie weg. Die Mannschaft wird gefangen genommen.

Anscheinend laufen verschiedene Tests zur Vorbereitung der EVK, z.B. ob es funktioniert, Geistwesen mit einer Art Magnetband einzufangen. Anscheinend werden diese Magnetbänder zu einem riesigen Zentrallager transportiert, einem Archiv, wo sie gelagert werden. Auch ich als Wesen werde von diesem Band angezogen. Später werde ich über der laufenden EVK „ausgeklinkt“.

Wie ich in die Falle geraten konnte, ist mir jetzt einigermaßen klar. Hier geht's um die Vernachlässigung meiner Intuition, ausgelöst im Vordergrund durch den Beziehungswirrwarr mit Mutter und Tochter und die Hoffnung auf Beförderung, im Hintergrund aber durch versteckte Beeinflussung durch die Tochter.

Diese Details sprudeln nicht gerade fontänenartig aus mir raus. Eher so wie im Bergwerk, wo sich nach harter Arbeit hin und wieder mal ein Klumpen löst. Die Story wirkt etwas unwirklich. Es scheint so, als ersänne ich einen weiteren Teil der „Star-Wars-Saga“. Nach der Sitzung fühle ich mich jedenfalls etwas ausgelaugt.“

Von Hass erfüllter Bomberpilot berichtet

[THA 2019, solo.] „Es zeigen sich einzelne Szenen der Erdvernichtung; eine Stadt geht im Schlamm unter. Ein Wesen stirbt und schwebt nach oben in den Weltraum. Ich erlebe das von der Täterseite aus. In mir kommt eine von Hass erfüllte Genugtuung auf. Ich gebe eine Erfolgsmeldung an die Zentrale ab. Sehe da jemanden mit grau-brauner Haut, leichten Beulen, abstehendem Kragen und Kragenärmel, wohl der Kommandeur. In mir kommen Ehrfurcht und Anbiederung auf. Sein extremer Hass teilt sich mir mit; alles soll vernichtet werden. Alles. Ich sehe keine Individuen mehr, nur kollektive Bestrafung. Am Äquatorgürtel wird sowas wie Agent Orange ausgesprüht, alles verwelkt und wird kahl.

Dann eine Wahrnehmungsposition innerhalb des Kommando-Schiffs mit Blick aus dem Panoramafenster. Rechts ein heller Planet, der wird von einer Laserwaffe zerfetzt; daraus wird der Asteroidengürtel. Die Botschaft: „Das passiert mit Kontrahenten, spielt gefälligst mit, wie ich es sage".

Mir [dem Solisten] wird klar, bei Macht geht es einfach darum, andere platt machen zu können. Wenn ich alles, was ich nicht akzeptieren kann, auch platt machen kann, dann habe ich Macht.

Dann weitere Bilder der Erdvernichtung, diesmal aus Opfersicht: Atombombenexplosion aus Augenhöhe, Hitze, der Boden schmilzt, Leute verglühen. Meine Haut brennt, Schmerzen. Dann sowas wie das Rote Kreuz. Leute in Uniformen (weiß u. grün oder hellblau), welche die Leute am Boden versorgen. Sie greifen nicht ein, pflegen nur Körper, mit einem Gerät, was mit Licht und Wellen arbeitet. Das ist ein intergalaktisches Team (Schwarze, Weiße und Braune).

Weitere Szenen aus den Augen des Kommandeurs. Wieder der Hass: „Euch mach ich fertig!", „Wie konntet ihr es wagen, es ist *meine* Welt!", „Es ist meins, und ich mache, was *ich* will! ICH entscheide". Mir platzt fast das Herz beim Nacherleben [sagt THA], ich koche vor Wut [sagt der Kommandeur]. Das beruhigt sich langsam, dann noch einzelne Bildfetzen. Spüre noch ein paar schwarze Partikel mit Hass-Energie in mir, die löse ich auf.

Das hatte ich wohl alles bei meiner Anreise hier zur Erde aufgesammelt." [Will heißen, es sind nicht THAs eigene Erlebnisse, sondern heruntergeladene Anhängsel.]

Sitzungsberichte: Ein Abfangschirm rund um die Erde

Erfolgloser Erdeinsatz trotz Raum-Zeit-Tunnel

[THA fasst hier sechs aufeinander folgende Solositzungen aus 2014 zusammen.] Stichwortartig sieht es wie folgt aus: Raumbahnhof in der Astralwelt – Raum-Zeit-Tunnel – Aufprall am Schirm – Staubsauger in Form eines Würfels/Behälters – durch einen Tunnel – unterhalb des Schirms wieder aufgetaucht – Babykörper übernommen.

Der Ablauf, genauer: „Blauer Planet, strahlend, nett und freundlich. Es ist Freude auf der Erde. Ich bin glücklich. Ich befinde mich bei einer Einsatzplanung in einem Konferenzraum in der Astralwelt. Dort befindet sich ein ovaler Tisch, wo einige Wesen drum herum sitzen. In der Mitte des Tisches befindet sich ein riesiges Hologramm der Erde. Ich sitze an dem Tisch und melde mich, „ich mache mit!". Ich fühle mich total leicht und unbeschwert. Wenig später sitze ich in dem Raumschiff, welches mir jetzt eher wie eine Wolke vorkommt. Kurz bevor es los fliegt herrscht eine unvorstellbare Jubelstimmung in dem Schiff. Ich habe Gänsehaut (jetzt), mich durchzieht eine ganz feine Vibration.

Ich befinde mich in einer Art Tunnel, ein Raum-Zeit-Tunnel ist das. Den könnte man am ehesten mit einem Rohrpostsystem vergleichen. Irgendwo im Raum wird ein Zielpunkt festgesetzt, der dann richtig fix ist (wie ein Wurfanker, der irgendwo hängt). Dann spannt sich ein Tunnel vom Startpunkt bis Zielpunkt auf, so wie ein gespanntes Gummiband (wie das genau geht, weiß ich nicht). Am Startpunkt wird das Gummiband „losgelassen" und dann flutscht das Raumschiff förmlich durch diesen Tunnel durch und gelangt an sein Ziel. Als würde es von einer Kraft zum Zielpunkt gezogen. Die Reise geschieht mit ungeheurer Geschwindigkeit. Der Tunnel existiert nur kurzzeitig und kontrahiert genauso wie das ehemals gespannte Gummiband, so dass schon direkt hinter dem Schiff kein Tunnel mehr ist.

Kurz vor der Erde mit dem Raumschiff angekommen, trifft uns so etwas wie eine Laserwaffe, direkt von vorn. Wir werden direkt damit konfrontiert, können nicht wirklich ausweichen. Das zerreißt den Verband. Wir haben nicht damit gerechnet, waren naiv!

Jetzt die Wahrnehmungsposition von einem Schiff aus nahe der Erde. Es hat mein eigenes [THAs] Schiff im Blickfeld. Ich [der Wahrnehmende in dem anderen Schiff] schaue durch ein Fenster ins All, vor mir eine Art Steuerpult mit Knöpfen. Dann kommt von rechts aus meinem Schiff ein Energieball, der in Richtung THAs Schiff abgefeuert wird. THAs Schiff wird von einer Energiekugel erfasst und in Stücke zerfetzt. Den Befehl zum Feuern hab ich gegeben. Hab so eine grau-braune Haut, aber irgendwie menschlich, mit Uniform. Jemand wie ein Wächter vor einem Schaltpult, der Ankömmlinge abwehrt. Der tut einfach seine Pflicht, mehr kann der auch nicht.

Ich [THA] bin jetzt allein. Bewege mich auf die Erde zu. Da ist ein Schleier aus Klumpen oder Wolken. Bin dann drin. Um mich herum einzelne graue Teilchen, erst dünn verteilt, dann immer mehr und immer dichter. Dann Bilder der EVK: Ein komplett verbrannter Körper, eine Frau, die mit Kind auf dem Arm in ein Raumschiff flüchtet. Ein Mann, der auch so schnell wie möglich in dieses Raumschiff will. Er sitzt auf einem verkohlten Baum, stürzt runter und stirbt. Das Geistwesen des Mannes steigt dann nach oben und gerät in eine schwarze Wolke von Leid, Geplagtheit und Trauer. Ich habe das Gefühl, dass es ca. 200.000 Wesen sind, die da in der Wolke hängen, die Verlorenen und die Vergessenen. Dann ein Erdenmensch, der stirbt in einem Vulkanausbruch, steigt nach oben und bleibt auch an etwas hängen. Es ist ein Cluster von rund 13.000 miteinander verklebten Wesen. (Um die Clusterverbindung zu lösen, hab ich jeden sein Geschehnis aus seiner Perspektive anschauen lassen. Das ging dann recht schnell rum.)

Irgendwann taucht ein großer schwarzer Würfel auf. Ich fliege nichtsahnend dran vorbei und dann schnappt er mich, so dass ich im Innern des Würfels bin. Der ging auf wie eine Baggerschaufel. Innen schwirren schwarze Wesen mit rot glühenden Augen rum, die wie tausend Stimmen auf mich einreden. Mich durchzuckt es mehrmals auf heftigste Weise (jetzt). Mehrere schwarze Wesen, von allen möglichen Richtungen, stürzen sich auf mich. Mich durchzuckt es wieder mehrmals. Dann werde ich, genauso schnell wie ich im Würfel drin war, durch ein Loch nach außen gestoßen.

Der Behälter wird immer deutlicher zu einer Art Auffangbehälter, wie in einem Staubsauger. Ich erkenne in dem Behälter eine Stelle, wo enorm viele Teilchen herein strömen (das sieht in dem Moment so verdammt echt aus!). Durch diese Stelle war ich auch in den Behälter rein gekommen. (Diese Teilchen und Brocken werden mir während der Sitzung überall am Körper spürbar. Ich löse sie auf, fühle mich am Ende leicht.)

Der Raum in dem Behälter ist ähnlich einer Autopresse auf dem Schrottplatz. Er wird immer kleiner, die Wände kommen also auf mich zu. Die darin enthaltenen Teilchen und Bruchstücke werden immer dichter gedrängt. Am Ende wird die Gesamtmasse der Teilchen als „Pellet" aus dem Staubsauger heraus geschleudert. (Diese Bedrängnis beschäftigt mich in der Sitzung eine Weile.)

Mein Zustand danach: Total verwirrt, die Stimmen hallen nach. Bin im Zustand eines „Schiffbrüchigen", der verwirrt und ohne jeglichen Plan umher irrt. Hab vergessen, was ich eigentlich will. Keine Motivation, kein Wollen, bin „gefüllt bis oben hin". Befinde mich irgendwie in einer Schockstarre, die bis heute angehalten hat.

Irgendwann dann ein Babykörper, also meiner von heute."

Raumschiff zerschellt am Erdschirm

[SYB 2017, duo] „Wir sind eine eng aufeinander eingeschworene Gruppe. Wie eine UFO-Besatzung sehen wir aus – klingt blöd, aber ist so. Ein runder Raum, nicht besonders groß, Instrumente. Es ist anscheinend die Kommandobrücke. Wir haben uns zu einer Konferenz zusammengesetzt, zu sechst oder acht. Wie Menschen sehen wir aus. Unser Auftrag kommt von oben. Es geht darum, die Situation auf der Erde zu klären.

Wir sind hochgewachsene Typen. Ich habe den Befehl erhalten, schau auf meine Leute. Wir besprechen die Sache, alle sind dafür. Auf uns wirkt das wie ein Routineeinsatz, ein ganz normaler Job. Nichts Dolles, aber gut fürs Ganze.

Insgesamt ging es darum, da unten Impulse zu setzen, um mehr Bewusstsein zu schaffen. Die Frage ist, wie bringt man denen die Botschaft rüber? Denn dort unten ist alles dichter als bei uns, unglaublich dicht. Machen wir es per Telepathie? Oder sollten wir persönlich erscheinen? Ich bin gegen die Option „persönlich". Deswegen nennen mich die Macher einen Zögerer.

Wir wollen den Planeten durchlichten. Er hat sich total verrannt. Er blockiert das ganze große universelle Spiel mit seiner schwarzen Ausstrahlung. Dieser Planet ist wie ein schwarzes Loch, das alles ansaugt und nichts mehr heraus lässt. Er ist spirituell tödlich, er saugt Wesen auf und modifiziert sie. Die Aufgabe ist, ihn zu durchlichten, und das geht nicht militärisch, das muss man anders anpacken.

Die Macher setzten auf Eingreifen. Unten die alte Garde entmachten, neue einsetzen. Zack-zack, ganz einfach. Ich hingegen dachte, das ist viel zu grob. Weil die da unten sollen ja ihren freien Willen behalten und sich selber in einen besseren Zustand versetzen. Deswegen hatte ich vor, mit Telepathie an die Entscheidungsträger auf der Erde heranzutreten und deren Blick zu erweitern. Denn das ganze Problem da unten ist die erstarrte Sichtweise. Wie die aufzubrechen sei, das war die Frage. Natürlich hätte man denen da unten neue Führer vor die Nase setzen können, aber das hätte bei dem Entwicklungsniveau der Bevölkerung nur zu Unruhen geführt. Oder zu einem religiösen Starkult.

Weil es da unten auf der Erde einfach noch nie lief wie geplant, musste man halt immer wieder korrigierend eingreifen. Daher jetzt dieser Routinejob. „Die natürliche Ordnung der Dinge wieder herstellen", so nannten wir das, das war das Rahmenprogramm. Wichtig ist dabei immer, denen eine lange Leine zu lassen, auch wenn es schwer fällt, nicht einzugreifen. Die Eingriffe müssen klein sein, dafür aber häufig, und sie müssen Selbstbestimmtheit zulassen. Wir kennen das, das ist unsere Arbeit, wir machen es für so viele Planeten. Ist völlig in Ordnung mit mir, da gibt es keine Fragen, ich bin ein guter Soldat. Mit der genannten Strategie bin ich einverstanden, sie ist richtig. Was die Taktik angeht, habe ich meine Freiheiten.

Wir arbeiten mit Lichtstrahlen, die auf die Zielpersonen programmiert werden. Der Lichtstrahl mit seiner telepathischen Botschaft findet sein Ziel dann automatisch. Das Ziel ist die geistige und kulturelle Elite dort unten. Das können auch welche aus dem Volk sein, die die neue Bewegung unterstützen und in die Breite tragen. Logistisch ist wichtig, dass es bei allen gleichzeitig ankommt. Sonst entwickeln irgendwelche genialen Leute ihre Ideen und mangels Unterstützung durch die Bevölkerung kommt es zum Chaos. Ich aber will es friedlich haben! Das ist mein Naturell.

Ich bin mir sicher, die da unten kann man geistig erreichen, das sind Geistwesen wie wir auch. Sie sind zwar graduell anders geworden als wir, aber nicht prinzipiell anders. Eigentlich müsste es sogar leichter gehen als je zuvor, denn die da unten haben ja keinerlei telepathische Schulung, sind auf nichts vorbereitet und deswegen ahnungslos – sie müssten eigentlich sehr leicht zu erreichen sein. Toller Plan, oder? Gut ausgedacht, elegant! Ich bin halt ein Routinier.

Aber so genial mein Plan auch war, funktioniert hat er nicht. Die Telepathie-Strahlen fanden ihre Zielpersonen nicht. Sie wurden abgelenkt. Um die Erde herum hängt eine schwarze Wolke, und die lenkt telepathische Direkteinwirkung ab. Das war uns grundsätzlich bekannt, aber wir dachten eben, unser Sender ist stark genug. Die Software war auf jeden Fall okay, den Rest haben wir den Technikern überlassen, Sachen wie Signalstärke und Ausrichtung usw. Und jetzt funktioniert es nicht! Es trifft die falschen Leute! Oder es haut daneben oder sie reagieren falsch. Wir produzieren Chaos! Wie peinlich! Soviel zum Thema Routinejob.

Neue Software, stärkere Strahlen, das wäre eine Möglichkeit. Aber dann wird nur rumprobiert, und das könnte wieder schief gehen. Die große Frage ist: wie ist diese Wolke gebaut? Wir beschließen, mal hin zu fliegen und eine Probe zu nehmen.

Wer am Ende hin fliegt, sind nicht wir, sondern ich allein. Ich benutze ein sehr kleines Patrouillenboot, nicht größer als eine kleine Motoryacht. Ich fliege selbst, denn schließlich ist das mein Plan, und den muss ich vertreten. Außerdem darf nicht nochmal was schief gehen. Das ist hier offensichtlich keine Routine, das muss man analysieren.

Unten sehe ich die Erde. Diese Wolke liegt um sie herum wie ein dickes schwarzes Band. Oben und unten an den Polkappen ist sie dünner. Außer mir ist in dem Patrouillenboot nur noch ein Techniker. Wir fliegen los, das Schiff trifft auf die Wolke, wie geplant – und es stockt. Das kommt unerwartet. Diese Wolke kann sogar unser Boot stoppen! Das ist ungewöhnlich. Abgesehen davon, wie kriegen wir nun die Probe an Bord?

Ich wurde gewarnt: halte Abstand! Das ist magnetisch! Das wirkt mit einer Stärke, wie du sie dir nicht vorstellen kannst! Aber egal, ich ins Patrouillenboot, zusammen mit dem Techniker, und dann dieser Aufprall. Der zerschlägt das Boot regelrecht. Für die Konstruktion unseres Patrouillenbootes ist diese Wolke ungefähr so massiv wie die Meeresoberfläche für ein notlandendes Flugzeug, das zerbricht ja ebenfalls.

Das Boot geht in Stücke, ich werde herum gewirbelt, gewaltige Kräfte wirken auf mich ein. Ich staune. Dass es so etwas gibt! Ich bleibe cool, denn ich bin trainiert. Suche immer einen Ausweg. Aber ich finde keinen. Ich bin ein Spielball, komplett hilflos, mein Repertoire entschwindet mir.

Jetzt bin ich selbst in der schwarzen Wolke. Innen drin! Die Dynamik dort drin ist gewaltig. Meinen biologischen Körper hat es längst zerfetzt, nur noch mein Astralkörper ist übrig. Der wird herum gewirbelt wie ein trockenes Blatt im Tornado.

Dieser Strudel, in dem ich stecke, ist prinzipiell genauso gebaut wie unsere telepathischen Hilfestrahlen. Auf beide sind Programme aufmoduliert. Starke strenge Befehle wirken auf mich ein: Vergiss wer du bist! Du hast keine Kraft! Was du kannst, wird hier nicht gebraucht! Hier herrschen unsere Regeln! Du hast keine Chance! Das ist jetzt die Realität! Je weniger du dich wehrst, desto leichter für dich! Und mit jedem dieser Befehle werde ich mehr und mehr zusammen gedrückt, komprimiert. Druck von allen Seiten. Wenn ich jetzt davon erzähle, bleibt mir fast die Luft weg.

Ich werde mürbe, ich gebe auf. Sie stellen mir in Aussicht, sobald du einverstanden bist, kommt Erleichterung. Ich sage ja, denn gegen die habe ich einfach keine Wahl. Dann wird es wirklich lockerer. Aber mein Bewusstsein ist gelöscht, wer ich bin, was mein Projekt war, wozu ich unterwegs bin – alles weg. Nur noch ein winziger Funken Selbstbewusstsein ist übrig. Meine „Einverständniserklärung" wurde regelrecht aus mir raus gequetscht. Da war die Kompression total, da blieb mir kein Millimeter Spielraum mehr, außer eben einem winzigen Funken Selbstbewusstsein: ich weiß, dass ich bin, aber mehr auch nicht.

Nach meiner „Einverständniserklärung" werde ich nach unten hin ausgespuckt, in Richtung auf den Planeten. Als ich wieder zu mir komme, bin ich in 10 km Höhe. Jetzt packt mich eine Bilderflut, ich werde regelrecht fortgespült in einer Bilderflut, die ganze Erdgeschichte rauscht an mir vorbei: Affen, Menschen, Neandertaler, Steinzeit, Saurier, Urwälder, Paradiesgärten, üppige Natur, und alles irgendwie komplett hyperreal in solchen harten starken Neonleuchtfarben, also regelrecht unwirklich.

Nun bin ich in Bodenhöhe. Mir ist, als würde ich fünfzig Tonnen wiegen, so schwer und dicht komme ich mir vor. Mir kommt jede Fähigkeit abhanden, mein Geist wird stumpf, düster und langsam. Wie komme ich hier bloß wieder weg? Meine telepathischen Hilferufe kommen nicht durch, logisch, sie werden abgeschirmt von dieser Wolkenwand. Vorher war ich außerhalb ihrer, nun bin ich innerhalb, aber der Mechanismus ist der gleiche.

Ich lande in einer Landschaft .... Rundherum ist es grün. Ich schwebe von oben ein, bin auf ungefähr tausend Meter Höhe, habe keinen Körper. Ziellos treibe ich herum, wie vom Wind getragen. Ich schwebe nach unten, tiefer und tiefer. Ohne es zu wollen, verliere ich an Höhe. Lieblich ist es dort unten, nicht bedrohlich. Ich habe gehört: geh bloß nicht zu dicht dran. Aber ich kann eh nichts dran machen. Eine Kraft wirkt auf mich, eine Strömung von allen Seiten. Ich werde am Ort gehalten und sinke langsam abwärts. Meine Bewegungsfreiheit ist weg. Diese Kraft hält mich. Wie komm ich bloß hier weg? Es geht nicht!

Weiter geht es nach unten. Nun bin ich gelandet. Wie im Allgäu ist es hier. Gras. Tageslicht. Schön. Aber gegen meinen Willen!

Hier unten ist es völlig anders, als ich es je für möglich gehalten hätte. So kompakt! Ich habe das Gefühl, als sei ich aus Blei. Meine Fähigkeiten schwinden mir eine nach der anderen, nur noch der Erinnerung bin ich fähig. Gezielte Bewegung im Raum, Telepathie, mentalenergetische Einwirkung auf Personen und Objekte – nichts geht hier. Es ist unbegreiflich. Ich verfüge über keinerlei Ressourcen mehr. Jetzt, wo ich den Imprint trage, bin ich einer von denen hier unten geworden. Du bist beschränkt! Du hast zu tun, was man dir sagt! Vergiss, wer du bist!

Das Volk hier unten, das sind alles Sklaven. Ich verstehe allmählich, wieso die hier so anders sind. Die können nichts dafür, das läuft ja sowas von falsch hier! Die können wirklich nicht anders. Und das Durchlichten, das geht hier gar nicht. Das ist, als wolltest du mit einer Taschenlampe durch einen Teerklumpen durchleuchten. Ich kann das nicht glauben. Wie kann das nur so anders sein?"

Aufprall auf Erdschirm schockiert Engel

[CKL 2018, solo, online mit einem Wesen.] „Das Wesen möchte anderen etwas beibringen, dafür sorgen, dass andere besser leben, ihnen die Fähigkeit für selbstbestimmtes Leben beibringen. Er konnte aber nicht verhindern, dass er selber frustriert ist. Es zeigt sich folgendes Bild: Er ist als Geistwesen im Anflug auf die Erde und stößt kurz davor auf den Erdenschirm, was ihn sehr stark schockiert. Dann wird er von einem Raumschiff abgefangen. Dort wird er müde und schläfrig gemacht, geradezu handlungsunfähig und hilflos. Er kann seine Pläne nicht umsetzen, er ist völlig verwirrt. Im Zustand der geistigen Verwirrung hat er nach dem gegriffen, was da war, das war ich. Seitdem begleitet er mich. Er weiß nicht, wie es weitergehen soll.

Er gehörte einer Engelsgesellschaft an, eine Art Lehrerkollegium, die sich damit beschäftigen, wie man Wesen zur Selbstbestimmtheit führen kann. Er war dort Lehrer in beratender Position und möchte das wieder sein. Ich frage ihn, was er dazu tun müsste. Es kommt „ablösen und hinfliegen", ich bekomme ein Ablösegefühl, große Entladung und eine Entspannungsanzeige. Ich wünsche ihm alles Gute und beende die Sitzung."

Durch den Strudel und die Pampe

[DIK 2013, duo] „Bevor es losging, war ein Briefing. Wir sind in einer Art Raumkapsel, ungefähr 20 Wesen sind an Bord. Sie haben erkennbare Gestalten und menschenähnliche Umrisse, sind aber nicht massiv, sondern fließend und veränderbar. Die Kapsel ist nicht aus einem irdischen Material, sondern wirkt wie aus festem Licht gemacht. Sie ist golden und innen geformt wie ein Ei. Es gibt kein Mobiliar und keine Geräte, nur einen großen Bildschirm. Der dient aber nicht der Navigation, denn das Schiff weiß von selbst, wo es hin soll.

Wir sitzen wie im Kino und sehen einen Lehrfilm. Es geht um die Erde, um Vegetation, Meere, Tiere zu Land und zu Wasser. Ich sehe Menschen, Naturvölker wie auf den Philippinen oder in Australien, dann auch moderne und neuzeitliche Dörfer und Städte, lauter schnelle Impressionen. Dann irgendwas aus der Biologie zum Thema Fortpflanzung, dann wieder Zerstörung durch Kriege, medizinische Experimente, ich sehe Kinder lachen und weinen. Ich sehe Liebe wie auch Zerstörung. Den Informationsfilm sollen wir uns einprägen, denn auf der Erde werden wir keine Verbindung miteinander haben. Wenn man ihn oft genug gesehen hat, geht man. Jeder für sich.

Diese ganzen Bilder werden uns sozusagen reingebrannt zur Information, zur Orientierung. Dann geht jeder seinen Weg. Jeder verlässt den Raum durch eine weiße Strudelröhre, jeder durch seine eigene. Alle sind sehr motiviert und wollen das umsetzen. Wir sollen helfen, wir sollen den Menschen das Miteinander zeigen.

Die ganze Gruppe steht vor dem Bildschirm und wir sind irgendwie eins, oder vielleicht wie Eines, das sich in Viele aufteilt. Die denken und reden nicht wie wir, sondern es geht alles ohne Worte. Wir sind ein großes Ich.

Ich verlasse den Raum durch einen Lichtschlauch und sehe nun die Erde wie etwa aus Satellitenentfernung. Ich beobachte sie, ich will da nicht runter, aber ich muss wohl. Ich will nicht da hin, wegen dieser unschönen Dinge, die ich gesehen habe. Aber wir haben viel Kraft, deswegen sind wir ja ausgesucht worden.

Um die Erde rum in großer Entfernung, da liegt etwas wie eine Masse, wie ein weicher Teig. Da drin sind mehrere Strudel, und nur da geht's durch. Direkt durch den Teig kommt man nicht. Aber in den Strudeln wird sich was andocken, das ist die Gefahr. Das wurde uns vorher gesagt. Wir sollen vorsichtig sein.

Wir sind außerhalb dieser schwarzen Pampe um die Erde herum. Das Schiff kommt da nicht durch, auch nicht durch die Strudel. Wir müssen als einzelne durch. Wer es schafft, bekommt anschließend weitere Informationen, aber erst dann. Wir sollen uns möglichst wenig Gedanken machen, das ist die Absicht. Jetzt sind wir bloß ein paar hundert Meter über dieser Pampe. Die Erde ist durch sie hindurch nicht sichtbar. Jeder zieht los, wenn er dran ist, es geht in Etappen. Wir sollen uns von unten rückmelden.

Ich schwebe irgendwo. Ich habe einen strahlenden Lichtkörper. Um mich herum ist Energie, sie ist negativ und dunkel. Das Dunkle tippt mich an, es fühlt sich kalt an (Empfindung im rechten Arm, schaudert). Da ist ein Strudel. Ich bin noch nicht drin. Es kribbelt, je näher ich komme. Da muss man durch. Es schaudert mich. Es ist eng, ich stoße an. Es wird immer enger, alles dreht sich, ich werde gezogen und gesogen. Dann wird es farbig und schneller, es kommen Bilderfetzen. Wie in tausend Fernsehschirme gucken. Es ist aber kein Film, sondern wie die Bilder aus den Nachrichtensendungen, gemischte Infos in schnellem Wechsel. Auch Krieg ist dabei, weinende Kinder, Tiere und Bäume. Jetzt geht es langsamer.

Wir sind angreifbar, sobald wir alleine sind. Anfangs waren wir eine Einheit, da waren wir unangreifbar. Aber als ich im Strudel bin, da tippt mich was an die Schulter, so als würden die von der anderen Seite sagen, wir sind auch wer! Und dann kommen viele Informationen, alles unverarbeitete Erlebnisse, alle mit Angst, Panik und Entsetzen. Das ist die Pampe, das wird mir klar, daraus besteht sie, all das ungute Gefühlte und Erlebte. Ich bekomme einen Schub von Angst, Traurigkeit Hoffnungslosigkeit und Ohnmacht. Ich sehe eine Frau, die ihr Kind abtreiben muss, und das, was aus ihr heraus kommt, wirft sie nachts in einen See. Dann sitzt sie die ganze Nacht und starrt auf das Wasser und ist traurig.

Solche Bilder bekommt man, wenn man mit der Pampe in Kontakt steht. Dieses Gefühl der Ohnmacht, das ist das Schlimmste.

Ich bin nun ziemlich dicht vor der Erde, wie ungefähr auf Flugzeughöhe, habe aber noch kein Ziel. Ich komme als Schlichter. Das haben wir gelernt. Man muss es einfädeln, sorgfältig. Statt sie zu überfallen mit Liebe und dadurch ihr Unverständnis und ihren Hass zu erwecken. Der Auftrag ist ganz klar: Körper nehmen, geboren werden, Mensch sein.

Ich sehe die Mutter im Garten ihrer Eltern arbeiten. Sie hat lange Haare, ist 16 Jahre alt. Ich beobachte sie. Sie wirkt so traurig, das liegt an ihrer Kindheit und an all dem, was sie von ihrer Mutter und ihrem Vater und ihren Großeltern mitbekommen hat. Die ganze Familiengeschichte mit Gewalt und Hass und Vergewaltigung hängt über ihr wie eine große schwarze Blase. Ich will sie glücklich machen und suche nicht weiter nach einer anderen Person, die mir als Mutter dienen könnte. Mir ist klar, dass ich meine Aufgabe in einem Menschenkörper zu erfüllen haben werde, das gehört zum Auftrag. Im Grunde ist es keine Entscheidung, sondern eine Anziehung, als sei da eine steuernde Kraft. Es zieht mich in ihre Nähe, und der Zug wird immer stärker. Da sage ich Ja.

Es geht nicht, dass ein Planet wie etwa die Erde versagt. Alle Planeten gehören zusammen. Es gibt keine einzelnen, das ganze Universum ist ein großes gemeinsames Ich. Wir haben den Auftrag, Liebe zu bringen. Vor der Schicht wurden wir gewarnt. An mir blieb zwar etwas hängen, und das hat mir bis heute das Leben schwer gemacht, trotzdem hatte ich Kraft und immer weiter gemacht. Und ich habe meinen Teil beigetragen und vielen Menschen geholfen. Ich bin Heilpraktikerin und Sterbebegleiterin."

Wie der Schirm gemacht wurde

[WOB 1991, zusammenfassender Abschlussbericht nach solo. WOB bezeichnet den Schirm als Netz, was tatsächlich seinem damaligen Aussehen entsprach, wie von vielen MindWalkern der damaligen Zeit vermerkt. Er wirkte wie eine kugelförmige Erd-Umhüllung aus Maschendraht.]

„78 Legeroboter, Mini-Raumschiffe, haben das Netz gestrickt oder gewoben. Ob alles mentalenergetisch war oder physikalisch, ist schwer zu sagen, wahrscheinlich war es in einem gegenwärtig noch nicht erfassten physikalischen Grenzbereich. Die Sache dauerte 14 Tage.

Das Netz war in 24,5 Kilometer Höhe und hatte auch eine Tiefe, etwa wie bei einer Wabenstruktur. Die Waben waren sechseckig. Es sind Projektionsflächen, die einen umhüllen und der Bilderflut aussetzen. Das Wabennetz ist selbsttragend und selbsterhaltend. Seine Energie erhält es durch die mentale Energie der späteren Opfer bzw. deren Bilder.

Die Legeroboter waren so etwas wie fliegende Käfer. Sie waren in Bewegung, nicht stationär. Geostationäre Satelliten halten relativ zur Erde still, umlaufende Satelliten bewegen sich relativ zur Erdoberfläche. In diesem Sinne waren die Legeroboter umlaufende Satelliten. Sie waren kontinuierlich in Bewegung, nicht ruckend, und eher langsam. Mit 78 Robotern konnte das Netz in 14 Tagen angelegt werden. Um das zu schaffen, musste bei 500 Millionen Quadratkilometer Erdoberfläche jeder Satellit 20.000 Quadratkilometer pro Stunde abdecken, also 140 mal 140 Kilometer. Jeder bearbeitete einen 10 Kilometer breiten Streifen (ähnlich wie das Sprühgerät um ein Mehrfaches breiter ist als der Traktor). Das bedeutet ein Fortbewegungstempo von 2000 Stundenkilometer.

Die Waben stellen so etwas dar wie ein Betriebssystem, dass Input und Output definiert. Wie ist zu kopieren, wie abzulegen, wie definiert sich die Memory-Funktion: „Alle Infos ab jetzt sind zu speichern!“ (d. h. von der EVK bis zur Gegenwart). D. h. jedes Mentalbild, das in Kontakt mit den Waben kommt, wird dort gespeichert. Im Vergleich: Normal wäre, hier der Computer, dort der Benutzer, der sich seine Gedanken denkt. Hier aber: Die Gedanken des Benutzers werden vom Computer erfasst und abgelegt. Der Computer wird zugefilzt mit Bildern des Benutzers.

Zusätzlich wurde ein Willkommensgruß in Form sehr künstlich wirkender Bilder programmiert. Ein sogenannter Intro-Screen, bestehend aus netten Bildern, die einem beim Einloggen entgegenpurzeln. Der Neue wird gescannt, ein Profil wird von ihm erstellt und die Intro-Screen-Bilder ihm angepasst. Auf diese Weise werden Neuankömmlinge gehandhabt und in Sicherheit gewogen."

Der Schirm wird entfernt

[WOB 1991, Fortsetzung seines Berichts] „Erst kamen mir die Bilder, wie das Netz damals gemacht wurde. Anschließend war ich online damit. Meine Wahrnehmungsposition war weiter draußen, das heißt das Netz war zwischen mir und der Erdoberfläche. Bin mit der Wahrnehmungsposition reingetaucht, habe die Sache von innen studiert und gescannt."

[Erklärung: WOB sitzt zu Hause am mindwalker, ein Teil seiner Aufmerksamkeit ist auf das Gerät und das Protokollschreiben gerichtet. Gleichzeitig taucht er mit einer Portion seiner Aufmerksamkeit in den Zielort ein. WOB hat also zwei Wahrnehmungsfelder gleichzeitig in Betrieb, der übliche Vorgang bei Telepathie.]

„Aufgelöst habe ich das Netz durch Einspeisen eines Virus. Die Energie zur Deprogrammierung kam aus dem Wirt des Virus, dem Wabennetz.

Der Virus wurde programmiert mit der Annullierung der Wabenbefehle. Durchführung mit Versuch und Irrtum. Verschiedene Programmschleifen in unterschiedlichen Kombinationen wurden ausprobiert. Resonanz zum Wirt musste hergestellt werden, weil ohne Verwandtschaft und Affinität geht auch hier nichts. Das Ganze wurde Schritt für Schritt programmiert bis zum letzten Befehl: Auflösen! Dann lief das.

Nach dreieinhalb Tagen war es vorbei. Wie eine Laufmasche. Man löst eine Schlaufe und dann läuft es durch, wobei die innere Spannung zum Zwecke der Entknotung ausgenutzt wird. Wer sich unvorbereitet an dieses Wabennetz dranhängt, den bringt es um (Schamanen, Meditierende). Man muss gegen die Inhalte immun sein (Gelassenheit)."

[Ende Juli 1993 verfasste WOB zusätzlich ein mehrseitiges detailliertes Dossier in sehr ingenieurmäßiger Sprache und auf MindWalking-Chinesisch, zu viel, um es hier zu zitieren. Von Bedeutung ist aber, dass nach 1991 zur Erde gekommene Sitzungspartner nicht mehr von einem Netz sprechen, sondern von einem Schirm oder Schleier. Die Erscheinungsform hat sich geändert.]

Sitzungsberichte: Phaethon gesprengt

Gab es den Planeten Phaethon?

Weiter oben in „Von Hass erfüllter Bomberpilot berichtet" fiel das Stichwort „Asteroidengürtel". Laut THAs Sitzung hätte der sich durch die Sprengung des Planeten Phaethon gebildet. Das wirft Fragen auf. Wo befindet sich dieser Asteroidengürtel? Gab es an dieser Stelle je einen Planeten? Wie sprengt man einen Planeten?

Wie man einen ganzen Planeten sprengen können sollte, weiß weder ich, noch wussten es die Physiker und Ingenieure, denen ich diese Frage vorgelegt habe. Die größte Atombombenexplosion - der Zar-Bombe - erreichte 50 Megatonnen Sprengkraft. Zum Vergleich: Die Explosion des Mt. St. Helens wird mit 25 Megatonnen, die des Krakatoa mit 150 Megatonnen geschätzt. Das gesamte Atomwaffenarsenal auf der Erde hat eine Sprengkraft von 1500 Megatonnen.[85] Das reicht bei weitem nicht aus, um einen Planeten zu zerstören. Für die Erde wären unglaubliche 359 Exatonnen – das entspricht dem 240-milliardenfachen Atomwaffenarsenal - nötig, um die Bindekraft ihrer Gravitation zu überwinden und sie somit zu zerstören.

In Sitzungen werden Planetenvernichtungen immer mal wieder als routinemäßige Strafmaßnahme erwähnt. Doch so bildhaft der Ablauf auch wiedergegeben werden mag, ist das Geschehen zumeist nur aus weiter Ferne beobachtet, und was die dazu gehörige Technologie angeht, ist der betreffende MindWalker völlig überfragt. Wie als würde man als Spaziergänger aus tausend Meter Entfernung zusehen, wie ein Panzer ein Dorf zusammenschießt. Man sieht's mit Schrecken, aber wie ein Panzergeschütz funktioniert, das weiß man nicht.

Diesen laut Sitzungserinnerung gesprengten Planeten zwischen Mars und Jupiter gibt es für die gängige Astronomie nur hypothetisch. 1772 veröffentlichte Johann Elert Bode die von dem Astronomen Johann Daniel Titius gefundene Gesetzmäßigkeit des Abstandes der Planeten von der Sonne. Ihren Berechnungen nach fehlte zwischen Mars und Jupiter ein Planet, die Lücke sei einfach zu groß. 1801 entdeckte man in diesem Bereich einen sehr kleinen Himmelskörper und taufte ihn auf den Namen Ceres. In den folgenden Jahren wurden zahlreiche weitere solcher Gesteinsbrocken gefunden, bis heute einige Hunderttausend. Man nannte sie Asteroiden. Sie machen in ihrer Gesamtzahl ca. 4% der Masse des Mondes oder 22% der Masse des Pluto aus.

Bereits 1807 glaubten manche, es handelte sich beim Asteroidengürtel um Fragmente eines explodierten Planeten. Johann Gottlieb Radlof beschrieb eben diese Planetenzerstörung in einem 1823 erschienenen Buch mit dem Titel „Zertrümmerung der großen Planeten Hesperus und Phaeton, und darauf folgende Zerstörung und Überflutung auf der Erde". Er nannte diesen Planeten, angelehnt an die Planetenauflistung von Aristoteles, Phaethon, „der Leuchtende". Einige Astronomen glauben, auch die Marsmonde Phobos und Deimos seien von der Schwerkraft des Mars eingefangene Phaeton-Fragmente. Selbst die Planeten Venus und Pluto, sowie dessen Mond Charon, könnten wegen ihres eigenartigen Verhaltens ebenfalls Bruchstücke von Phaeton sein.[86] Die moderne Astronomie versteht unter „Phaeton" einen erst 1983 entdeckten Asteroiden.

Ein Zeuge der Planetensprengung

Was die Existenz eines Planeten Phaeton angeht, war mein persönlicher Kenntnisstand zum Thema Astronomie bis zum Jahr 2007: Sonne, Erde, Mond, Venus, Nordstern, aus. Nicht einmal die Reihenfolge der Planeten von der Sonne auswärts hätte ich aufsagen können. Hinsichtlich der Erdvernichtung war ich bis zu diesem Zeitpunkt der Auffassung, die Erde sei der einzige Schauplatz der Katastrophe gewesen – immerhin hatte ich dreißig Jahre lang von niemandem etwas anders gehört.

Die ersten Andeutungen dazu kamen mir Ende der 1970er Jahre zu Ohren, als befreundete Hubbard-Jünger hinter vorgehaltener Hand raunten, die Erde sei mal Opfer des Angriffs eines galaktischen Imperators gewesen. Das galt ihnen als streng vertrauliche Geheimlehre (zu der das kritische Standardwerk des Autors L.Kin, eines abtrünnigen Scientologen, breite Auskunft gibt).[87] Gerade damals kam auch „Star Wars" in die Kinos;

ein paar Jahre später „Independence Day". Hier eine Geheimlehre, dort Science Fiction, beide sprechen vom gleichen Vorfall - was war hier Wahrheit, was Fiktion?

Dass die Scientologen das vorfanden, was vorzufinden Hubbard ihnen auftrug, war angesichts des strikten Gefolgschaftsgeistes und der Scheuklappenmentalität dieser Bewegung kein Wunder. Als aber meine eigenen Sitzungspartner Jahre später auf ähnliche Stories stießen, ohne im Geringsten darauf vorbereitet worden zu sein, und sich zudem mit Händen und Füßen gegen solche Unsinn wehrten, wurde ich aufmerksam. So begann die Sammlung von Sitzungsberichten, auf der das vorliegende Buch beruht.

Mein beschränkter Kenntnisstand sowohl der Astronomie wie auch des Ausmaßes der Erdvernichtungskatastrophe änderte sich auf einen Schlag in einer Sitzung mit GOR in 2007. Nach nur wenigen Stunden stießen wir auf ein riesiges Verlusterlebnis: sein Heimatplanet sei gesprengt worden. Wo der denn gewesen sei, fragte ich ihn. Seine Antwort: irgendwo hier im Sonnensystem. Da GOR offenbar genauso ahnungslos hinsichtlich Astronomie war wie ich, holte ich eine graphische Darstellung des Sonnsystems herbei und sagte: Zeig drauf, wo war es? Ohne Zögern ging GORs Zeigefinger auf genau dem Punkt zwischen Mars und Jupiter nieder, wo sich der Asteroidengürtel befindet – der aber auf der Karte graphisch nicht einmal dargestellt war! GOR zeigte sozusagen auf eine leere Stelle zwischen zwei Planeten. „Da!" Und er bricht in Tränen aus. „Zwischen Mars und Jupiter fehlt was, ein Planet! Da ist was Entsetzliches geschehen! Irgendwas fehlt. Dass da ein Planet fehlt, das ist doch Blödsinn, oder? Aber das war die Heimat – das ist die Heimat (schluchzt)."

Vor etwa 11.000 Jahren sei es gewesen. Er war dabei. Ein riesiger Verlust. Die feindliche Macht hatte den dortigen König im Auge, weil der eine Vorrichtung erfunden habe, die auf der Erde in Betrieb sei, ein Geheimprojekt erster Ordnung zur vollständigen Auflösung der Macht des Imperators. Man wusste nicht, wo sich diese Vorrichtung befand; deswegen wurde sicherheitshalber die gesamte Erde zerstört. Phaethon, Heimatplanet des Königs und Regierungssitz, wurde gesprengt. Der König entkam, da zum Zeitpunkt des Angriffs irgendwo auf diplomatischer Mission, doch alle anderen wurden als Geistwesen aufgesaugt und mit „ich vergesse alles" implantiert (diese Gehirnwäsche bei GOR aufzuheben, kostete uns einige Stunden).

Phaeton-Oberhaupt isoliert

[ROK betrachtet Phaethon als seinen Heimatplaneten. Er ist auf diplomatischer Mission irgendwo weit entfernt, als Phaethon überfallen wird. Die von dort ausgehenden Hilferufe seiner Mitarbeiter und Freunde erreichten ihn nicht. Er ist wie isoliert. Diese Begebenheit entspricht verblüffend der elf Jahre zuvor von GOR genannten „Dienstreise des Königs", während welcher Phaethon gesprengt wurde.]

[ROK 2018, solo] „Ich war abgeschottet. Wie kann das sein, auf Dienstreise sein und abgeschottet? Eine Tarnkappe …? Ich hatte eine Staatseinladung zum Imperator, bin als Geistwesen dorthin; man hielt einen Besuchskörper für mich bereit. Der Staatsempfang war prächtig und machtvoll, ähnlich wie die Hitler-Aufmärsche. Ich bin gebannt, Blick auf das Geschehen, da umschließt mich was – so etwas wie eine „heilige Aura". Ich bemerke es, lass es zu. Um diesen Besuchskörper herum bildet sich ein hauchfeiner Leuchtball. Ich stehe vor der Versammlung wie im Bischofsornat samt Heiligenschein. Dreißig Meter Durchmesser, riesig, diese Leuchtkugel! Eine ganz besondere Ehrung. Nur, das schirmt mich ab! Und ich bemerke es nicht! Deswegen kommen die telepathischen E-Mails von zu Hause nicht zu mir durch. In den drei Tagen da oben bei dem Staatsbesuch vergehen drei Wochen auf der Erde; genau als da die EVK ablief. Offenbar tickt die Zeit auf der Erde anders als dort, wo der Imperator seinen Sitz hat. Als der Empfang vorbei ist, wird mir der heilige Schirm weggenommen, und ich sehe mit brutaler telepathischer Klarheit, was unten los ist, und ich springe hinunter. Dieses Schuldgefühl, diese unendliche Schuld! Denn ich war unerreichbar gewesen.

Der Staatsbesuch musste sein, das wäre sonst auffällig gewesen – und wir waren naiv genug zu glauben, keiner da von denen wüsste was. Aber während ich da hin bin, haben die Phaethon ausgeräumt, die Erde vernichtet, und auf dem Mars die Echsennummer abgezogen. Ich musste zugucken, wie meine Freunde zu Reptilien werden!"

Sprengung mit Laserkraft

[Zitat aus „Aus den Augen eines Bomberpiloten", siehe oben, THA 2019, solo]:

„Dann eine Wahrnehmungsposition innerhalb des Kommando-Schiffs mit Blick aus dem Panoramafenster. Rechts ein heller Planet, der wird von einer Laserwaffe zerfetzt; daraus wird der Asteroidengürtel." Die Botschaft: „Das passiert mit Kontrahenten, spielt gefälligst mit, wie ich es sage".

[THA, 2015/1.] „Mir zeigen sich Bilder vom Asteroidengürtel. Ich muss zittern, schluchzen und mich durchzieht eine Trauer über die Zerstörung. Mich durchströmen sehr intensive Gefühle, die ich aufgrund der Intensität kaum aushalten kann. Dann kommen noch ein paar einzelne Bilder, wie eine Laserkanone mit grünem Laser etwas zersprengt und damit diese Asteroiden erzeugt."

Die Bilder und Emotionen vom Asteroidengürtel bezogen sich wieder auf Phaeton. Darin steckte eine tiefe Verzweiflung und Trauer über die Zerstörung des Planeten.

Der Asteroidengürtel entsteht

[THA, 2015/2.] „Es zeigen sich mir mehrere Sequenzen zu einem massiven Angriffsszenario auf den Planeten Phaethon (heute Asteroidengürtel). Innenposition, das Innere eines Raumschiffs. Ich schaue auf einen Monitor, wo sich ein hellgraues Wesen mit Glatzkopf meldet und eine Durchsage macht. Er sieht so ähnlich aus wie ein Ork [ein Monster aus „Herr der Ringe" von Tolkien.] Ich bin auch so ein Ork [d.h. THA teilt momentan die Wahrnehmungsposition des betreffenden Wesens]. Nach Ende der Übertragung renne ich durch eine Art Raum-Zeit-Tunnel, der sich im Schiffsrumpf befindet, und finde mich dann immer noch rennend auf einer Planetenoberfläche wieder. Die Planetenoberfläche sieht hellrot, wüstenartig aus. Ich sehe eine schwarz/weiße Roboterarmee vor mir. Sie laufen als Karree formiert, gleichabständig, wie in einem Raster. Darüber schweben helikopterähnliche Fluggeräte.

Das Flaggschiff taucht auf - verdunkelt den Himmel, so groß ist es – und holt die Roboterarmee ab. Die Roboter und alles andere werden hoch gesaugt. Im Flaggschiff sehe ich einen Offizier, sieht aus wie ein SS-Offizier mit schwarzer Uniform, aber graue Hautfarbe.

Wieder so ein Ork, diesmal in einer Art Abfangjäger. Der ist hellhäutig, glatzköpfig und hat eine schrumpelige Stirn. Danach kommt was mit Laserkanonen, die etwas zersprengen.

Es gibt einen mächtigen elementaren Knall. Dann Bilder von Trümmern, die im heutigen Asteroidengürtel umherfliegen. Ich muss zittern und schluchzen. Mich durchzieht eine Trauer über die Zerstörung. Mich durchströmen sehr intensive Gefühle, die ich aufgrund der Intensität kaum aushalten kann. Weitere Bilder, wie eine Laserkanone mit grünem Laser etwas zersprengt und damit diese Asteroiden erzeugt.

Die Bilder und Emotionen zum Asteroidengürtel beziehen sich auf Phaethon. Darin steckte eine tiefe Verzweiflung und Trauer über die Zerstörung des Planeten.

Ich sehe wieder Asteroiden. Am auffälligsten ist einer mit einem Durchmesser von ca. 300 km. Ich habe das Gefühl, auf der Oberfläche steht jemand, der um Hilfe ruft, ein Geistwesen ohne Körper. Ich begrüße es und bekomme eine Gänsehaut. Es zeigt mir Bilder einer idyllischen Welt: Leichte Berge, üppige Vegetation, ätherische Wasserfälle. Die Landschaft sehe ich vom Rand eines Tals, vor mir ist ein kleiner Platz, kreisförmig, mit griechischen Säulen außen herum.

Dann Bilder der Invasion aus der Position des Wesen: Durch die Atmosphäre steigen Raumschiffe herab, stark technisch wirkend im Vergleich zu der idyllischen Welt. Das Wesen ist traurig und angewidert. Dann kommt impulshaft ein mächtiger Laserstrahl aus dem Himmel. Es folgen Erschütterungen und am Ende ein Knacken, als ob die Kruste des Planeten bricht. Danach sehe ich Asteroiden im All herum schweben."

Bevölkerung wird abgesaugt

{ROK 2018, solo. Fortsetzung des oben beschriebenen Geschehens wenige Tage später in einer weiteren Sitzung.]

„Immer noch das Thema „ich bin nicht erreichbar". Spüre ganze Schwaden von Hilfeschreien um mich herum, sind offenbar an meiner damaligen Tarnkappe hängen geblieben, wurden nie gehört und bestätigt. Es ist, als schrie ganz Phaethon nach mir, die Aufmerksamkeit von Tausenden: „wo ist unser Oberhaupt, wo bist du?"

Ich bekomme Bilder von einer Art Lightshow, alle sind fasziniert, eine Riesenversammlung von frohen Menschen, ungefähr wie bei einem Open Air Rock-Festival. Dann wirkt der Magnet. Sie werden an der eigenen Energie ihrer Astralkörper gepackt und eingesogen, hineingestrudelt. Diese ganze verstrudelte Energie ist ein einziger Hilfeschrei. Ich bekomme Bilder des Strudels von innen, aus der Wahrnehmungsposition des Erlebenden, ich spüre das Saugen, es wird immer enger. Dann kommt eine Pause, so als wäre der Erlebende bewusstlos, ich bekomme keine Bilder mehr, aber irgendwas ist los. (Habe einen Matschkopf.)

Dann sehe ich Echsen, ganz normale Echsen, wie Warane so groß. Die ganze im Strudel gebündelte Aufmerksamkeitsenergie ist auf diese Tiere gerichtet. Sie wirken wie die Rettung in der Verwirrung, wie etwas Begreifbares. Das Ganze hat was von einem Wellness-Ambiente, verlockend, angenehm, Erholung versprechend. Subtropisch, mit zufriedenen, lächelnden Echsen. Meine Aufmerksamkeit wird magnetisch dort gehalten. Dann eine Stimme, eine Aufforderung: Da rein! Da rein! Da rein!

Jetzt von ganz nah der Bauch einer Echse, dann wird man regelrecht hineingeschoben; jetzt bin ich drin. (Bild von innerhalb des Bauchs einer Echse.) Ich erfühle das Vitalwesen der Echse. Meine Wahrnehmungsposition und die des Vitalwesens der Echse schieben sich ineinander. Es ist wie eine Eingewöhnung: „Da gehören wir beide jetzt hin; wir tun uns nicht weh". Wenn man sich drauf einlässt, wird der Magnetsog weniger und alles entspannt sich. Aber das dauert Tage und Wochen, eine erzwungene Annehmlichkeit. Man gewöhnt sich langsam dran, in einem Echsen-Terrarium zu hausen.

Als ich mit der Sitzung durch bin, spüre ich die Hilfeschreie nicht mehr."

Phaethon-Führungsschicht entführt

[ROK 2015, solo, online-Kontakt mit einem Echsenmenschen. Wörtliche Wiedergabe wesentlicher Sitzungspassagen nach seiner Rehabilitierung als freies Geistwesen.]

„Ich war eine Echse. Was wurden wir doch hereingelegt und betrogen! (Er wird sehr traurig.) Der Geist der alten Welt – wie rein und sauber und ethisch wir doch waren – und dann das!

Wir lebten alle auf Phaethon und wurden zum Mars evakuiert, bevor Phaethon gesprengt wurde. All die adligen Familien, die reinsten und edelsten Wesen! Wie Vieh wurden wir in die Laderäume der schwarzen Schiffe getrieben. Mit Magnetkraft wurden wir angezogen; unsere Astralkörper zogen sie an. Jeden von uns hatten sie vorher gescannt, und auf dieser Grundlage bekam jeder sein eigenes Programm verpasst, und damit konnten sie uns heranziehen. Ungefähr so, als würdest du ein Foto von jemand machen, und das wirkte wie ein Magnet, der ihn zu sich zieht. Eine energetische Resonanz zwischen dem Foto und dem Original. Sie mussten uns nicht mal suchen! Sie sind einfach gelandet und haben mithilfe dieser Fotos ihr Hereinziehprogramm auf uns abgefahren. Du wurdest herangezogen wie von einem Magneten. Je mehr du dich gewehrt hast, desto stärker wurde das Feld, mit dem man dich heranziehen konnte.

Ein schwarzes Schiff auf einer weiten Ebene – keine Hügel, steppenhaft, kein Ackerbau, denn Essen brauchten wir nicht – und wir alle schweben zu diesem schwarzen Schiff hin wie auf fliegenden Teppichen, wie von einem Staubsauger angezogene Staubteilchen. Von meiner Familie waren es zwanzig, Frauen, Kinder, alle zusammen. Dann war es vorbei. Diese gnadenlose Kraft! Da gab's keinen Widerstand, es war hoffnungslos.

Aus unseren Palästen sind wir rausgesogen worden, Kristallpaläste waren das, licht und golden wie das „Taj Mahal" – wir mussten da hin, mussten da hin, mussten da hin; es gab keinerlei Gegengedanken, nichts! Wir spürten intuitiv, da läuft eine Katastrophe ab, jeder fühlte denselben Schrecken – und immer wieder: dort hin, dort hin, dort hin! Wohin und wieso wusste keiner. Ein Massenstrom aus allen Gegenden zu diesem Schiff hin. Der Planet war nicht groß, der Horizont überschaubar, und so sah man sie von rundherum auftauchen – dann vor uns das Schiff – da wissen wir Bescheid. Und dann die Angst.

Wir waren die allererste Aktion des Gegners, vor allen anderen, bevor es auf der Erde losging. Die haben uns als die wache und überwachende Intelligenz eliminiert. Danach erst die Erde. Den Mars haben sie zur Wüste gemacht. Dann sind wir in dem dumpfen schwarzen Schiff, hunderte der Edelsten, der Höchsten, der Heiligsten."

(Frage: Wieso habt ihr nichts bemerkt?) „Wir glaubten uns sicher. Heimlicher Verrat war undenkbar. Wir konnten doch Gedanken lesen!" (Frage: War euch der galaktische Präsident [der Betreiber des Angriffs] bekannt?) „Ja, aber das ist wie Präsident Putin für jemand auf Samoa. Das hatte mit uns nichts zu tun. War ja auch erst kurz nach seiner Amtsübernahme. Wir haben keinerlei Gefahrenquellen erspürt. Das erste, was wir registrierten, war, dass wir alle ohne Verabredung im Hof zusammentreffen, alle voller Schrecken. Und nur „wir müssen da hin, wir müssen da hin, ganz schnell, ganz schnell, wir müssen uns retten". Aber vor was? Denken war einfach unmöglich."

(Frage: Wie war es möglich, von euch unbemerkt diese „Fotos" zu machen?) – Pause – (Ihm dämmert was.) „Da war eine Show am Himmel – und alle guckten hin! Eine wunderbare Lightshow. Indem wir fasziniert hinstarrten, konnten die unsere Aufmerksamkeitsenergie abgreifen und als Stichprobe einbehalten. Es war zu subtil, als dass wir es gemerkt hätten.

Der Anlass für die Show war: der Herrscher stellt sich vor. So als würde Putin nach Samoa kommen und vorher ein Feuerwerk geben. Alle guckten hin und die Stichproben wurden abgegriffen. Gemerkt hat keiner was. Sie haben den ganzen Planeten buchstäblich in Lichtwolken eingehüllt. Es gab keinen, der nicht hingeguckt hätte. Wie als gäbe es rundherum nichts wie Nordlichter. Wir fanden das alle unglaublich toll. Das haben sie natürlich nur bei uns gemacht, nicht auf dem Mars und der Erde, denn wir waren die Führungselite. Uns mussten sie austricksen.

Unsere Aufmerksamkeitsenergie blieb an diesen Lichtwolken hängen, und das haben sie für ihre Stichproben benutzt und analysiert und einbehalten. Damit konnten sie uns anziehen, und dann kam das Echsenprogramm dran."

(Er wirkt dauernd irgendwie ängstlich. Frage: Hat er vor was Angst?) „Der Präsident darf nicht wissen, was ich hier mache, das ist eine Geheimaktion."

(Es stellt sich heraus, dass er durch die Implantierung alles vergaß, was vor seiner Echsenzeit lag, nur dass er es jetzt nach seiner Sitzung wieder weiß. Aber was seit der Implantierung bis heute war, weiß er auch jetzt nicht. Ich gebe den Hinweis, dass sich die ganze Politik geändert hat und dieser galaktische Präsident nicht mehr im Amt ist. Da wird er mutig:)

„Die Echsenmenschen waren die Sondertruppe des Präsidenten. Sie sollten Furcht und Schrecken verbreiten und sich von den Qualen der Menschen nähren. Dazu benutzten wir manche Menschen als Instrumente, machten sie zu Kriegsführern und Terroristen. Wir bestrahlten ganze Gruppen und Versammlungen mit Mentalfeldern. Überall, wo wir Unzufriedenheit spürten, peitschten wir sie auf bis zur Mordlust. Das haben wir von Anfang an so gemacht, die ganze Zeit über; wir haben die Unzufriedenheit ausgenutzt und Befehlsfelder drüber gelegt. Die Befehle gaben wir ganz gezielt von unseren Schiffen aus. Wir haben die Gruppenemotion gescannt, und überall, wo wir Groll spürten, haben wir den hochgefahren bis auf Hass und Vernichtungswut. Das Morden, das war unsere Ernte. (Er ist erschüttert.) Das habe ich alles vergessen, weil mir vollkommenes Vergessen implantiert wurde. – Es sind nur noch zwölf Schiffe mit ungefähr sechzig bis achtzig von uns. Ich rufe sie zu mir, das ist jetzt meine Aufgabe. Früher war ich Flottenkommandant [bei den Echsen], deswegen hören die Leute auf mich und glauben mir, dass das Echsenleben mittlerweile ein Unsinn ist. Ich möchte sie alle rehabilitieren, damit es wieder ist wie in den frühen Zeiten."

Sitzungsberichte: Echsenwesen und Graue

Echsenmensch befreit sich

[ROK 2018, solo] „Bin ihn Kontakt mit einem Wesen, das mir sagt, es liebt mich sehr, aber gleichzeitig merke ich, der verheimlicht mir etwas. Langsam spüre ich, er hat das Aussehen einer Echse. Da bricht es aus ihm heraus: ich bin so hässlich, ich schäme mich, ich habe Angst, mich dir zu zeigen. Seine Story („ich" ist jetzt das Wesen):

Ich bin von Phaethon, aber dann wurde ich verunstaltet. Zuvor, noch als freies Geistwesen, suchte ich Anschluss bei dir; ich wollte in deiner Familie sein. Aber alles ging schief. Der hypnotische Sog zu den Schiffen zog mich weg. Es ging mir wie uns allen. Mit unseren Energiekörpern wurden wir da reingezogen. In einer Zentrifuge wurden wir geschleudert (sehr eindringliche Bilder). Ich wache auf als Echse. Bin angedockt an ein mir fremdes Vitalwesen, fühle Ekel und Befremden. Ich schreie, ich bin verzweifelt.

Ich habe dich immer gesucht. Wusste immer noch, wie ich wirklich bin. Aber wie ich aussehe! Deswegen wolltest du nichts von mir wissen. Ich kam nie zu dir durch.

(Frage: Kannst du deinen Echsenkörper nicht ablegen?) - Ja, jetzt geht das. Früher nicht, da wurde man bestraft. Jetzt geht es, aber auch jetzt nur mit deiner Kraft und deiner Hilfe. Weil du mich erkannt hast. Jetzt kann ich wieder zurück zum lichten Sein, so wie damals."

Erstkontakt mit Echsenmenschen

[ELK 1992, solo. Er kommt als erster Solist mit diesen Wesen in Kontakt.] „Zunächst dachte ich, ich bin in eine Bilderserie mit Kampftauchern hineingeraten, wegen der Entenfüße und –hände, aber dann waren sie grau-grün mit Echsenköpfen. Merkwürdig, dachte ich. Mein eigenes Vitalwesen rebellierte, mir wurde richtig schlecht, hätte am liebsten die Sitzung abgebrochen.

Diese Wesen waren völlig unzugänglich; ich hielt sie für Roboter. Waren auf einem Raumschiff tätig. Dass ich sie bemerkte, war ihnen egal. Stur und unbeeindruckt machten sie ihren Job. Der bestand darin, Vitalwesen einzusammeln und in Behälter zu füllen, Vitalwesen, die von der Erde aufstiegen, ungefähr so wie die Kohlensäurebläschen im Bierglas. Mit jedem Tod da unten stieg was hoch, und alles wurde aufgesogen und abgefüllt. Flopp-flopp-flopp, reine Fließbandarbeit. Sie brauchen diese Energie für die Züchtung, die sie sind, um sich zu erhalten. Das hat sich mir mitgeteilt."

Als Erdling im Echsenschiff tätig

In den sechs Wochen nach dem Tod meines Freundes Frank aus Johannesburg („Abgeschiedener wird Schutzengel", Teil Eins) kam es bis in den Dezember 2014 hinein zu noch drei weiteren Kontakten mit ihm. Ich fasse diese drei Kontakte hier inhaltlich zusammen; sie dauern jeweils 20-40 Minuten.

Man muss sich das etwa so vorstellen, als hätte man konzentriert am Schreibtisch zu tun und jemand stünde mit etwas ganz Dringendem hinter einem. Irgendwann geht einem dieser Druck auf die Nerven, und man dreht sich zu dem Betreffenden um und sagt, was willst du von mir? Das ungefähr ist die Situation, wenn man als erfahrener Solo-MindWalker weiß, es ist Zeit für eine Sitzung.

Beim ersten der drei Kontakte, am 19. Oktober, wirkt Frank seltsam zurückgezogen; ich bekomme den Eindruck, als träfe ich ihn nicht allein im weiten Weltraum an wie in der Sitzung sechs Wochen zuvor, sondern als sei er in einer Räumlichkeit und von anderen umgeben. Er macht einen seltsam würdigen und hoheitsvollen Eindruck, wie ich es von ihm nicht kenne. Auf meine Frage, was denn so sei, antwortet er, er sei nicht befugt, Auskunft zu geben. Das ist nicht der Frank, den ich kenne! Ich dringe weiterhin in ihn, aber alles, was er sagt, ist, es handele sich um eine neue Gruppe und deren Pläne dürfe er nicht enthüllen. Er klinkt sich aus und ich beende die Sitzung.

Am nächsten Abend ist er wieder stark bei mir; ich spreche ihn an. Wieder wirkt er merkwürdig aufgeblasen und geheimnistuerisch, aber auch fast verängstigt. Ich mache ihm Mut. Zu meiner größten Verblüffung enthüllt er mir schließlich, er sei von einem Echsenschiff aufgegriffen worden, von einem riesigen grünen Schiff, aber nicht im Sinne einer Gefangennahme, sondern eher so, wie man einen mitnimmt, der per Anhalter fährt. Sie benötigten seine Hilfe, sagten sie ihm. Sie wollten aus ihrer Echsenexistenz heraus, wüssten aber nicht wie, doch immerhin sei das ja nun möglich, denn die ganze Hierarchie der Oberkommandierenden sei zusammengebrochen. Sie wüssten, dass das zum Teil auf Franks Sitzungen und die anderer zurückgehe. Deswegen hätten sie ihn als Trainer und Ausbilder angeheuert. Er baue eine Selbsthilfegruppe für Echsenmenschen auf.

Wie es denn käme, frage ich Frank, dass sie ihm solches Vertrauen schenken? Der Kommandant dieses Schiffes sei ein alter Bekannter aus der Phaethon-Zeit, gibt er zur Antwort. Sie beide seien damals geistige Führer gewesen, Priester sozusagen, doch als Phaethon unterging, war Frank nicht zugegen, und deswegen erhielt er nicht die Behandlung, durch die alle anderen in Echsenmenschen verwandelt wurden. Jetzt sei es seine Aufgabe, ihnen wieder zu ihren früheren Fähigkeiten zu verhelfen. Dazu müsse er sie lehren, ihre Verwandlungsimplantierung aufzuarbeiten.

Am 4. November, nächster Kontakt, erblicke ich Frank in würdige priesterliche Gewänder gekleidet, er wirkt wie ein in Weiß und Gold gekleideter Bischof. Er habe dort oben jetzt einen biologischen Körper. Der Aufzug sei seine Idee, den habe er noch aus der Phaethon-Zeit in Erinnerung. Ich frage ihn, wie es denn mit Essen, Trinken und Schlafen sei, wenn er doch einen biologischen Körper habe? Das sei nicht nötig, antwortet er, stattdessen badete er in einem Licht-Jacuzzi. Pausen gäbe es keine. Er sei dauernd fit. Tatsächlich wirkt er wie auf seinen Jugendfotos, die ich kenne. Als er starb, war er weit über siebzig. Wie das? Ja, man habe ihm diesen Körper gegeben, und die würden hier auch alle sehr lange halten. Dieser hier wäre erst 35; in der Regel würden sie gute tausend Jahre alt werden.

Wie er denn mit seiner Selbsthilfegruppe vorankäme, frage ich ihn? Das liefe gut, sagt Frank, aber leider müssten sie nach wie vor auf dieselbe Weise überleben wie schon immer. Der Krieg in Syrien und der islamistische Terror gingen auf ihr Konto. Zum Überleben brauchten sie diese Qual-Energie der Vitalwesen. Das Traurige sei, auch sein Licht-Bad werde mit dieser Energie gespeist, aber da sei wohl nichts zu machen. Irgendwann würden sie ja dann so weit sein, ihre Echsenkörper zu verlassen und als freie Geistwesen ihre eigenen Wege zu gehen. Seine große Hoffnung sei, sie zur Erdensanierung als Helfer einzusetzen. Er stelle sich einen großen Kreis von kraftvollen Geistwesen vor, die sich sozusagen an den Händen halten und die schwarzen Gewaltfantasien von der Erde wegsaugen. Der Job wäre ihnen nicht fremd, meint Frank, denn eine ähnliche Form der spirituellen Aufsicht hätten viele von ihnen damals auf Phaethon ausgeführt.

Am 7. Dezember meldet sich Frank zum letzten Mal. Er ist ganz stolz auf seinen Kursraum. Ich sehe eine große, hell beleuchtete Halle mit vielen Echsenmenschen, die anscheinend studieren oder irgendetwas einüben. Frank sagt, sie gäben sich gegenseitig Sitzungen. Und es funktionierte tatsächlich! Nach Bewältigung der Umwandlungsimplantierung ließen sie ihre Körper fallen und entschwebten, jeder hin zu seinen eigenen Aufgaben.

Wie kam es, frage ich, dass die Phaethon-Priester, wenn Phaethon doch in die Luft gesprengt wurde, auf dem Mars zu Reptilien gemacht worden seien, wieso auf dem Mars? Sie wurden evakuiert, bevor Phaethon explodierte, erklärt Frank mir. Sie wurden zum Mars gebracht und in die Echsen-Implantierung gezwungen. Das war eine PR-Maßnahme, um der Bevölkerung des Mars ein gutes Beispiel zu geben und sie zu beeindrucken. „Wenn eure eigenen Oberzauberer sich dieser Behandlung unterziehen, dann ist das doch ganz klar die Lösung für eure Klimakatastrophe. Eine andere Chance zum Überleben habt ihr nicht." Das Gemeinste daran war, dass die frischen Echsenmenschen nicht anders konnten, als sich genau von den Qualen der Verhungernden und Verdurstenden der Mars-Bevölkerung zu nähren, von ihren eigenen Leuten also.

Das große Problem für die Echsenmenschen war die Fortpflanzung. Sie waren ja keine richtigen Echsen, sondern eine Mischung aus Echsen und Menschenkörpern, Hybriden also (zur Erklärung: ein Maultier ist ein Hybride, entstehend aus der sexuellen Vereinigung von Pferd und Esel, selbst aber nicht fortpflanzungsfähig]. Die Echsenmenschen hatten keine natürliche Fortpflanzungsmöglichkeit, da nutzte ihnen auch die abgesaugte Vitalenergie nichts. Deswegen brauchten sie die Eier von entführten Menschenfrauen. (Das war mein letzter Kontakt mit Frank.)

Die Chronik der Echsenmenschen

So Science-fiction-mäßig abgefahren die Vorstellung einer Echsenselbsthilfegruppe samt exkarniertem Erdling als Kursleiter auch sein mag, ist die Vorgeschichte dazu nicht minder abgefahren. Es folgt eine Chronologie. Sie berücksichtigt bei weitem nicht die Sitzungen aller Solisten, die das Thema Echsen im Verlauf von rund zwanzig Jahren in Atem hielt. Einige Hundert Sitzungsberichte liegen dazu vor. Indessen sind nicht alle aufschlussreich oder schlüssig genug, um zitierbar zu sein, daher die hier getroffene Auswahl.

[ELK 1992, solo.] „Der Erstkontakt wie oben ausgeführt."

[ELK, Oktober 1993, solo, mehrere Sitzungen.] „Kontakt mit Echsenschiff; hängt über Somalia. Kommandeur beschreibt, wie sie vor 14.000 Jahren dazu gemacht wurden. Benötigen unsere Vitalwesen zum Überleben und Vermehrung. Auffällig: es ist ihnen verboten und tatsächlich nicht einmal möglich, ihre eigenen Vitalwesen anzusprechen, denn ihre künstlich erzwungene Lebensform soll nicht durch kluges Nachfragen durch das in der Echse wohnende Geistwesen abgebaut werden. Trotzdem stellen wir in der Sitzung diesen Dialog her. Erinnerungsbild an einen „Druckkessel" voller Echsen-Vitalwesen, mit dem die Geistwesen gezwungenermaßen in Kontakt gebracht werden. Die Geistwesen in ihrer Not hatten nur den einen Gedanken: besser eine Echse sein als überhaupt nichts. Der Kommandeur fühlt sich befreit. Erkennt auch sofort die politische Bedeutung, will diese verbreiten zum Nutzen der Echsenmenschen wie auch ihrer Opfer (d.h. der Erdenmenschen)."

[ELK, März 1994, solo.] „Echsenschiff in 20.000 km Höhe. Scharf fokussierter Staubsauger auf Mikrowellen-Basis zur Erde hinunter zwecks Aufsaugen von Vitalwesen, um oben im Schiff das Fusionsprojekt Echse-Mensch aufrechtzuerhalten. Die Crew hat Krokodilkörper, trägt aber schwarze Lederuniformen. Es entsteht ein Kontakt mit dem für dieses Projekt zuständigen Wissenschaftler an Bord. Der ist zunächst ganz verwirrt und kann nicht glauben, dass er von einer Quelle außerhalb des Schiffes angesprochen werden könnte. Der telepathische Dialog ist ihm aber deutlich fühlbar, er kann/will sich dem nicht entziehen. Im Gespräch gibt er an, es ginge darum, sein Volk zu erhalten und dessen Auslöschung zu verhindern, dazu brauche man den vitalenergetischen Lebenssaft. Die Angst vor Auslöschung spricht sehr deutlich aus ihm. Das Gespräch wird anfangs durch sein Erstaunen und sein verständliches Misstrauen beeinträchtigt. Ich ermutige ihn, mit seinem Vitalwesen in Kontakt zu treten und die Beziehung Geistwesen-Vitalwesen, die für beide eine aufgezwungene ist, konstruktiv aufzulösen. Er kann nicht glauben, dass man zu seinem Vitalwesen sprechen können sollte. Wie das denn ginge? Ich denke einige Sekunden nach und überlege, wie ich ihm in kürzester Zeit das Grundkonzept einer solchen Sitzung vermitteln könnte, was die Spannungsanzeige auf dem mindwalker naturgemäß weiter und weiter nach oben drückt – bis sie urplötzlich rapide in den grünen Bereich hinunter abfällt und der Wissenschaftler sagt: Danke, ich hab's kapiert. Offenbar konnte er eine Gedankenkonstruktion telepathisch erfassen und übernehmen. Er ist damit äußerst zufrieden und glaubt, dies nutzbringend umsetzen zu können."

[WEF 1995, solo, Bericht.] „Im Dezember 1994 und Februar und März 1995 ergeben sich Daten über andere Verursacher als bisher bekannt: Reptilientypen (Lizard-Types), die die Erde als Jagdgebiet bzw. Futterweide benutzen, um durch den Verzehr stress-energetisch aufgeblähter und „gemästeter" Vitalwesen dem Verfall ihrer Menschen-plus-Echsen-Körper entgegenzuwirken. Dazu haben sie die offizielle Lizenz von dem Oberkontrollierer auf Makbar oder Markab.

Sie waren die Bewohner eines inzwischen zur unbewohnbaren Wüste gewordenen Planeten, das Echsenprogramm war ihre Überlebenslösung. Ihre Station ist auf Phobos [einer der beiden Marsmonde], eine 22 km-Kartoffel [so die Form], anscheinend innen hohl. Sie leben als Nomaden in riesigen zigarrenförmigen Raumschiffen. Die genetische Umwandlungsanpassung ist ihnen unter dem Vorwand verkauft worden, dadurch besser in extremen Wüstengebieten existieren zu können (denn Echsen können überall existieren).

Sie arbeiten mit einer Art Mikrowellenfrequenz, auf die die Vitalwesen überreagieren, was zu hochenergetischen Stress-Abwehr-Effekten führt. Dies führt zu den bekannten Wald- und Tierart-Sterbeeffekten sowie zu extrem aggressiven Erdlingen, die sich gegenseitig quälen und umbringen. Sie müssen sozusagen den Siedlungsraum zerstören, der ihnen zugewiesen wurde, um dadurch zu überleben. Mit den Oberkontrollierern auf Makbar sind sie nicht hundertprozentig einverstanden. Offenbar gibt es in der Echsenmenschen-Gesellschaft gegensätzliche Intentionen über Sinn und Unsinn der ständigen Raubzüge. Deswegen interessiert sich der Kommandant für das, was ich da mit der Sitzung mache. Im Gespräch zeigt sich, sie leben unter dem Verbot, mit ihren Vitalwesen zu kommunizieren: Ihr dürft da nicht dran, sonst sterbt ihr. Ich sage ihm, zu was das hier auf der Erde führt, was sie da machen. Das beunruhigt ihn."

[JPH, März 1995, solo.] „Strahlenkugel stationär zur Erde entdeckt, gibt eine Strahlendusche ab. Der Strahl mästet die Vitalwesen, weil sie sich dagegen sperren. Das ist die Vorbereitung zum Abgrasen."

[ELK, März 1995, solo.] „Kontakt mit dem Kommandanten eines Echsenschiffs. Sie haben ein Problem. Seit sie wissen, dass man an ihrem

Echsenzustand was machen kann, wollen sie uns [Menschen] nicht mehr fressen, müssen es aber, um zu überleben. Dann Kontakt mit seinem Chef-Wissenschaftler an Bord. Will wissen, wie es geht. Ich vermittle das Konzept, das sich mit dem Vitalwesen reden lässt, wenn man über den Solarplexus und die sieben Chakren geht. Er saugt das per Telepathie förmlich aus mir raus, versteht vollkommen. Dann wieder der Kommandant, bedankt sich. Sagt, in der Flotte gäbe es eine Rebellion, weil viele das nicht mehr wollen. Verabschiedet sich im besten Sinn."

[ELK, Folgesitzung kurz darauf.] „Die machen Sitzungen miteinander und haben Angst, aufzufliegen. Mit dem galaktischen Oberkommando haben sie einen Handel: Sie dürfen abgrasen, wenn sie gleichzeitig den jeweiligen Planeten verwüsten, damit der auf diese Weise unbewohnbar wird. Dann werden die Schürfrechte frei. Bei bewohnten Planeten ist das anders geregelt."

[ROK 2001, solo.] „Kontakt mit einem Kommandanten. Sehe den Kopf von vorne. Hat eine Robe an, wirkt prächtig. Kommandiert ein Riesenschiff. Alle haben lange Krokodilköpfe. Sagt, er hätte Sitzungen gehabt von jemand aus seinen eigenen Reihen. Fühlt sich freier und leichter, hätte seine Identität gefunden, wüsste nun dass er ein Geistwesen ist, kein Echsenmensch. Sie wollen ihre Echsenkörper ersetzen mit Menschenkörpern. Die wollen sie aber erst züchten. Mit einem Klonprogramm ginge das ganz schnell."

[ROK 2001, solo.] „Alter Echsenchef, engstirnig, orthodox, bedauert, dass die Echsenmenschen nun alle abtauchen, um woanders zu inkarnieren. Seit fünf Jahren sei alles aufgeweicht, eine einzige Zersplitterung. Er sei einer der wenigen, die noch dem alten Plan folgen: die Erde abgrasen und für das Oberkommando präparieren. Wenn das aber doch alles am zerfallen ist? Er würde sich schon zu retten wissen. Ich bleibe dran. Am Sitzungsende sieht er, wer er früher mal war, als Geistwesen, wird ganz weich und gibt auf."

[ROK 2004, solo.] „Echsenkontakt. Er sagt, sie kommen mit Kaiserschnitt zur Welt (nicht mit Eiern wie normal bei Reptilien). Sie brauchen aber Nachhilfe, weil sie selbst die Kraft nicht haben. Deswegen läuft es extra-uterin mit einem In-Vitro-Programm. Die Operationen zur Entnahme von Eiern aus Menschenfrauen machen die Grauen, aber das ist eine Sondertruppe, das sind nicht Echsen. Einen Menschenkörper würde er nie annehmen, die verachtet er. Nur Echsen sind schön, Menschen sind Futter. Er hatte schon mindestens 35 Echsenkörper im Verlauf der letzten 6000 Jahre.

Es fing an auf einem Planeten mit schöner Landschaft, sowas wie Steppe oder Prärie. Dann wurde es immer heißer, dann gab's die Mutation zu Echsen als Ausweg. Ein Riesengedränge, denn jeder wollte auf dem Heimatplaneten bleiben, aber dann wurde es auch da zu trocken und so begann das Nomadenleben."

[ROK 2004, solo.] „Ein Echsenwesen. Sagt: Wir lebten in Wüstenstädten. Hunderte Jahre technischer Cleverness im Kampf gegen die Wüste. Dann die Echsenpropaganda. Überall Plakate, neue Körper werden angepriesen. Die Implantierung ging schnell. Man ging durch einen Korridor mit einer Lichtschranke wie auf dem Flugplatz, irgendwas wurde im Körperfeld moduliert. Dann ein dunkler Raum mit Echsenkörpern drin. Dann wirst du mit einem weiteren Lichtbogen aus dem Körper rausgeschnalzt und vom Vitalwesen getrennt und gehst in den Echsenkörper mit einem ganz anderen Vitalwesen. Der frühere Menschenkörper lief danach willenlos in der Wüste rum, bis er halt umkam. Die Echsenkörper waren toll, die hatten super Power. Und Telepathie! Erst kamen die Stars und die VIPs daran. Dann das Volk. Dann alles Wüste. Helfer kommen, wir werden evakuiert. Seitdem sind wir Nomaden, seitdem verwüsten wir andere Planeten. – Sitzungsergebnis: er verlässt seinen Körper und verspricht neues Leben da zu schaffen, wo er mal herkam."

[ROK 2012, Solo.] „Kontakt mit einem Geistwesen, der früher mal eine Echse war. Wurde von jemand durch Sitzung befreit. Erzählt mir, wie sie zu Echsenmenschen wurden. Sie waren auf dem Mars. Er war blühend wie die Erde. Dann wurde alles zur Wüste, kein Regen, alles trocken. Ein Klimaszenario. Vorher lebten sie auf Bäumen wie hier die Orang-Utans, waren aber Menschen. Er selbst war eine Fee, er hat Blütenkelche mit Prana versorgt, damit die Babykörper darin wuchsen. Dann war da eine Zentrifuge, wir wurden reingesogen, es waren Raumschiffe mit Saugern. Alle Feen wurden da reingezogen und dann kam: Echse sein ist besser! - Der sicherste Platz ist im Echsenkörper! - Alle werden reingesogen, aber Echsenkörper nicht! - Echsenkörper sind immer siegreich!

Noch früher, bevor ich eine Fee war, habe ich nur mit Farben und Formen gespielt. Dann habe ich von einem gehört, der war der Meister, da bin ich hin. Der hat mit künstlicher Intelligenz gearbeitet, da gab es Formen mit Eigendynamik! Das war was Neues. Vorher gab es nur Formen und Farben, aber die taten nichts. Deswegen bin ich zur Fee geworden. Ich wollte Leben geben, eine Lebenswelt schaffen. Ich wollte diese starren, toten Planeten beleben, dass sie wieder flüssig werden, wie früher."

Rückblick: Anscheinend gab es zwei aufeinander folgende Szenarien zur Echsenverwandlung. Bei der ersten wurde ein nicht genannter Planet aus nicht genannten Gründen von einem nicht genannten Gegner verwüstet und die Echsenkörper den verstörten Geistwesen als Alternative angeboten. Diese Wesen hatten als zentrale Anlaufstelle den Mars-Mond Phobos und lebten ansonsten ein Nomadenleben, um sich durch „Abgrasen" am Leben zu erhalten. In einem zweiten, viel späteren Szenario wurde die Phaeton-Bevölkerung in Echsen-Hybride verwandelt.

Kinder missbraucht von Aliens

Mein Sitzungspartner DSM ist ein fünfzigjähriger Mann mit einer zwanghaften sexuellen Vorliebe für junge Mädchen kurz vor der Pubertät. Zwar gelingt es ihm, seine Neigung im Zaum zu halten, doch leidet er verständlicherweise enorm unter dieser Spannung. Mit erwachsenen Frauen hat er nie Glück gehabt. Im Verlauf von 35 anstrengenden Sitzungsstunden gelingt es ihm, einen Zugang zum Hintergrund seines Verhaltens zu finden und das Geschehen in der hier folgenden knappen Form zusammenzufassen.

[DSM 2012, duo.] „Es ist passiert, kurz bevor ich in die Schule kam, etwa 1964. Ich bin noch keine sechs Jahre alt. Der Vater hat mich wegen irgendwas angeschrien, jetzt sitze ich in meinem Zimmer und weine. Keiner hört mich. Ich bin sehr unglücklich, denn immer, wenn ich was will, schreit mich der Vater an. Ich fühle mich sehr alleine. An der Wand sehe ich eine Faschingsmaske. Die kenne ich nicht. Normalerweise hängt da keine Faschingsmaske. In meinem Bauch ist eine Spannung. Ich spüre, hinter der Maske ist ein Wesen. Das fühlt sich an wie eine Bedrohung! Ich bekomme Besuch. Die Maske wird zu einem Alien mit Schlitzaugen. Er hat einen blauen Anzug an, wie ein Taucheranzug aus Neopren. Er will mir an den Bauch. Er geht mit seiner Hand in meinen Bauch. Ich sitze zusammengekauert auf dem Boden, er hat mich bewegungslos gemacht. Durch meinen Nabel greift er mit seinem Finger in meinen Bauch. Er tut etwas da rein, einen Sender, der sendet denen hoch, wo ich bin. Dann beruhigt er mich und geht wieder. Er sagt: „Du läufst uns nicht mehr weg". Das ganze dauert gerade mal fünf Minuten.

Der blaue Typ ist ungefähr so groß wie ein zwölfjähriger Junge. Sein Finger geht direkt in meinen Nabel. Ich bin wehrlos und phlegmatisch. An der Fingerkuppe ist was dran, ein Sender. Den lässt er drin. Als er seinen Finger rauszieht, sagt er: „Wir kriegen dich immer. Wenn du mitmachst, passiert dir nichts."

Ich soll Mädchen finden. Ich soll sie angucken; das ist das Signal. Wenn ich jetzt da drüber rede, bekomme ich dauernd einen Stich in den Bauch, da wo der Sender sitzt. Der Sender will nicht, dass ich da drüber rede. Der Sender ist kein materielles Teil. Er liegt um den Nabel herum wie ein Energiering, also nicht stofflich, hat ungefähr einen Zentimeter im Durchmesser, wie ein Fünf-Cent-Stück. Er sitzt in der Haut drin, im Gewebe, direkt hinter dem Nabel. Sieht aus wie graues Plastik.

Ich spreche ihn an [aufgefordert vom Sitzungsleiter]. Er sagt, er stimuliert mich, damit ich Mädchen für sie finde. Die werden dann entführt. Ich bin sozusagen der Späher für die. Die wollen aus den Mädchen die Eier rausholen für ihre Zwecke. Es müssen junge Mädchen sein, in der Pubertät, und noch jungfräulich. Ich glaube, ich habe im Lauf der Jahre achtzig Mädchen an die weitergeleitet. Wenn ich ein junges Mädchen in der Pubertät sehe, kann ich nicht wegschauen. Sie faszinieren mich, auch sexuell. Auch meine drei Ehefrauen waren Kindfrauen, jede sah aus wie siebzehn. Sie sind alle drei in die Psychiatrie gekommen, eine hat Selbstmord gemacht. Eine Tochter von mir ist auch in der Psychiatrie.

Der Sender bewirkt, dass ich selbst nie einen vernünftigen Kontakt mit Mädchen bekommen konnte, er hat mich still gemacht. In der ganzen Pubertät konnte ich mit Mädchen nicht sprechen. Sie waren nicht für mich da, sondern für die da oben. Nur mit meinen drei Frauen, da war ich stärker. Die hatten alle drei so ein starkes Leuchten in den Augen, die waren stärker als der Einfluss auf mich. Aber trotzdem nahm es kein gutes Ende.

Über den Sender habe ich eine Ahnung, was sie mit den Mädchen gemacht haben: eine Art unsichtbare Chirurgie, die Mädchen merken nichts davon. Sie liegen zu Hause im Bett und werden besucht. Dann werden ihnen Eier entnommen, indem der Besucher in sie hineingreift. Der Besucher ist feinstofflich. Er dematerialisiert das entnommene Gewebe, oben in der Station wird es wieder materialisiert. Mehr weiß ich nicht davon, ich war ja nie dabei. Ich bekomme das nur über den Sender so irgendwie mit.

Jetzt, wo mir der Sender das alles erzählt hat, merke ich wie er dünner wird und sich auflöst. Mein Atem geht leichter. Die Stiche im Bauch lassen nach. Der Sender zerfällt. Jetzt geht es mir besser, jetzt kann ich zum ersten Mal loslassen."

Wie es weiter ging: Durch Enttarnen des „Senders" war die Fremdbestimmtheit meines Sitzungspartners durch Aliens abgestellt, das schon – jedoch war damit seine zwanghafte Neigung zu pubertierenden Mädchen noch nicht endgültig verschwunden. Es brauchte zu einem späteren Zeitpunkt noch weitere 17 Stunden, um die wahre Ursache zu finden, das eigentliche Urerlebnis, um die Zwanghaftigkeit abzustellen: Vor Urzeiten, in einer nicht-irdischen High-Tech-Zivilisation, kam es durch Verschulden des Sitzungspartners zum Tod eines jungen Mädchens, seiner Braut, seiner großen Liebe. Er hat sie auf dem Gewissen - und da erst flossen in der Sitzung die Tränen.

Zuvor, als er von den Aliens berichtete, war mein Sitzungspartner erschreckt, entsetzt und empört; er fühlte sich als Leidtragender, als Opfer. Im Urerlebnis hingegen erkannte er sein schuldhaftes Versagen, erlebte sich als verursachender Täter. Und da quoll Traurigkeit in ihm empor.

Wegen dieser ewig unverarbeiteten Schuld klopfte jedes mal, wenn mein Sitzungspartner ein junges Mädchen sah, eine Erinnerung von ganz fern an, und ein Spannungsfeld baute sich auf. Nur darüber konnte es den Aliens gelingen, Einfluss auf ihn zu nehmen und ihn zu ihrem Werkzeug machen. Das würde voraussetzen, dass sie ihn psychisch zu durchleuchten in der Lage waren, um seinen Schwachpunkt zu finden. Möglich ist das durchaus; die Technik des *mind scanning* ist aus zahlreichen Sitzungen bekannt.

Hinzugefügt sei, dass das Implantieren mentalenergetischer Chips nicht bloß Außerirdischen vorbehalten ist; wir Erdlinge können das auch – zumindest, wenn wir Voodoo oder andere schwarzmagische Künste beherrschen. Auch da wird ein mit Anweisungen programmierter mentalenergetischer „Klops“ an oder in den Körper der Zielperson platziert, mit dem Ziel, sie wahnsinnig zu machen oder allmählich zu Tode zu bringen.

Kleiner Junge von Grauen entführt

Auf ARVs Heimatplanet gilt die Erde wegen ihrer materialistischen Weltanschauung und der Verwendung von Atomenergie als allseitige Bedrohung. ARV macht sich als Abgesandter auf den Weg. Sein Plan ist, nicht etwa mithilfe von Raumschiffen oder Telepathie eine Fernbeeinflussung vorzunehmen, sondern Mensch zu werden, um als Wissenschaftler auf glaubwürdige Weise Wahrheiten zu ergründen und zu vermitteln (was ARV im Leben tatsächlich tut). Rückblickend sagt er allerdings: „Ich hab nicht gewusst, wie stur die hier unten sein können."

Er ist nicht der einzige, der loszieht. Eine ganze Anzahl von Einsatzkräften sind auf einer Art Transportplattform versammelt und werden zu einer Relaisstation gebracht. Diese wird von Kooperationspartnern betrieben; es sind Graue. Dort soll ein Ernstfalltraining für den Erdeinsatz durchgeführt werden. ARV findet die Grauen nicht schön. Sie sind kalt und freudlos. ARV fragt sich, wieso Wesen mit seinem persönlichen Hintergrund diese Grauen überhaupt nötig haben sollten, um eine Mission durchzuführen; er findet das merkwürdig.

Dann geht es durch einen Sog runter zur Erde. ARV erleidet eine „Verschnitzelung"; es zerreißt ihn regelrecht. Es ist eng wie ein Gewehrlauf, er saust regelrecht durch. Da hinein und hindurch zu gehen, war keine Frage, das gehörte irgendwie zu den Rahmenbedingungen. Sein Astralkörper wird an die Wand des Strudels gequetscht und verschmilzt mit ihm. Dabei werden ganze Datenpakete auf ihn übertragen. Danach ein Gefühl von Erschöpfung, Vernichtung, Zusammenbruch: „Ich treibe herum – es ist schlimmer als sterben!" Irgendwann spürt er die „Energiesignatur neuen Lebens, eine blaue Flamme" und folgt dieser Spur. Er gerät zu einer Frau, die gerade fünfzehn Minuten zuvor geschwängert wurde. Sie wird seine Mutter (d. h. die seines gegenwärtigen Lebens).

Erst nach diesen Erkenntnissen eröffnet sich ARV, dass er im Alter von elf Jahren von Grauen entführt wurde.

[ARV 2015, duo.] „Ich liege im Bett, spüre eine unerklärliche Panik. Sie kommt aus dem Vitalwesen. Ich bin außerhalb des Körpers, wie abgeschnitten davon. Ich spüre eine Anwesenheit. Ich wache auf, richte mich mit dem Oberkörper auf, öffne die Augen, bin in Panik, habe Herzrasen. Ein Grauer kommt rein durch die Wand. Er zieht einen magischen Kreis um mich, ich bin ungefähr 70 cm vom Körper weg, der Körper wird mir entzogen. Der Graue steht am Fußende, ich schwebe am Kopfende. Er zieht die Bettdecke ab. Dann ab durch die Wand – durch die Decke –

an der Decke ist ein Licht – der Körper geht in das Licht. Er schwebt in senkrechter Haltung mit. Teuflisch ist das, wie ein Hexensabbat. Ab hier, durch die Lichtbrücke, kann ich ihm nicht mehr folgen. Erst nach erfolgtem Rücktransport geht es weiter: Ein Grauer steht am Bett. Seine Hand ist auf meinem Kopf, drückt meinen Körper ins Kissen. Der Körper wird ruhig und schläft ein. Der Graue geht. Später dann Aufschrecken, Weinen, Rauslaufen, zu Mama ins Bett. Albtraum.

[Allmählich enthüllt sich der anfangs ausgeblendete Mittelteil des Geschehnisses:]

Durch dieses Licht komme ich nicht mit. Ich bin erst wieder dabei, als der Körper oben auf der Liege liegt. Ein Raum mit gewölbten Wänden. Ich bin nackt, sehe mich von außen. Gestalten beugen sich über meinen Körper. Es sind Graue, dürr, mit großen Köpfen. Diese Riesenaugen über mir! Eine tiefe Stimme, aber rein gedanklich: Wir tun dir nichts.

Der eine Graue streicht dem Körper über Schultern und Arme. Der zweite hat ein Gefäß in der Hand, sieht aus wie eine Seifenblase.

Der dritte, der Chef streicht mir über die Beine zum Penis hin. Der mit seinen ekligen Fingern an meinem Penis! Es kommt zur Erektion. Die Energie in deren Händen ist unglaublich. Aber sonst sind die völlig kalt. Erektion und dann Erguss. Er geht mir nicht nur an die Genitalien, sondern auch an den Kopf. Starker Orgasmus. Beim Orgasmus schießt eine Energiewelle durch den Körper von unten nach oben und wird durch die Hand am Kopf ausgebremst. Die Energie geht wieder nach unten, erst dann kommt der Erguss. Der Behälter fängt nicht nur den Samen auf, sondern auch die Energie, die ausgestoßene. Die wird irgendwo hin gebracht.

Das Vitalwesen schreit entsetzt: mein Samen, mein Samen! Weil da steckt ja seine ganze Energie drin. Ich selbst kann nur zugucken. Das ganze läuft unter einer Schutzglocke, ich bin zwei bis drei Meter weg.

Sie bewirken eine intensivere Lust, als ich je davor oder danach hatte. Deswegen kam es mein ganzes Leben lang zum exzessiven Onanieren. Erst als ich fast fünfzig war, habe ich in einer regressionstherapeutischen Sitzung erkannt, dass da ein Zwang von außen ist, aber woher der kommt, habe ich nicht erkannt. Mit Disziplin habe ich es dann bleiben lassen. Die Grauen halten das geheim. Man bekommt suggeriert: das träumst du nur.

Erst am Ende wendet sich der Chef an mich als Geistwesen und sagt: Mund halten. Du hast hier nichts zu sagen, du wirst das auch nicht melden, sonst ist es um deinen Körper geschehen. Die erpressen mich über den Körper! Ich erkenne: meine ganze Mission ist gescheitert. Wenn die mit mir und dem Körper machen können, was die wollen, dann habe ich keinen Platz, von dem aus ich agieren könnte.

Wieso waren die angeblich unsere Kooperationspartner? Ich sehe jetzt: das Ganze ist ein Betrug. Dass ich mich so mit dem Körper identifiziere, das ist der Betrug! Das fing schon auf jener Station damals an, beim sogenannten Ernstfalltraining. Diese Grauen spielen ein Doppelspiel im eigenen Interesse. Wir sind los, weil wir dachten, die Menschen sind unwissend, also brauchen sie Wissenschaft. Wir haben uns nie überlegt, was der Grund für die Unwissenheit sein könnte. So eine Scheiße! Das wird von den Grauen gezielt herbeigeführt! Die haben alles unter Kontrolle! Wir sind von vornherein los mit der falschen Lösung. Erst jetzt sehe ich deren Politik! Aber klar, da wo ich herkomme, da kennen wir das Lügen nicht. Deswegen waren wir so naiv.

Wieso sind wir eigentlich drauf reingefallen? Weil oben auf der Station der Grauen, da war einer von uns dabei und hat uns alles erklärt. Der arbeitete für die, den haben sie voll übernommen, aber er wirkte echt. Der kam dann mit so hammerharten Tipps, in Wirklichkeit kam das von den Grauen: Ihr seid ausgeliefert, wenn ihr da unten seid. Ihr habt keine Alternative, ihr müsst euch verdichten, genau wie es da unten ist. Dann wurde Verdichtung geübt. Körper sein wurde geübt, Arme und Beine haben wurde geübt. Durch dieses Training wurden die Astralkörper immer konkreter und wertvoller. Ab da habe ich diese Identifikation mit meinem Körper! Erst mit dem Astralkörper, dann mit dem Biokörper. Da bin ich ja gut verarscht worden! Die sind echt Meister der Täuschung.

Beim Onanieren –das kapier ich jetzt - ging's nicht um den Samenerguss, sondern um die Energie. Hab ich denen damit etwa einen Gefallen getan? (Er ist schockiert.) Ich spüre jetzt auf einmal was im Kopf, ein Monitor, ein Chip – darüber sind die die ganze Zeit in Kontakt mit mir gewesen! Das Ding hat zweieinhalb Millimeter Durchmesser und sieht golden aus, direkt über der Nasenwurzel, liegt sechs Zentimeter innen. Eine Sendeanlage. Ich bin jetzt geistig sozusagen da drin – aber da regt sich nichts. Fühlt sich an wie eine Ruine. Jetzt löst sie sich auf, bloß durchs Hinschauen – jetzt ist sie weg. (Er lacht.) Da waren welche wirklich schlauer als wir!"

Historische Anmerkung: In den 1980er und 1990er Jahren wäre man so ungeschoren nicht davon gekommen. Damals saßen am anderen Ende der Sendeanlage noch sehr wachsame Gestalten auf Posten. Sie wurden sehr aggressiv, wenn man ihnen auf die Schliche kam oder gar eine ihrer Installationen demontierte. Die Verhandlung mit jedem einzelnen von ihnen, bis sie endlich ihren Frieden fanden und losließen, dauerte oft Stunden. Dass es heute so glatt geht, ist ein gutes Zeichen.

Mentalmanipulation durch Graue

[NEM 2016, duo.] „Ich bin ein Außerirdischer. Wenn ich an meine Heimat denke, stehe ich auf der Terrasse und blicke den Hang abwärts über das Tal und den Fluss. Es ist früh am Tag, die Temperatur angenehm, der Himmel weißlich überzogen. Ich fühle mich wohl. Neben mir auf der Terrasse steht meine Frau. Alles ist satt grün, die Natur strotzt vor Kraft. Im Hintergrund sehe ich begrünte Pyramidenbauten. Mein Haus von oben sieht aus wie eine Bienenwabe aus Glas und schimmert golden. Wolkenkratzer gibt es da nicht, trotzdem sind wir eine Hightech-Zivilisation. Als ich mich von der Heimat verabschiede, weiß ich, das ist für eine längere Abwesenheit, und ich habe Wehmut. Ein letzter Blick über meine Terrasse, ich sehe meine Frau, eine weiße Gestalt. Eine Pflicht ruft mich.

Jetzt sehe ich eine Glaskuppel, eine Einstiegstreppe zur Raumkapsel, die in meiner Garage steht. Die Garage ist oben offen. Ich nähere mich und steige ein. Dazu muss ich die Glaskuppel nicht aufklappen, sondern ich steige sozusagen durch das Dach ein. Meine Flugscheibe hat eine fließende Lichtform, sie ist wie lebend. Wenn man sie besteigt, wird da nichts auf- oder zugeklappt, sondern man geht hinein wie durch eine Wasserwand, wie als würde man durch einen Wasserfall hindurch treten. Man fliegt auch nicht so wie ein Stein durch die Luft, sondern man verschwindet hier und taucht dort wieder auf.

Nun sitze ich vor dem Armaturenbrett, es ist glatt und mit Lichtfasern durchzogen. Und um mich herum blinken farbige Lichter. Ich bin unterwegs. Es ist, als würde ich in einer Lichtblase sitzen, wie in einer leuchtenden Seifenblase. Um mich herum das schwarze Weltall.

Ich nähere mich einer großen Raumstation. Sie wirkt wie ein riesiger Ring aus Milchglas, wie ein riesiges Rad ohne Speichen. Ich bin schon recht nah dran. Durch einen Trichter werde ich nach innen geleitet und kann andocken.

Hier ist eine Lücke in meiner Erinnerung. Als nächstes kommt mir, wie zwei große dunkle Augen auf mich herunter blicken, so als sei ich der Patient auf der Intensivstation, der in das Gesicht des über ihn gebeugten Arztes schaut. Ich liege. Es ist gleißend hell. Die ganze Decke besteht aus Bienenwaben aus Licht.

Wer da schaut, ist ein großer Grauer. Da stehen noch andere herum; ich kann sie nicht sehen, aber spüren kann ich sie. Aus dem Augenwinkel kann ich elektronische Geräte erkennen, Bildschirme, Computer. - Jetzt ist Finsternis.

[Ab hier schildert NEM über Stunden ausgedehnte Erkundungsflüge zu vielen Planeten, was ihn glauben lässt, er sei so eine Art Völkerkundler oder Forscher.]

Ich habe das Gefühl, als würde ich von Planet zu Planet springen, um alles zu studieren. Als ich einen bestimmten Planeten überfliege, sehe ich unter mir das Wrack eines abgestürzten Raumschiffs von riesigen Ausmaßen, etwa so groß wie ein halbes Dutzend Kreuzfahrtschiffe auf einmal. Dann noch so ein Schiff. Da unten muss ein Krieg gewesen sein.

Nun liege ich auf dieser Liege [wie oben]. Meine Erlebnisse werden mir verfügbar gemacht. Es ist eine Datenstation. Man gibt hier sein Bewusstsein ab. Man gibt die Datenbank ab, die man mitbringt. Die Daten werden aus mir rausgeholt. Diese Grauen auf der großen Raumstation sammeln diese Daten.

Auf der Raumstation passiert das, nicht auf meinem Heimatplaneten. Sie saugen meine Daten ab, um die irgendwo einzuspeisen. Wegen der Forschung. Ich weiß, das passt nicht zu dem Bild, das man hier auf der Erde von den Grauen hat. Trotzdem glaube ich, mit den großen Grauen hatten wir zumindest damals eine Kooperation.

Mein Körper sieht menschlich aus, doch er wirkt leicht und leuchtend wie ein Körper aus Glas. Jedenfalls bin ich kein Grauer, ich sehe völlig anders aus als die. Nichtsdestoweniger gibt es eine Kooperation mit denen.

In der Zentralkugel der Raumstation spielt sich das ab; ich bin auf der Liege und irgendwann erwache ich. Wie ich eingeschlafen bin, das weiß ich nicht. Aber man muss ins Unbewusstsein gebracht werden, sonst kann man doch seine Daten nicht abgeben, oder?

Ganz am Anfang, beim Anflug zu der Raumstation, werde ich zur Zentralkugel geleitet. Wie gesagt, es ist wie ein Rad mit Radnabe, aber ohne Speichen. Ich sehe die Raumstation von ein paar hundert Kilometern Entfernung. Man kann sie gut erkennen, so riesig wie die ist. Als ich an der Zentralkugel andocke, ist es, als würde ich damit verschmelzen, ungefähr so, wie ein Baumpilz einerseits am Baum hängt, andererseits aber innerlich mit ihm verschmolzen ist.

Nun sehe ich mich hineingehen, bin in einer Außenposition zu meinem eigenen Körper. Ich bin ein Glitzerwesen, sehe aus wie ein total kitschiger Weihnachtsengel. Durch einen Lichtschacht geht es nach oben. Vor mir steht ein Grauer. Dünn ist er, filigran, trägt einen silbernen Anzug und einen Mantel mit Stehkragen. Sehr ästhetisch!

In einem Lichtfahrstuhl geht es nach oben. Dort steht das Empfangskomitee, fünfzehn bis zwanzig Graue, die im Halbkreis stehen, sie machen eine Verbeugung. Auch ich senke meinen Kopf. Zwischen mir und denen, die da im Halbkreis stehen, erkenne ich einen leuchtenden Tisch. Der ist eigentlich eher ein Kasten, eine Truhe oder ein Sarkophag. Da ist auch keine Tischplatte, wie ich erst dachte, sondern ein Deckel aus zwei Hälften, die sich ganz langsam nach links und rechts auseinander schieben und einen ungeheuren Glanz freigeben, der von innen hervorstrahlt. Je weiter sich der Deckel öffnet, desto faszinierender und ergreifender und berückender wird dieser Glanz. Ich kann nicht wegschauen, ich bin gebannt, meine ganze Aufmerksamkeit geht dorthin. Das Ganze ist so lichtvoll, dass alles miteinander verschmilzt. Alles ist Bewusstsein, denke ich. - Dann höre ich auf zu denken. - Dann die Finsternis.

Als Nächstes kommt: ein Grauer schaut mich direkt an, wo ich liege, er beugt sich zu mir herunter. Ich bin in meinem Körper, sehe ihn aus meinen Augen direkt über mir, ich liege auf einer Pritsche. Da ist noch ein anderer Grauer, er steht und dreht sich gerade weg. Dann noch ein dritter, der beugt sich über mich, schaut mich untersuchend an.

Jetzt ein ganzer Schwall von Bildern. Unzählige Lebensformen, Gorillas, Tiger, Mäuse, Katzen, Pflanzen, Bäume – alles Lichtprojektionen, alles auf einer Leinwand, aber es wirkt wie 3D. Ich bin mitten drin. Eine virtuelle Realität. Ich habe überhaupt keine Empfindung dabei, das ist das Auffällige. Ich schau mir das an, es ist mir total real, aber ich bin innerlich wie abgeschaltet. Keinerlei Anteilnahme.

Ich werde überschwemmt von Eindrücken: Kanarienvogelkäfige, Leuchttürme, Statuen aus griechischer Zeit, technische Zeichnungen wie von Michelangelo, ich sehe einen Braukessel, Zahnräder, einen von Hand betriebenen Holzbohrer – das sind alles Bilder aus den sechziger Jahren, merke ich gerade! Wie aus dem technischen Museum. Und ich bin 1963 geboren.

Haben die mir das drauf gespielt? Mich manipuliert?

Ich begreife allmählich, dass meine ganzen Erinnerungen mir möglicherweise von denen drauf gespielt wurden – auch diese ganze kosmische Reise zu den verschiedenen Planeten. Denn wenn ich daran denke, lässt mich das völlig kalt. Als wäre es nicht wirklich meine eigene Reise, sondern irgendwas, was man irgendwann mal im Fernsehen gesehen hat. Ich wurde von denen ausgenutzt!

Hab ich nun meinen Auftrag ausgeführt oder nicht? Und was ist überhaupt mein Auftrag, wenn alles, an was ich mich erinnere, Lug und Trug ist? Ich bin jetzt vierundfünfzig. Vierundfünfzig Jahre lang haben mich diese Grauen an der Nase herum geführt! Mich in ihre Bahnen gelenkt. Und ich hielt die noch für coole Typen! Sauerei, echt!

Ich spüre allmählich den Grund dafür, wieso ich damals los bin, den Anlass für dieses Unternehmen. Wir waren damals ungeheuer sensibel, wir konnten in die kosmische Interaktion hinein spüren, wenn wir uns entsprechend darauf einstellten. Man spürt, was vorgeht, und man weiß, was zu tun ist. Es ist kein intellektuelles Wissen, das ist eine innere Gewissheit, die ein Tun einleitet. Man fühlt sich als ein Diener, der eingreifen muss, der Sache wegen.

Über dieses kosmische Gespür gerieten wir natürlich auch in Kontakt mit den bösen Kerlen. Und wir wussten, die dürfen wir nicht ausblenden. Also hin und mit denen reden. Und dann setzen die mir diese Lichtperle vor die Nase und meine Aufmerksamkeit fliegt voll drauf – blöd, wie ich bin – und ich bin so gebannt, dass ich von diesen zwölf Gestalten überhaupt nichts mehr wahrnehme. Und als nächstes Finsternis und Bewusstlosigkeit und bei mir gehen die Lichter aus.

Als ich dann mal zwischendurch aufwache, liegt der prüfende Blick dieses Grauen auf mir. Wahrscheinlich guckt der, ob die Operation geglückt ist und deren Datenpaket gut sitzt. Und dann werde ich irgendwie entsorgt, weiß der Himmel wie, und dann Sex und Geburt und Körper. Und jetzt hänge ich hier unten rum, seit vierundfünfzig Jahren, ohne zu wissen, warum und wieso! Ich bin ein ahnungsloser, misshandelter Zwangsgestrandeter, darauf läuft es hinaus.

Damals auf meiner Anreise, diese Szene im Vulkankrater, die ist echt! Die als einzige! Als ich dieses kleine Pflänzchen entdecke, da weiß ich, es gibt Leben auf diesem leblosen Planeten – ich denke, das war die Erde. Denn beim Anflug ist der Planet blau wie die Erde, und außerdem kann ich den Mond sehen und der ist wie unserer. Das ist in der Tat die Erde. Und ausgerechnet im Dunkel dieses Kraters wächst ein kleines Pflänzchen. Mit meinen hochfeinen Suchgeräten habe ich es entdeckt. Und bei diesem Anflug war es übrigens auch, dass ich da unten dieses abgestürzte Riesenschiff habe liegen sehen.

Es durfte nicht öffentlich werden, was ich da rausgefunden habe, das war ganz wichtig. Denn sonst kommt die Konkurrenz und macht alles wieder kaputt. Im Moment dieser Entdeckung habe nur ich die Kenntnis von diesem Pflänzchen, nur ich allein. Ich muss es geheim halten. Dieser Planet, so kaputt er sein mag, trägt Leben, und eignet sich damit zur Besiedlung – damit habe ich eine Perle gefunden, etwas ganz seltenes, ein kosmisches Geschenk. Das darf von denen auf der falschen Seite niemand wissen. Wenn nämlich einer seine Zivilisation expandieren will, dann findet er hier ein gemachtes Bett; der braucht keine Raumstation zu bauen, wie das ja viele tun müssen.

Diese Grauen, die ahnten, dass ich was weiß, und wollten mich ausquetschen. Ich frage mich, wer ihre Auftraggeber sind. Kann mir nicht vorstellen, dass das deren eigene Idee ist. Die sind ja nur Roboter mit künstlichen Körpern und künstlicher Intelligenz.

Ich vermute, das war die Erde, was ich da fand. Nach der Zerstörung von Atlantis. Da gab es nur noch Wasser und Vulkanerde. Und ausgerechnet da finde ich dieses Pflänzchen!

Jetzt auf einmal sehe ich Angriffsraketen, unzählige. Einschläge. Wasserfontänen. Erdverwerfungen. Himmelhohe Staubwolken. Wolken aus vulkanischer Flugasche; sie bedecken ganze Kontinente. Meeresdurchbrüche. Gut ein Drittel der Erde ist mit Einschlägen übersät, rund herum Krater und Bombentrichter; die Erde hat so viele Löcher wie von uns aus gesehen der Mond. Es gibt auf einmal Gebirge, wo vorher keine waren; man kann zuschauen, wie sie sich bilden. Ich glaube, die Arbeiten mit Atombomben oder Wasserstoffbomben, die Sprengkraft ist einfach irrwitzig. Ganz schlimm ist es, wenn eines ihrer Schiffe abstürzt, da bebt die Erde, da schäumt der Ozean. Unsere Verteidiger sind mit Flugscheiben unterwegs, zu spät, viel zu spät .... So viele werden abgeschossen. Aber gegen diese Allmacht hätten sie eh nichts auszurichten vermocht.

Am Ende fliegen irgendwelche großen Gebilde herunter, wie Beiboote kommen sie aus dem Bauch der großen Schlachtschiffe; es sind Kugeln mit Beinen. Manche von ihnen landen, andere bleiben in ein paar Dutzend Meter Höhe in der Luft hängen. Sie schießen einen Energiestrahl heraus, der die Menschen hochzieht oder hoch saugt. Nicht ihre Körper, die Körper sind tot und bleiben unten liegen. Was hochgesogen wird, sind die mentalenergetischen Körper, die Astralwesen selbst. Der Planet wird geistig entvölkert. Als würde man mit dem Staubsauger tote Mücken vom Fußboden aufsaugen.

Ich weiß gar nicht, wieso ich das überhaupt wissen kann, denn nach meinem Empfang und dem Anstarren der Lichtperle war ich ja vollständig bewusstlos. Woher habe ich diese Erinnerungen? Ich war ja nicht dabei! Haben die mir das auch aufgespielt, grausam wie sie sind? Damit ich dieselben Fantasien im Kopf habe, wie alle anderen?

Die wissen, wie man ein geistiges Wesen fesselt. Die haben einfach meinen Wahrnehmungskreis eingekapselt, haben meinen Wahrnehmungskreis auf die Größe eines Schwimmrings reduziert. Weder kann ich wahrnehmen, noch kann ich senden. Keiner zuhause bekommt irgendetwas mit! Dieser Muschelperlensarg klappte auf, der Glanz kam heraus, traf mich – und aus war's. Mein Geist wurde mit Magnetkraft lahmgelegt und dann wurde mir was drauf gespielt. Diese Banditen!

Ich hab keine Ahnung wie lange es her ist. 10.000 Jahre oder so? Ich hab mal bei Platon gelesen, Atlantis wäre vor 9000 Jahren untergegangen, von heute aus gerechnet wären es dann schon gute 11.000. Jedenfalls war dieses Atlantis nicht irgendein Inselchen im Meer, sondern die ganze Erde. Die ganze Erde musste dran glauben.

Und ich? Ich hab die ganze Zeit gepennt! Irgendwo im Nichts, irgendwo, wo keine Zeit vergeht. So sehr ich mir auch Mühe gebe, vergangene Leben kann ich keine finden. Die haben mich damals eingeschläfert, aber hoppla!

Was mich geweckt hat, ist die Kubakrise. Diese atomare Bedrohung, diese unmittelbar bevorstehende Selbstzerstörung der Erde, dieser globale Suizid, der hat mich an was erinnert, und das hat mich geweckt. „Nicht schon wieder!", hab ich gedacht. Die Wucht der Impulse hat mich sogar in meiner Nirwana-Hängematte erreicht. Ich meine nicht die Wucht der eigentlichen Bomben, also Hiroshima, Nagasaki, Bikini-Atoll und was sie alles für unterseeische, unterirdische und überirdische Tests gemacht haben, damals in den fünfziger Jahren, nein, was mich geweckt hat sind die mentalenergetischen Impulse, die Emotionen der Menschen. Sie hatten Angst! Panik. Entsetzen. Horror. Uralte Erinnerungen wurden geweckt, das ganze kollektive Weltgedächtnis kam ins Brodeln. Und zwar so stark, dass es auch mich erreichte und wach rüttelte.

Sehe einen Fötus im Mutterleib, aber von außen, durch den Bauch hindurch betrachtet. Eine Schwangerschaft. Gespreizte Beine, die Geburt. Die Nabelschnur wird abgetrennt, das Kind eingewickelt und ins Wohnzimmer gebracht. Eine Hausgeburt. Das sieht ja aus wie unser altes Haus auf den Fotos! Das ist meine Geburt! Dieses Kind bin ich. Jetzt ein Frauenkopf: die Mutter. Sie hält mich. Naja, so kam ich halt auf die Welt.

Auf diesem ganzen Hintergrund, der mir damals, bei meiner Geburt, grad noch ahnungshaft bewusst war, auf diesem ganzen Hintergrund wache ich unversehens auf – und bin ein Kind!!! Und ich schaue diese Menschen an und denke: wer seid ihr? Was tut ihr da?"

Online mit kleinem Grauen im Untersberg

In den beiden Sitzungen oben berichten die Sitzungspartner aus der Erinnerung. Im Unterschied dazu ergab sich in der Sitzung mit OGE ein online-Kontakt mit einem kleinen Grauen sowie mit einem Echsenmenschen.

Die Vorgeschichte: Gute 20 Jahre vor dieser Sitzung traf sich eine Gruppe von Menschen am Untersberg bei Berchtesgaden. Bei diesem Treffen ging alles Mögliche schief, die Stimmung war gedrückt. Es war eine Panik-Energie zu spüren, die in Bezug zu dem Weiher zu stehen schien, an dem das Treffen stattfand. In unserer Sitzung stellt sich OGE auf diese Panikenergie ein, die ihn bis heute immer wieder beschäftigte.

Der Untersberg, erfuhr ich von OGE, gilt als besonderer, magischer Ort. Aus dem Internet erfährt man: „Der Untersberg ist der nördlichste Ausläufer der Berchtesgadener Alpen. Er ist besonders durch seinen Sagenreichtum bekannt. So hausen in seinem Inneren die Untersbergmännle, sowie Karl der Große mit seinem ganzen Hofstaat. Schreckliche und wunderbare Geschehnisse wissen die Sagen zu berichten."[88] Nach unserer Sitzung fragte ich mich, ob diese Sagen nicht vielleicht einen wahren Kern haben.

[OGE 2018, duo.] „Ich spüre, da sind Geistwesen in dem Berg, die warten auf Erlösung. Aber die werden da festgehalten wegen ihrer Panik-Energie. Ich sehe sie - sie tragen Rüstungen wie die alten Ritter. Sie sind in ein Kraftfeld geraten, das hat sie aus dem Körper rausgezogen. Sie sind vor dem Berg, dann ein Nebel, sie sehen sich gegenseitig nicht mehr, sind in einem Niemandsland. Kein Ausgang! Dann werden sie aus dem Körper rausgezogen, werden verpackt und eingelagert. Es sind neun. Dann Dauerpanik über Jahrhunderte hinweg, denn der Raum-Zeit-Bezug ging völlig verloren. Mit der Zeit kamen immer mehr dazu. Insgesamt sind es gut fünfzig, damals, als ich vor dem Untersberg stehe. Ich höre immer lauter ihre Schreie. Gruselig! (Schauder.)

[Wir sprechen diese Wesen eines nach dem anderen an, in der Reihenfolge, wie sie sich melden. Der gemeinsame Nenner:]

Sie werden spiralförmig reingezogen wie vom Strudel in der Badewanne. Es wird immer schmaler und dunkler. Der eine ist auf der Jagd mit Pfeil und Bogen und ist da rein geraten. Ein Nebel ganz plötzlich, er sieht nichts mehr, und dann wie ganz tief gefallen, mindestens hundert Meter. Er fällt wie in einen Riesen-Brunnenschacht, landet unter Wasser, hört die Schreie der anderen. Jetzt ein anderer, ein kleiner mit Bart; er ist in der Höhle, hat sich verirrt, kommt nicht aus dem Labyrinth raus. Auch er fällt in einen Nebel und verschwindet. Jetzt ein Barockfürst, der verfährt sich mit seiner Kutsche, gerät in diesen rätselhaften Nebel, steigt aus und fällt ins Bodenlose.

Das ist ein Muster! Sie sind desorientiert, da ist eine Öffnung, sie werden reingesaugt und dann wie von Magneten gehalten. Jetzt der letzte. Ein junger Kerl, Handwerker, geht durch den Wald, stürzt – und fällt durch einen Strudel in die Tiefe, landet im Wasser. Ich denke, das hat was mit dem Weiher zu tun, der transportiert deren Energie.

Nein, das war nicht der letzte, da ist noch einer – das ist ein kleiner Grauer! Der sieht aus, als hätte er einen Unfall gehabt und hinge nun selber da drin. Ich sehe ihn direkt vor mir sitzen [jetzt in der Sitzung, d. h. telepathisch online]. Er ist ganz durcheinander.

[Anweisung an OGE: Er möge den Grauen dazu bewegen, sich an seine Herkunft zu erinnern.] Ich sehe seine Bilder - Reagenzgläser, eine ganze Reihe nebeneinander, wie eine Zucht. Jeder bekommt da seinen Auftrag per Programm. Ein heller Raum, rötliches Licht, zwanzig bis dreißig Reagenzgläser. Dahinter noch weitere Räume. Sein Programm ist Techniker sein.

[Frage an den Grauen: Wie ist er dazu geworden?] Er bekam eine Art Trockenhaube auf und bekam das Programm. Er soll die Wartung der Maschinen machen, Fehler sofort melden, vor allem den Ausfall der Maschinen verhindern. Mit Maschinen meint der das, was das Magnetfeld verursacht, das die ganzen Wesen in den Untersberg reingezogen hat. Das hätte er seit Jahrhunderten ordentlich gemacht, aber dann ist was passiert. Bei einem Kontrollgang ist er selber in den Strudel geraten. Seine Orientierung war weg. Er kann nicht raus. Was ihn hält, ist genau dasselbe Magnetfeld.

[Kann man das abschalten?] Er sagt, das geht nur über den Mond. Jetzt bin ich dort. Ich sehe da ein Reptil sitzen, einen Echsenmenschen, der Kommandant. Der Kommandant ist platt, dass ihn einer sieht (OGE schaudert es). Er ist Leiter einer Spezialoperation. [Hinweis an ihn: die ist schon lange abgeblasen!] - Wie wir zu der Behauptung kämen, fragt er. – [Hinweis: sein Oberkommando ist nicht mehr da.] - Das macht ihn nervös. – [Hinweis: wir sind nicht da, um zu strafen, sondern um zu rehabilitieren.] - Das macht ihn nachdenklich. Und verwirrt. Er will das überprüfen. Das macht er telepathisch (kurze Pause, wir warten ab). - Jetzt ist er wieder da, er ist verblüfft. Stimmt, sagt er. Was tun, fragt er?

[Anweisung: er soll sich dran erinnern wie er in den Echsenkörper rein geriet.] Er lebte früher unter Wasser. Eine intelligente, friedliche Zivilisation von Fischmenschen, sowie die Meerjungfrauen sehen die aus, wie Neptun. Aber da ist was, das pflückt die Lebewesen von außen, der Körper stirbt und das Geistwesen wird weggezogen. Das Geistwesen wird regelrecht niedergemacht (OGE schüttelt sich). Es wird dauernd angepöbelt, zur Schnecke gemacht, sein Selbstbewusstsein wird zerstört. Es gibt keine Gegenwehr, keinen Ausweg; es soll nur aufhören, es soll aufhören! Deswegen nimmt es den Echsenkörper, das ist das kleinere Übel. Dann eine Schleuse, eine spiralförmige Verengung, und das schießt ihn in den Kopf von so einer Echse rein.

Vorher, sagt er, wär alles gut gewesen. Harmonisch, hell, Freude, Friede. Bei ihm bricht jetzt was auf – Emotionen – er hat Heimweh. Der Echsenkörper war ein emotionales Gefängnis. Er hat Angst, ihn zu verlassen, wegen der Obrigkeit. [Hinweis: nur Mut, die sind alle weg.] - Das löst es bei ihm endgültig. Er will jetzt dorthin, wo er ursprünglich herkam.

[Frage an ihn über OGE: Könnte er freundlicherweise diese Magnetfeldmaschine abstellen, bevor er geht?] - Das tut er! Er schaltet was ab. Irgend ein Strahl vom Mond hier runter wird abgeschaltet. – Jetzt schwebt er weg, er wirkt froh.

[Was ist mit dem Grauen?] Der ist jetzt auch weg."

Echsenwesen auf dem Mond? Dies ist nicht die einzige Sitzung, bei der sich Kontakte mit dort stationierten verkörperten Wesen unterschiedlicher Art ergaben, darunter auch Menschen.

Geistwesen gerät in Produktionsstätte für Bioroboter

[HEI 2016, duo.] „Ich tauche hinab in einen Wolkentunnel. Steil nach unten, schneller und schneller. Aber ich falle nicht mit der Schwerkraft, denn da gibt es keine, vielmehr werde ich gezogen. Es ist sehr eng. Dann wird es weiter, ich bin in einem Raum; er hat die Form einer Birne. Dort schwebt ein Körper aufrecht im Raum – in den bin ich hineingeschlüpft, ohne es zu bemerken! Mein Körper ist irgendwie menschenähnlich, aber viel weicher, ein Mittelding zwischen Nebel und Pudding, zusammengehalten von einer Haut. Ich steh hier auf dem Boden dieses birnenförmigen Raums und beobachte.

In diesen Birnenraum ist ein Feuer wie aus Hochöfen, ein Lärm, ein Geheul. Ein Kessel mit Flüssigkeit. Substanzen werden getrennt. Was oben schwimmt wird abgeschöpft, was Gallertartiges. Es kommt in große

Schalen auf ein Förderband. Das Förderband bewegt sich auf eine Wand zu. Dort ist eine Schleuse, dort geht es hindurch. Hinter der Schleuse ist eine Fabrikhalle, sie ist hell beleuchtet. Die Substanzen werden aus den Schalen in eine Maschine gekippt. Die ist so was wie ein Häcksler oder ein Rührwerk, ähnlich wie bei der Lebensmittelproduktion. Diese Halle ist ungefähr zwanzig mal zwanzig Meter und wirkt insgesamt wie eine Küche.

Ich sehe Metallskelette, die werden in diese Sülze-Substanz eingetaucht, so wie tauchlackiert. Darauf kann anschließend eine Biomasse wachsen. Ungefähr so, wie Moos auf Steinen wächst. Die Skelette werden beschichtet, damit etwas darauf wachsen kann, und was da wächst, ist organisches Material, also richtige Muskeln und Sehnen und Nerven. Aber innen drin haben sie ein Metallskelett. Damit werden künstliche Raumschiffbesatzungen gezüchtet, wie sich hinterher herausstellt.

Nun ein Transportband an der Decke entlang, die Skelette hängen daran zum Trocknen. Auf den Metallgliedern ist nun eine Haut aufgebracht und unter der Haut wächst die Biomasse. Die Haut wird immer voluminöser. Am Ende kommen Gestalten dabei heraus, die wie Menschen aussehen, aber sie sind nicht schön, sondern einfach nur rein zweckmäßig. Sie sehen alle gleich aus, so wie Schaufensterpuppen, und wirken auch genauso tot. Über eine Art Schmiernippel bekommen sie einen Brei eingeflößt, einen Nähr-Brei.

Jetzt brauchen sie eine Initialisierung. Irgendeine Bioelektronik muss gestartet werden. Kriegen die was eingepflanzt? Ein Ich sozusagen?

Jetzt sehe ich so einen Bioroboter unter einer Trockenhaube sitzen wie beim Damenfriseur. Danach machen sie die Augen auf und wirken irgendwie erstaunt und marschieren los. Zusätzlich kriegen manche was eingesetzt, als Spezialbehandlung. So ergeht es auch mir.

Von diesem Moment an kann ich nämlich meine Außenpositionen nicht mehr halten. Ich werde in so einen Körper hineingesogen. Erst sehe ich ihn noch von außen auf einem Behandlungsstuhl sitzen wie beim Zahnarzt, aber gleichzeitig spüre ich ihn von inwendig, als wäre er mein eigener. Anders gesagt, in dem Moment wird er überhaupt erst mein eigener. Dann wird der Kopfbereich behandelt. Das ist der Moment, wo ich hinein gezwungen werde, wo ich die Außenpositionen nicht mehr halten kann. Man klebt ihm eine Antenne auf die Stirn mit einem Saugnapf, und die strahlt ein Magnetfeld aus und ich werde wie ein Wölkchen aus mentaler Energie da rein gezogen.

In einer Spezialbehandlung bekomme ich irgendein Programm ab, irgendein Spezialisten-Programm wird in mich hochgeladen. Ich weiß überhaupt nicht, um was es dabei geht, aber ich freu mich drauf, den Spezialisten zu spielen.

Es wird ein Raumschiffjob. Ich werde zu einem Briefing gebracht, es geht militärisch zu, Widerrede ist zwecklos. Lauter Uniformträger in dunkelblauen, metallic-glänzenden Anzügen. Sie sehen aus wie Menschen. Diese Unterredung findet auf der Oberfläche eines Planeten statt – woraus ich schließe, dass diese Hochofenküche eine Fabrik in einem Berg war, also unterirdisch. Nicht auf einem Raumschiff.

Das Briefing läuft irgendwie sprachlich und gleichzeitig telepathisch ab. Es wird nicht in unserem Sinne mit Worten gesprochen, sondern mit Klängen, der Klang ist die Bedeutung. Vielleicht ungefähr so wie im Chinesischen, wo es ja auch unheimlich auf den Klang ankommt. Da gibt es nichts Schriftliches. Diese Art von Sprache lässt sich schriftlich nicht festhalten.

Vor der Tür steht ein sehr kleiner Flieger, sechs Meter lang. Ich da rein und voller Vorfreude. Keinerlei Unsicherheit, kein Widerstand, ich kenn mich sofort aus. Offenbar bin ich da drauf programmiert worden, ich bin voll in der Identität des Piloten drin. Dass ich nun Verantwortung habe, macht mir Spaß. Ich fühle mich stark.

Hinter mir im Flieger sitzen drei von den Biorobotern, die sehen alle richtig tot aus. Sie sind nicht meine Crew, sondern meine Fracht. Sie sind so humorlos wie Maschinen und sehen alle gleich aus. Ich hingegen bin frei und happy. Die haben Gucksensoren, keine richtigen Augen, ich hingegen habe meine Augenlöcher; ich kann als Wesen drinnen sein oder auch draußen, je nach Situation. Das können die nicht.

Es ist ein langer Flug, immer auf demselben Planeten. Wir landen auf einer Art Versuchsstation in einer Wüstengegend. Dort treffe ich Leute an, die aussehen wie Menschen. Ihre Haut ist ockerfarben und sie sind dünner als wir, sehr filigran. Es wirkt wie eine Erdengesellschaft, aber es ist nicht die Erde. Sie brauchen Roboter für Sonderjobs. Ich bringe die Testmodelle. Die sind damit zufrieden.

Ich weiß wirklich nicht, wie ich da rein geraten bin. Ganz am Anfang, als sich dieser graue Wolkentunnel öffnet, da habe ich das Gefühl als bekäme ich einen Befehl. Ein echter klarer Imperativ, so wie ein Zeigefinger in eine Richtung, mit den Worten: Da geht's lang! Keine Ahnung, wo das herkam. Ich war neugierig, und das war mein Ende. Aus mit Advaita [Sanskrit für „das göttliche Einssein"].

So gerät man aus Neugier aus dem göttlichen Theater in die wirkliche Welt. Ich bin reingelegt worden, klarer Fall. Aber das würde heißen, irgendjemand hat's drauf angelegt. Wer sind die? Da gibt es irgendeinen Obersten und der spielt sein Spiel."

Sitzungsberichte: Der Mars verwüstet

Auf dem Mars ließ sich's leben

[ROK hatte online-Kontakt mit einem Wesen, das vor der EVK auf dem Mars zuhause war.]

[ROK 2015, solo.] „Er erzählt mir, wie es damals war: Der Mars blühend wie die Erde. Dann aber gab es ein Klimaszenario zum Zwecke der Verwüstung. Vorher lebten sie auf Bäumen wie hier die Orang Utans, aber sie waren Menschen (wie in dem Film „Avatar"). Ein Baumkronenleben, Baumhäuser, Leitern, Brücken zwischen den Bäumen, Baumstädte. Ihre Stadt war zwanzig bis vierzig Meter über dem Erdboden, völlig friedlich. Man hat nicht gegessen, sondern nur Lebenskraft abgeschlürft. Kein Ackerbau, keine Viehzucht, alles Naturzustand und ein Leben in Synergie damit.

Es gab keine Schwangerschaft. Kinder wurden in einer Babyblüte erzeugt. Das In-Vitro-Prinzip, aber in einer Blüte. Es gab keinen Sex. Die Säfte wurden in einem Kelch gemischt und dort drin erfolgte die Reifung. Ein Kuss reichte. Das Vitalwesen des neuen Babys entstand aus dem allgegenwärtigen Prana. Es waren regelrechte Prana-Kinder. Das Prana war wie die Tropfen des Nebels: allgegenwärtig und alles befeuchtend. Alles lebte überall ganz von selbst. Es gab keine Überlebensnot. Das Leben geschah von selbst, man musste nichts dafür tun.

Ich frage: Wie kommt das Geistwesen in die Blüte? Ich sehe ein Bild, wie sich Vater und Mutter über der Blüte anlächeln, über dem Zellklumpen. Wir sind doch alle Freunde, ist die Antwort. Der neue kam von selbst dazu, durch Affinität. Die Reifung ging schnell. Alles wuchs schnell.

Frage: Gab es eine Begrenzung der Kinder oder der Bevölkerungszahl? Ich stoße auf Unverständnis: Je mehr Spielkameraden, desto schöner. Es gab keine Enge. Überfluss in jeder Hinsicht! Man machte nichts anderes als zu feiern, das Leben und das Glück zu feiern. Einfach zu feiern. Es gab kein Innen oder Außen, kein Hier oder Dort. Alles war Gott. Man war nicht getrennt! Man war Teil des Plans. Ein erfülltes Spiel ohne jegliche Fragen – ein Glücksspiel, ein Spiel des Glücks.

Frage: Und der Tod? Es war wie wenn Bäume sterben, ein langsames Verdorren. Mürbe werden, brüchig werden, zu weißer Asche werden und sich auflösen. Frage: Wieso keine ewige Jugend? Warum auch - alles wandelt sich, überall, nichts hält ewig, ein Kommen und Gehen wie Herbst und Frühling, Kommen und Gehen. Übrigens, seit der Erdvernichtungskatastrophe ist die Blüte innen, zur Sicherheit, innerhalb des Frauenleibs.

Dass der Körper zerfällt, das störte niemand. Du gehst, kommst wieder, immer bist du bei Freunden. Ob Mars, Erde, Phaethon, das war die Sitte.

Vorher war es ein Reich, ein einziges. Der Verkehr lief telepathisch und per Astralreise. Wer zu Besuch kam, konnte einen Körper aus einer Babyblüte haben. Und umgekehrt. Wir waren völlig im Einklang.

Eine Störung, wie sie dann kam, war uns unvorstellbar. Ein Klimaszenario, eine Wetterbeeinflussung, das Prana ging weg, die Natur starb. Der Prana-Mantel wurde zerstört, deswegen wurde es eine Wüste.

Feuersturm auf dem Mars

2019 werde ich telefonisch von AMK, einer Solistin, angesprochen, die seit Stunden von heftigen, unerklärlichen Panikattacken überfallen wird. Sie kommt damit nicht zurecht, vermag den Angreifer nicht zu orten. Als Kollegenhilfe begebe ich mich in Sitzung, stelle mich auf sie ein und erspüre den Angreifer, zunächst nur vage, dann aber bis zu Dialogstärke. Er berichtet, wie ein ehemals blühender, subtropischer Planet blitzartig zur Wüste gemacht und seine Bewohner, auch er selbst, in Echsenkörper gebannt wurden. Es dürfte sich um den Mars handeln, denn auf der Erde war der Verlauf andersartig, und Phaethon wurde vollständig gesprengt.

Ich sehe Echsenhaut, grau-grün, einen Echsenkopf, mein Blick geht von schräg hinten über seine Schulter an seinem Kopf vorbei. Er trägt ein schwarzes Lederkoppel mit Schulterriemen, an der Hüfte hängt eine Waffe. Vor ihm steht ein Monitor, auf diesem ist das Bild der Solistin AMK zu sehen, ungefähr wie bei den Überwachungskameras im Parkhaus. Ich spreche ihn an; er dreht sich ungläubig um, dann will er abhauen. Er will nicht reden aus Angst vor Bestrafung. Ich beruhige ihn und sage ihm, er soll mich zu seinem Chef durchstellen. Jetzt sitzt vor mir der Kommandant. Sein Körper ist schwarz und mächtig, sein Blick bohrend. Er ist perplex über meine Unverfrorenheit. Ich erkläre ihm: die galaktische Lage insgesamt hat sich geändert, die früheren Führungsstrukturen sind zusammengebrochen; er sei zum Einzelkämpfer auf verlorenem Posten geworden. Er gibt zu, so sei es in der Tat. Ich frage ihn, wie er zur Echse wurde. Er sagt:

„Unser Planet ist zu einer Billardkugel gemacht worden, zu einer Wüste. Überall Hitze und Tod. Früher war da grünes Land, subtropischer Wald. Wir waren Baumwesen, Wipfel-Wesen, so etwas wie Elfen. Wir lebten in den Wipfeln im freundlichen Miteinander, es gab keine Arbeit, sondern einfach nur Sein und miteinander spielen. Dann ein Feuersturm und alles in einem Wusch abgebrannt, alles weg. Keine Wipfel mehr. Tausende von Wipfel-Wesen heimatlos, entsetzt, aktionsunfähig. Unsere Energiekörper haben wir noch, aber kein Spielfeld. Dann ein Sog zu einem gelandeten Raumschiff hin. Es saugt uns ein. Wir geraten in eine Halle; sie ist wie ein Terrarium, lauter gesunde, kräftige Echsen, ein Wald mit Wasserfällen, genau wie wir es vor der Zerstörung kannten. Ein richtiges Echsenparadies. Das erfüllt uns mit Neid und Sehnsucht. Eine Stimme sagt: Nimm deine Chance! Dann das Gefühl wie ein Datentransfer durch ein Glasfaserkabel – und plötzlich schaue ich aus dem Kopf einer Echse heraus und fühle mich wohl und sicher. Ich habe Kraft! Ich kann was machen! Vorher fühlte ich mich verlassen und hilflos. Jetzt muss ich nur noch machen, wie mir befohlen wird, das weiß ich wie von selbst."

Nun sehe ich zu, wie er seinen Echsenkörper verlässt und wegschwebt. Zuvor sagt er noch seiner Crew Bescheid, dass die Echsenzeit vorbei sei und sie gefahrlos und ohne Strafe ihre Körper verlassen könnten. Er spricht von außen als Geistwesen in das Schiff hinein, seine Crew besteht aus 37 Echsenmenschen. Ich sehe, wie auch sie sich lösen. Sie schweben erst um das Raumschiff herum, dann geht jeder seinen eigenen Weg."

Jede Rettung kam zu spät

[ROS kehrt von einer politisch-militärischen Mission zu seinem Heimatplaneten zurück. In der Sitzung hält er ihn wegen seines Aussehens für die Erde. ROS wird Zeuge der Auslöschung allen Lebens dort durch Laserbeschuss aus dem Weltraum.

Ob es wirklich die Erde ist, was ROS da sah, sei dahingestellt, denn nie hat jemand hinsichtlich der Erde von etwas anderem als einer Bombardierung gesprochen. Für Phaethon gibt es klare Hinweise zur Verwendung eines Lasers, siehe THA (oben), doch wurde er gesprengt, also konnte man nicht dorthin zurückkehren. Aus diesem Grund wurde die Sitzung mit ROS in den Abschnitt zum Mars genommen, denn der war ursprünglich anscheinend so grün wie die Erde gewesen, siehe die folgenden Berichte, man hätte ihn also durchaus für die Erde halten können. Dies während der laufenden Sitzung zu diskutieren, stünde dem Sitzungsleiter nicht zu; er würde sich damit zum Fachmann für Galakto-Kartographie aufspielen, was er ja nun wirklich nicht ist. Die Datenlage ist hier noch sehr dünn; man wird noch viel weiteres Material sammeln müssen.]

[ROS 2019, duo.] „Die Erde ist verbrannt. Alles voller Qualm. Wir können nicht landen, ich gehe in einem Shuttle runter. Die Steine sind wie lackiert. Ich bin entsetzt, das hätte ich nie für möglich gehalten. Solche Temperaturen!. Kein Gras, nichts mehr. Die Steine waren butterweich und sind nun ausgehärtet, Wände sind durchgesackt und verformt, eine Mauer hat wellenförmige Fugen. Bei einem Torbogen ist die Rundung geschmolzen. Wie das zerstörte Dresden (Tränen). Keine Leichen. Sind die alle verdampft?

Wir waren auf dem Weg zur Erde, wir wussten, Eile ist geboten! Aber wir haben es nicht geschafft, wir konnten es nicht retten. Als wir uns der Erde nähern und noch weit weg sind, sehen wir ein riesiges Raumschiff, von dem geht ein Laserstrahl aus, der zerschmilzt alles, ganze Kontinente – so viel Energie! Der wirft keine Bomben ab, sondern der bestrahlt wie mit einem Scheinwerfer die ganze Erde. Wie die Sonne selbst. Bomben wären punktweise, dies aber geht in die Breite. Was ein Laser allerdings nicht täte - komisch ....

Wir sind weit genug draußen, um die Quelle und das Ziel zu sehen und den Strahl. Um das Schiff mit dem Reaktor sind mehrere Begleitschiffe. Das dauert keine Stunde – nein, höchstens zehn Minuten pro Erd-Seite. Er steht und wartet, bis die Erde unter ihm gedreht hat. Danach ziehen sie sich zurück. Job getan.

Wir sind verloren, das wird mir und meiner Crew klar. [Sie haben weder Heimat noch Zufluchtsort, überall sind Feinde.] Vielleicht finden wir nie mehr irgendwohin. Ich vergifte meine Leute und mich selbst (Tränen). Mit Giftgas. Das ist offiziell genehmigt als letztes Mittel. Statt elend zu verrecken. Fünfzehn Leute in einem Raum. (Er beschreibt, wie die Besatzungsmitglieder einer nach dem anderen zusammenbrechen, er weint sehr.) Jetzt bin ich außerhalb, sehe das gesamte Universum, das Schiff driftet ab.

Das Schlimmste daran ist die gescheiterte Gesellschaftsvision. Ich bin damals eingetreten für Bescheidenheit, Liebe und eine gerechte Gesellschaft. Die Idee kommt aus dem ganz frühen Atlantis. Da waren wir „primitive" Menschen, alles war ganz einfach. Aber mit einer hochstehenden geistigen Technologie und Teleportation und Kristalltechnologie. Wir hatten das Gefühl, bei Gott zu sein, in Ruhe und Frieden (jetzt strahlt ROS wieder)."

Was sagt die Astronomie dazu?

Zunächst die simplen astronomischen Fakten: der Mars ist halb so groß wie die Erde. Eine Mars-Umdrehung dauert 24,5 Stunden, ein Marsumlauf um die Sonne 687 Erdentage. Die Achsenneigung beträgt 25,19° (die der Erde 23,44°). Der Mars hat eisbedeckte Polkappen, was man schon 1784 entdeckte. Die Temperaturen liegen zwischen -80° in der Nacht und +25° am Tag; die größte Kälte ist -140°. Die Atmosphäre ist weit dünner als die der Erde, sodass Temperaturschwankungen unmittelbar vonstatten gehen. Die Marsatmosphäre besteht vorwiegend aus Kohlendioxid, ein wenig Wasserdampf und Spuren von Sauerstoff. Angesichts dieser Atmosphäre und dieser Temperaturverhältnisse scheint intelligentes Leben auf dem Mars unwahrscheinlich.

Gegen Ende des 19. Jahrhunderts kam es zu einer maximalen Annäherung des Mars an die Erde; sie kommt alle 32 Jahre vor. Da beträgt die Entfernung nur 48 Millionen Kilometer im Unterschied zur maximalen Distanz von 220 Millionen Kilometer. Diese Nähe ermöglichte genauere Beobachtungen mit den immer besser werdenden Fernrohren jener Zeit. Man entdeckte Gestaltungen, die man für Kanäle hielt, und es entstand die

Vorstellung, es müsse einmal eine intelligente, technisch hochentwickelte Mars-Zivilisation gegeben haben. Das nötige Wasser sei von den Eiskappen herunter ins trockene Land geleitet worden. Weiterhin entdeckte man die beiden winzigen Marsmonde und nannte sie Phobos und Deimos.

Zu jener Zeit kam die Idee der „Marsmenschen" auf. Der Autor H. G. Wells schrieb das Science-Fiction-Buch „Krieg der Welten", in dem Marsmonster ihren sterbenden Planeten verlassen und die Erde als neue Heimat erobern. 1938 wurde die berühmte „Mars-Reportage" von Orson Welles im Radio gebracht, bei der ein erregter Reporter „live" berichtet, wie eine Armee von Marsmenschen die Erde überfallen. Dies führte zu größter Panik bei Zuhörern, die sich erst verspätet dazu geschaltet hatten und glaubten, es sei eine echte Reportage und kein Hörspiel.

Die moderne Marserkundung mithilfe von Sonden und Satelliten begann 1962 seitens der Sowjets wie auch der Amerikaner. Mars-Sonden wurden von beiden Nationen in großer Zahl hinaus geschickt. Trotz vieler Fehlschläge machte man unbeirrt weiter. Erst 1971 geriet die Sonde Mariner 9 in eine Marsumlaufbahn. Sie entdeckte Berge von 22 km Höhe, kilometerdicke Eisklippen und Krater von 64 km Durchmesser. Kanäle fand man keine, wohl aber ein Netz von sich dahin schlängelnden Rinnen, die man für ausgetrocknete Flussläufe halten könnte. Rätselhaft waren Linienmuster, die den Nazca-Linien in Peru ähneln, sowie eine Anzahl von verblüffend symmetrischen Pyramidengebilden.

1976 erfolgten mit Viking 1 und Viking 2 die ersten Landungen. Man fand eine Landschaft von ausgetrockneten Flussbetten, aus denen kilometerhohe Felseninseln aufragten. Auswaschungen in den Stromtälern ließen Überflutungen vermuten. Die Aufnahmen des gleichzeitig den Mars umkreisenden Satelliten „Orbiter" erhärteten diese Annahme. Von Bedeutung war die Erkenntnis, dass die Polarkappen nicht aus Kohlendioxid bestehen, wie ursprünglich vermutet, sondern zu einem Großteil aus Wassereis.

Die für alle wohl unglaublichste Entdeckung der Viking-Landung war ein vom Orbiter herab fotografiertes menschenähnliches Gesicht, anscheinend eine Skulptur von mehreren hundert Meter Höhe und anderthalb

Kilometer im Durchmesser. Nur fünfzehn Kilometer vom Marsgesicht entfernt sind auf dem Foto zwei Objekte zu sehen, welche wie riesige Pyramiden aussehen. Weiterhin fand man rechteckige und quadratische Strukturen, die Mauer-Fundamenten ähneln, weswegen man sie auf den Namen „Inkastadt" taufte. Das alles sorgte für viele Spekulationen. Die Mission „Mars Global Surveyor" der NASA brachte 1998 neue Bilder mit wesentlich höherer Auflösung - und damit auch die Ernüchterung: Alle entdeckten Strukturen waren das Ergebnis natürlicher Erosion.

Fazit: Vom heutigen Standpunkt her ist der Mars ein unwirtlicher, staubiger Planet, welcher in Form von Wasser, Sauerstoff und Atmosphäre das Potenzial für Leben besitzt. Ob es dort aber jemals blühendes und grünendes Leben im irdischen Sinn gab, kann die Wissenschaft nicht bestätigen.

Erde, Mars und Phaethon eine Hochkultur?

Der Autor Johannes v. Buttlar traf mit australischen Ureinwohnern zusammen, die ihm Zeichnungen an Felswänden zeigten, auf denen eine Verbindung zwischen Mars und Erde zu erkennen ist. Die Ureinwohner glauben, während der „Traumzeit" seien Besucher in großen Vögeln vom Mars zur Erde gekommen, wären auf der Insel Neuguinea gelandet und hätten als Kulturbringer gewirkt.

Woher wollen diese Ureinwohner wissen, dass es ausgerechnet der Mars war, von dem die Kulturbringer kamen? Könnte es nicht auch ein ganz anderer Planet gewesen sein? Einen solchen geben die Dogon an, ein afrikanisches Volk in Mali. Ihrer Tradition nach kamen außerirdische Entwicklungshelfer von einem Stern in der Nähe des Sirius, Sirius B, genauer von einem seiner Planeten. Weder Sirius B noch dieser Planet sind mit dem bloßen Auge sichtbar. Erst 1862 wurde Sirius B mit dem stärksten damals verfügbaren Teleskop entdeckt, 1970 erstmalig fotografiert.

Diese außerirdischen Lehrer seien Fischmenschen gewesen, d. h. sie sahen ungefähr so aus, wie wir uns heute eine Meerjungfrau oder den Gott Neptun vorstellen. Mit dieser Sage stehen die Dogon nicht alleine da. Sie brachten sie aus Libyen mit, von wo sie ursprünglich stammen. Sowohl dort wie auch in anderen Gegenden rund um das Mittelmeer bis hinaus zum früheren Reich der Sumerer (heute Irak) erzählte man von weisen und hilfreichen Fischmenschen, die den Erdenvölkern zur Zivilisation verhalfen. Noch im 2 Jh. konnte der Grieche Pausanias einen in Flüssigkeit konservierten „Triton" in einem Tempel bei Tanagra bestaunen, einen zweiten in Rom.[89]

In Papua-Neuguinea finden sich fünf unvollendete Stufenpyramiden, etwa dreißig Meter hoch, ebenso einige weitere in der Umgebung von Brisbane in Queensland, Australien. Einige aus Erde aufgeschüttete Pyramiden sind fast dreihundert Meter hoch, eine bei Sydney siebzig Meter. In China fand man 1959 nach einem Erdbeben freigelegte Reste von Rundpyramiden, die dreihundert Meter hoch gewesen sein mussten. Zum Vergleich: die Cheops-Pyramide in Ägypten ist hundertfünfzig Meter hoch.

Um die ganze Erde herum zieht sich ein Pyramidengürtel: Europa, Ägypten, Mesopotamien, Indien, China Indonesien, Nord- und Südamerika. Die Parallelen ihrer Ausrichtung nach geophysikalischen und astronomischen Kriterien sind verblüffend. Ebenso verblüffend ist die Namensparallele in weit voneinander entfernten Erdteilen: in Peru nennt man sie Chucara, in Ägypten Sakkara und in Babylon Zukkarat.

Buttlar vermutet, Phaeton müsste – wenn man alle Asteroiden zusammennimmt - größer gewesen sein als der Mars (der halb so groß ist wie die Erde). Weil er mit 400 Millionen km Entfernung von der Sonne gerade noch am Rande der lebensunterstützenden Zone kreiste, könnte er durchaus lebensfreundlich gewesen sein. Möglicherweise hätte dort eine hochtechnologische Zivilisation gelebt, der unsrigen um Jahrtausende voraus, und man hätte Raumfahrtexpeditionen zu anderen Planeten unternommen, vor allem zu Mars und Erde. Intelligentes Leben auf allen drei Planeten hält Buttlar für möglich. Er vermutet, dass Phaeton explodierte, sich Mars klimatisch veränderte, und man deswegen Zuflucht zur Erde suchte. Seiner Auffassung nach war die Erde damals noch im Primitivstadium ihrer Entwicklung.[90]

Sitzungsberichte: Galakto-Politik, damals und heute

Versorgungsnot – es fehlen Körper!

[ROK 2007, solo.] Sitzung springt zu Bildern aus der atlantischen Frühzeit. Da war der Tod nicht das Ende. Aber dann kam die EVK, alle Körper waren weg, das Leben war weg. Jetzt mussten Körper geschaffen werden, damit das Leben weitergeht. Die Flut hat alles auf der ganzen Welt vollständig getötet, sowas gab es nie zuvor. Ein globaler Tod. Jetzt mussten Körper her. Zum Glück waren ein paar vorsorglich gerettet und exportiert worden. Sie wurden jetzt wieder herunter gebracht. Und dann ging es los mit der Vermehrung.

Nachkriegspolitik

[Zusammenfassende Notiz zu einer mehrtägigen Sitzung mit GZA in 2002. GZA war mit einem Wesen telepathisch online, das sich als Kommandeur eines Bombergeschwaders ausgab. Er erzählte allerdings weniger vom Angriff als von den „Nachkriegsmaßnahmen".]

Als Koordinator der Bombardierung erlebt er seinen inneren Höhepunkt, als er von weit oben sieht, wie die Bomben fast überall gleichzeitig hochgehen und die Erde sich in einen gelben Mantel von Lava und Feuer und Asche hüllt, verstärkt vom Sonnenschein. Er kehrt zu seinem Heimatplaneten zurück, von dem die EVK ausging. Dort wird er geehrt und geht in Pension.

Im Rahmen der Folgekämpfe wird sein Planet einige Jahre später von einem elektronischen Netz umhüllt, so dass keiner weg kann; die Bewohner werden wegen ihrer Beteiligung an der EVK verdächtigt und entsprechend angeklagt. Der Kommandeur mogelt sich heraus, indem er auf Unzurechnungsfähigkeit zum Zeitpunkt der Tat pocht, er sei in der Kadettenschule mental implantiert worden (was stimmt, für Lern- und Indoktrinationszwecke aber üblich war). Man verurteilt ihn zur Wiedergutmachung und richtet ein „Wiederaufbaugremium Erde" ein, wo er als Präsident Südamerika übernimmt. [GZA ist ein Anden-Indio aus Kolumbien; die Sitzung findet dort statt.] Seine sechs Mitarbeiter werden Präsidenten anderer Erdteile. Sie alle sind einem höheren administrativen Gremium auskunftsverpflichtet.

Der Wiederaufbauplan stammt aus seiner Feder [aus der des Sitzungspartners, d. h. des neuen Südamerika-Präsidenten], denn er gilt als Erdexperte. Man rekrutiert Geistwesen und verspricht ihnen praktisch das gelobte Land. Dass sie da nie wieder wegkommen werden (wegen des Abfangschirms um die Erde), weiß nur er. Die Freiwilligen werden zur Erde verfrachtet. In Erdnähe aufgestellte Biolabors erzeugen aus genetischem Material die zu den Opfern der Katastrophe passenden Körper. Diese werden bis zur Geschlechtsreife großgezogen, die Geistwesen suchen sich einen aus (Sklavenmarktstimmung!), die Raumschiffe landen, die Menschen (Körper plus Geistwesen) marschieren raus. Sie wurden mit mentalem Implantieren und praktischen Übungen für alle Eventualitäten des Siedlerlebens ausgerüstet. Sie haben Know-how und Werkzeuge. Sie tun sich in den ihnen sympathischen Gebieten (Wald, Steppe, Eis, Wüste usw.) in Gruppen zusammen und bauen Siedlungen. Sie sorgen für die Geburt zahlreicher Kinder, was der Hauptsinn der Aktion ist. Diese werden besiedelt von EVK-geschädigten erdgebundenen Geistwesen. Diese Erdenwesen müssen auf äußerst niedrigem Niveau zurechtkommen. So entsteht eine primitive Jäger-Sammler-Ackerbaugesellschaft. Durch die Erzählungen der Siedlerväter von ihrer Herkunft entstehen Sagen und Mythen. Gelegentlich einfliegende Entwicklungshelfer sorgen für die Belebung der Kultur und versuchen der Dramatisierung von Gewalt durch Krieg und Mord vorzubeugen.

Der Südamerika-Präsident selbst hat allerdings nichts Gutes im Sinn. Er will die Indiokultur so niedrig halten wie nur möglich, denn Menschen sind für ihn verachtenswerte Körper i. S. von Regenwürmern. Die darin wohnenden Geistwesen sind seines Erachtens allemal gefährlich, daher ist Unterdrückung auf der ganzen Linie angesagt. Motto: Grausamkeit ist Schönheit, Mord ist Ästhetik. Weil ihm gelegentlich positiv gesinnte Entwicklungshelfer dazwischenfunken, trifft er mit dem Europa-Präsidenten ein Abkommen zur Übersiedlung von Europäern nach Südamerika. Damit beginnt der Eroberungsfeldzug der Spanier, die Conquista, mit seinen Massenmorden. Die Einschaltung und Dramatisierung der EVK wird damit bewusst gefördert.

Seine Vorgeschichte: Kadettenschule wie oben beschrieben, dann als Testmission zwei Planeten brutal unterdrückt mit Völkermord, dann im persönlichen Stab des Oberbefehlshabers, Koordinationsstab Erde, schließlich Geschwader-Kommandant. Zu ganz frühen Zeiten, noch bevor es ein physikalisches Universum gab, er selbst damals noch ein freies, körperloses Geistwesen, erschuf er spielerisch geometrische Objekte, die ihm Bewunderung einbrachten. Diese blieb irgendwann aus, weil alle Welt ein glanzvolles Superwesen weit mehr bewunderte als ihn. Diesem schloss auch er sich an und erhielt bei der Aufnahme eine Art Einweihung. Sein Astralkörper wurde umflossen und durchdrungen vom Astralkörper des Superwesens; alles war Licht, Harmonie, Wissen und Gewissheit, er verschmolz regelrecht mit dem Superwesen, erkannte seine eigene Bestimmung als dessen Diener. Die Glitzerfunken, die ihn dabei durchwirbelten, behielt er selbstverständlich zur Erinnerung bei sich. Dieses Band hielt bis heute, denn aus jenem urzeitlichen Superwesen wurde der Oberbefehlshaber, auf den er zum Zeitpunkt unserer Sitzung nach wie vor eingeschworen ist.

Nach Aufarbeitung dieser Zusammenhänge schüttelte er die Glitzerfunken ab, fand wieder sich selbst und geriet in echte, ernst zu nehmende Wiedergutmachungsstimmung. Er gelobte, auf seinem Posten zu bleiben, bis Südamerika ein friedlicher und freundlicher Kontinent sei.

Neue Pöstchen für alte Kameraden

[Fortsetzung der Notiz zu GZA, 2002. Hier geriet er in eine telepathische online-Verbindung mit einem Organisator der EVK.]

Er war verantwortlich für den Transport bei der EVK. Ursprünglich ein gewöhnlicher Leutnant, fiel er durch seine Brutalität auf; ganze Planeten plus deren Bevölkerung fielen ihm zum Opfer. Für die EVK verfügte er über zwanzig große Schiffe und fünfhundert Shuttleschiffe. Sie transportierten die Eisblöcke mit darin eingefrorenen Astralkörpern. Diese stammten von Menschen, die man auf ihren Heimatplaneten zusammengetrieben und ermordet hatte. Von den großen Schiffen wurde die Fracht auf die Shuttleschiffe umgeladen, diese flogen zu den Vulkanen und warfen die Eisblöcke samt den Astralkörpern in die Krater. Anschließend wurde bombardiert.

Das Ganze dauerte ungefähr 35 Erdenwochen. Er verfolgte die Operation über die Bildschirme seiner Kommandozentrale. Als der Planet rot und orange brannte, war er stolz. Er setzte sich damit sehr ins Rampenlicht.

Wegen seiner Eitelkeit war er später leicht zu kriegen. Als man ihn verhaftete, wehrte er sich nicht. Auf einem weißen Schiff mit weißgekleideter Besatzung kam er vor ein Kriegsgericht, zeigte sich aber absolut uneinsichtig. Man suchte ihn umzuprogrammieren, indem man ihm die Bilder seiner Schreckenstaten einbläute, damit er sich ordentlich schlecht fühlen würde. Das ging überhaupt nicht an ihn dran, denn er war sehr stark. Weil er es fertig brachte, den total umgekrempelten netten Kerl zu spielen, setzte man ihn ins Gremium, damit er die Wiederbevölkerung der Erde überwache, denn von Transport verstand er schließlich was.

Danach wurde er Kulturbeauftragter, insbesondere verantwortlich für die Beschränkung des Bevölkerungswachstums. Er nutzte seinen Posten dazu aus, die großen Kriege auf der Erde anzuzetteln. Trotzdem ist die Erdbevölkerung ständig weiter gewachsen, was ihn unendlich frustriert.

Auch er stieß über eine besondere Taufzeremonie zu jenem urzeitlichen Superwesen. So wie der wollte auch er sein, denn verglichen mit ihm fühlte er sich unerträglich klein. Das Superwesen wurde ihm zum Vorbild. Sein heutiger Chef, der galaktische Oberbefehlshaber, sei dieses Wesen, sagt er. (Diese Verbindung wurde gelöst.)

Insekten-Aliens beherrschen Mittelamerika

[RER 2014, duo. RER stößt auf ein Geschehnis mit Aliens in Mittelamerika. Er bezeichnet die Aliens als Toltonier, was dem Begriff „Tolteken“

ähnelt. Auf Nachfrage zeigt sich, dass die historischen Tolteken in Mittelamerika RER nicht bekannt sind.]

„Ein junger Indio von vierzehn Jahren wird der Orakelgesellschaft geweiht. Davor hat er Angst, wegen der Gerüchte; es ist aber eine hohe Auszeichnung. Zum Weihefest kommen die Toltonier mit einem Riesenraumschiff, das oben in der Höhe parkt. Mit Beiboot kommt ein Team herunter. Riesenempfang, Priester, Blumen, jubelndes Volk. Alles spielt sich nahe einer Pyramide ab. Diese wurde von den Toltoniern als Navigationsmarke errichtet.

Die Toltonier führen den Jungen und andere Auserwählte in die Pyramide hinein. Ein kahler Innenraum mit einem Steinstuhl. Aus einem Seitenraum werden Roboter hereingefahren, die eine Implantierung vornehmen. Die Toltonier steuern die Sache von einem Nebenraum aus. Bei der Implantierung wird zunächst ein permanenter Glücksrausch wie von Drogen bewirkt. Danach wird mit Ultraschall und Elektroschock gearbeitet, um ihm Bildinhalte und Programme aufs Hirnfeld zu modulieren („wir sind ewig eins – ich opfere mich für euch", usw.). Die Schmerzhaftigkeit wird durch das Glücksgefühl übertönt.

Danach zwei Monate im Dunkeln, bis man sich erholt hat. Dann zehn Jahre Priesterdienst. Dann kommt die Opferung: er und sechs andere Priester steigen auf eine Plattform; vom Toltonier-Schiff aus wird mit Lasern geschossen, die Körper verschmoren in Sekundenschnelle. Der Junge als Geistwesen steigt aus, ist aber voll im Glücksrausch. Trugbilder werden projiziert, an denen man sich orientiert und auf diese Weise ins Schiff gezogen wird. Glücksstimmungen und Glücksbilder bewirken, dass die gefangenen Geistwesen erst beim Aussteigen aus dem Transporter merken, dass sie auf einem anderen Planeten sind. Dort ist alles Wüste.

Die Toltonier herrschen von einer Pyramide aus; sie ist die Vorlage für die unten auf der Erde, aber größer. Wegen ihres Gelübdes („wir sind ewig eins") sind die entführten Geistwesen folgsam. Jeder bekommt einen Toltonier-Körper zugewiesen. Diese werden dort gezüchtet. Es sind Insektoide mit aufrechtem Gang, dunkelbraun, gepanzert. Wie Ameisen. Sie sind ohne Geistwesen, deswegen die Raubzüge: man braucht intelligente

„Piloten“ für diese Insektoiden-Körper. Jeder ist mit einem Schaltkasten bestückt. Über diesen ist er mit der Zentrale verbunden. Alle Arbeit wird von abgerichteten Insektoiden verrichtet, die Mitglieder der Zentrale tauchen nie auf. Sie sitzen oben in der Pyramide. Die ganze Toltonier-Zivilisation spielt sich in dieser (oder mehreren?) Pyramiden ab. Wer sie sind, sieht man nie.

Die Toltonier kontrollieren den Siedlungsraum der Azteken und Tolteken. Wenn sich wer daneben benimmt, wird er von seinen Genossen mit messerscharfen Scheibengeschossen zerfetzt (wie Ninja-Scheiben). Auch die Genossen selbst werden sofort anschließend per Laser oder Selbstzerstörung exekutiert. Keiner soll mit dem Beispiel von Rebellion im Kopf weiterleben.

Alles wird von der Zentrale aus gelenkt. Befreiungsgedanken fallen durch Emotion auf und führen zur sofortigen Exekution. Exekutierte Geistwesen schwirren ab und können nicht wieder eingefangen werden, daher brauchen die Toltonier die Priestermasche unten auf der Erde, um immer wieder Personal nachzufüllen.

Die politische Großwetterlage

[JUW wurde von mir als Solist gute 25 Jahre lang betreut. Weil er zu Zeiten der EVK bis hin zu seiner jetzigen, ersten Erd-Inkarnation eine militärische Führungsposition bei einer galaxisweit operierenden Polizeitruppe innehatte, kreisten seine Sitzungen verständlicherweise immer um die galaktische Großpolitik. Diesbezüglich war er über die Jahrzehnte hinweg eine endlos sprudelnde Quelle tausendfacher Details, die ich ihn 2011 bei einem unserer seltenen Treffen – er lebt in Australien - zusammenzufassen bat. Aus meiner Mitschrift unseres Gesprächs entstand der hier folgende Bericht.]

JUW war in einer Polizeitruppe tätig, die er als „Galaktische Patrouille“ bezeichnet, und stationiert auf dem Zentralplaneten der Galaktischen Konföderation, dem Regierungssitz. Das war zur Zeit der Präsidentschaft eines „Mr. X“, wie JUW ihn nennt. Die Galaktische Konföderation besteht laut JUW aus 27 Planetensystemen, deren jedes einen Zentralplaneten hat und einen Ratsherren stellt. Von diesen 27 Ratsherren wird ein oberster Ratsherr gewählt. Dieser überträgt nach entsprechender interner Beratung das Regierungsgeschäft dem Galaktischen Präsidenten. Der Galaktische Präsident ist gleichzeitig Oberbefehlshaber des Militärs, eben jener Mr. X. Die Galaktische Patrouille wiederum ist eine Kombination aus Ethikkommission, Geheimdienst und Verfassungsschutz; sie untersteht ausschließlich den Ratsherren, nicht dem Präsidenten.

Die Körper zum damaligen Zeitpunkt hatten eine lange Lebensdauer von 800 und 1200 Jahren. Sie nutzten sich im Lauf dieser Zeit ab, ohne dass man das ohne weiteres von außen sehen konnte, ähnlich wie alte Autos bei guter Pflege abgenutzt sein können, ohne dass sich das auf den ersten Blick entdecken ließe.

Speziell in den Raumflotten, aber auch auf manchen Planeten, wurden Körper nicht durch einen Sexualakt gezeugt, sondern künstlich hergestellt, mit Vitalwesen bestückt und bis zum 25. Lebensjahr in dieser Form, ohne Geistwesen also, großgezogen. Bis dahin waren Körper auf dem Niveau von jungen Hunden oder Pferden. Erst wenn sie 25 Jahre alt waren, gesellte sich ein Geistwesen dazu. Dazu suchte man sich die Art von Körper aus, die für die geplante Tätigkeit sinnvoll schien. Zum Beispiel suchten sich Schreibtischtätige oder fliegendes Personal andere Körper aus als Schwerarbeiter oder ähnliche.

Zwar gab es Männer- wie auch Frauenkörper, doch keine Sexualität, zumindest nicht in den Raumflotten. Man war herzlich und kollegial miteinander verbunden, und so entstanden tiefe Freundschaften, doch hatten sie keinen erotischen Beigeschmack. Frauenkörper waren für bestimmte Arbeiten nützlicher als Männerkörper, zum Beispiel wurden vor allem Erziehungs- und psychologische Aufgaben den Frauen übertragen.

Zum erfolgreichen Übernehmen eines Körpers musste man sich mit dessen Vitalwesen verstehen. Diese Vitalwesen waren im Verlauf der 25 Jahre zu klar profilierten Persönlichkeiten herangereift, ähnlich wie man es auch bei Hunden und Pferden findet. Nicht jeder an einem bestimmten

Körper Interessierte fand auch den nötigen Zugang zu dem dazugehörigen Vitalwesen. Es kam dabei vor allem auf die emotionale Affinität an. Nach erfolgter Auswahl eines Körpers verblieben Geistwesen, Vitalwesen und Körper in einer positiven und bewussten Teambeziehung miteinander, die bis zum Ableben des Körpers erhalten blieb.

Bei Aufgaben außerhalb des Heimatschiffes, die ganz ohne Körper oder unter Benutzung eines Leihkörpers vollzogen wurden, verblieb der persönliche Körper in einer Kühlbox an Bord; nach Abschluss der Mission wurde er wieder übernommen.

JUW merkt an, dass die Ratsherren 1200 Jahre alt waren und die Föderation zum Zeitpunkt der EVK daher mindestens genauso alt gewesen sein musste. Auch er selbst benutzte von Beginn seiner Zeit in der Galaktischen Patrouille bis zur Präsidentschaft des Mr. X lediglich einen einzigen Körper. Der letzte Körper, den er hatte, bevor er zur Erde kam, war 350 Jahre alt.

Der Aufmarsch

[JUW, 2011, Fortsetzung] Als Mitglied der Patrouille wurde JUW auf Berichte aufmerksam, nach denen in den äußersten Bereichen des Territoriums der Galaktischen Konföderation massive Ansammlungen von Raumschiffen zu verzeichnen waren. Die Herkunft dieser Raumschiffe war unbekannt. Sie mussten von außerhalb der Föderation gekommen sein.

Es handelte sich um große Kriegsschiffe von bis zu 5 km in der Breite, die kleinsten hatten eine Breite von 1,5 km. Sie wurden, wie damals üblich, im freien Weltraum gebaut, nicht auf einem Planeten. Sie verfügten über einen „Wurmloch-Antrieb", mit dessen Hilfe sie nahezu zeitgleich an einem Ort verschwinden und an einem anderen Ort wieder auftauchen konnten. Dazu wurden riesige Energiemengen gebraucht, die man an Bord mithilfe spezieller Generatoren herstellte. Die Zielpunkte waren nicht beliebig, denn man wollte ja z. B. nicht zufällig innerhalb eines Planeten landen. Deswegen gab es vorgegebene Zielkoordinaten, zehntausende davon, und entsprechende Navigationshandbücher, mithilfe derer man in freien Zonen innerhalb bestimmter Planetensysteme erscheinen konnte, um den Rest der Strecke dann in linearer Bewegung zurückzulegen.

Diese Form des Antriebs und der Fortbewegung war damals üblich, sie war nichts Außergewöhnliches. Außergewöhnlich war lediglich diese massive Ansammlung unbekannter Raumschiffe in jenen äußeren, schwer kontrollierbaren Zonen. Die Frage war, wie man hier etwas ermitteln sollte, denn mehr als Äußerlichkeiten beobachten war nicht möglich. Man kam nicht nahe genug an sie heran, um Einzelheiten über Herkunft und Absicht herauszufinden. Dazu waren die zu aggressiv, und es war eine Art Niemandsland.

So bedrohlich die fremden Schiffe auch wirkten, ließ man sie dennoch gewähren, denn in der Galaktischen Patrouille wie auch unter den alten Ratsherren glaubte man, es handelte sich um eine persönlich gegen Präsident X gerichtete Kampagne und eventuell gar um den Versuch der kriegerischen Übernahme der ganzen Konföderation. Paradoxerweise kam das der Galaktischen Patrouille sowie den alten Ratsherren gerade recht, denn X war allen suspekt, doch hatte man nichts gegen ihn in der Hand. Ohne Grund und nur auf Verdacht war es der Galaktischen Patrouille verfassungstechnisch unmöglich, gegen den Präsidenten vorzugehen - jedoch „hilflos" zusehen, wie dies ein anderer tat, das konnte sie wohl.

Angst hatte man vor keinem Gegner. Würde also eine fremde Macht kommen, um X auszuhebeln, so hätte man zunächst abgewartet und sich die Sache entwickeln lassen, um schließlich im richtigen Moment einzugreifen und die Eindringlinge wieder hinauszuwerfen.

X wirkte deswegen suspekt, weil er nur wenige Jahre zuvor aus Bereichen außerhalb der Konföderation eingetroffen war und niemand wusste, woher er genau kam. Verbindungen zu einem übel beleumundeten Planetenverbund („Makbar" nennt JUW ihn) wurden ihm zwar nachgesagt, konnten aber nicht bewiesen werden. Makbar hatte einen schlechten Ruf wegen Erziehung und Führung durch Implantierung, was die Menschen dort zu befehlsausführenden Automaten machte, und wegen einer völlig rücksichtslosen Zerstörungswut im Namen der Schürfindustrie. Sie pflügten jeden Planeten um, den sie finden konnten, um die Mineralien zum Bau ihrer Kriegsflotte zu gewinnen. Geistwesen wurden in Roboter eingesperrt und für Äonen zur Arbeit gezwungen. [Ein Beispiel aus einer Sitzung mit jemand anderem: ein Baukran wurde nicht durch eine künstliche, computergesteuerte Intelligenz gesteuert, sondern durch ein in ihn hinein gebanntes Geistwesen.]

Über seine steile Karriere - innerhalb kürzester Zeit stieg Mr. X vom Unbekannten zum Präsidenten auf - gab es nur Mutmaßungen. Absolut ungut war, dass er direkt nach seiner Wahl die verdienten alten Ratsherren entließ und neue einberief, die niemandes Vertrauen hatten. Die gegenwärtige Situation des Aufmarschs entstand, als X gerade mal 80 Tage im Amt war. Niemand hätte im Entferntesten vermutet, dass es sich hier um persönliche Verbündete von X handeln könnte, die nichts anderes im Sinn hatten, als die Erdvernichtungskatastrophe auszuführen und mit diesem Gewaltstreich X die alleinige Macht zu sichern. Niemand hätte mit einer solchen Größenordnung von Brutalität und Verrat gerechnet.

Die Folgekriege

[JUW, 2011, weiter] Die Nachfolgekriege waren von immenser Heftigkeit und dauerten mehrere tausend Jahre. Zunächst einmal wusste man kaum, wer Freund und wer Feind war, da die feindlichen Makbar-Truppen Mitglieder der Patrouille festnahmen, sie implantierten und Gräueltaten auf der Erde verrichten ließen, so dass man ihnen für alles die Schuld zuschob. Nachdem X schließlich gefangen genommen worden war, wurden die vormaligen Ratsherren rehabilitiert und neu eingesetzt und die Galaktische Patrouille stabilisierte sich. Dennoch kam es zu unangemessenen und übertriebenen Straf-Expeditionen. Aus diesen Gründen zog sich die Galaktische Patrouille den Hass jener galaktischen Regionen zu, die zwar mit Makbar in politischer Verbindung standen, von der EVK jedoch nichts wussten oder zumindest nicht daran beteiligt gewesen waren, trotzdem aber massive Vergeltungskampagnen zu erdulden hatten.

JUW präzisiert, dass nach der EVK die eigentliche Auseinandersetzung lediglich ca. 6 Jahre dauerte, bis aber alle gefunden waren, die dabei involviert gewesen waren, brauchte es einige tausend Jahre mit entsprechenden Kriegshandlungen, denn die Täter bzw. Gruppen, inklusive Kriegsmaterial, waren über einen riesigen Raum verteilt und versteckt.

Offiziell, sagt JUW, wäre der Krieg vorbei, sobald alle uns bekannten Täter gefunden und bestraft wären, nur dass das nicht richtig funktioniert hätte, da einige jetzt hier auf der Erde ihr Unwesen trieben.

Alles vorbei und trotzdem keine Hilfe?

[JUW, 2011, Schluss] Wieso die Erde nach Abklingen der Nachfolgekämpfe nicht von der Galaktischen Patrouille befreit wurde (in dem Sinn, wie die Konzentrationslager der Nazis von den Alliierten befreit wurden), liegt vermutlich daran, dass die Galaktische Konföderation bzw. der Galaktische Rat von verkappten X-Anhängern bis heute genauso durchsetzt ist, wie die Regierungs- und Verwaltungsposten der jungen Bundesrepublik der fünfziger Jahre mit ehemaligen Nazi-Häuptlingen bestückt war. Dafür spricht eine ganze Reihe von Solositzungen der neunziger Jahre [von JUW, aber auch vom JPH und WEF], während denen man tief in die Verwaltungsebenen der Galaktischen Konföderation vordrang. Vermutlich gibt es auf breiter Fläche nach wie vor implizite und unreflektierte Übereinstimmungen mit dem Herrschaftsanspruch des Mr. X, obwohl dessen offizielle Wirkungsmächtigkeit schon seit Jahrtausenden vorbei ist.

Pyramiden als Briefkasten genutzt

[Thomas mit AMA, duo, 2020.] AMA sah eine Pyramide aus der Vogelperspektive von ca. 20 m über der Spitze. Die Pyramide war völlig intakt (glatte Oberfläche mit Schlussstein aus gleichem Material wie der Rest), in sehr gutem Zustand, die Kanten waren gestochen scharf verarbeitet. AMA hatte dabei die Wahrnehmungsposition eines Geistwesens, das das Bauwerk von oben begutachtete und über die präzise Verarbeitung staunte.

Dann zeigte sich die Wahrnehmungsposition eines Arbeiters, der 100 m entfernt ein Bewässerungssystem auf einem Feld installierte. Er sah ein silbernes Raumschiff, geformt wie ein ovaler Diskus, 100 m lang, 30 m breit, 5 m hoch. Die Oberfläche des Schiffs sah aus wie gebürsteter Edelstahl oder Aluminium, die Oberfläche war matt und glatt. Das Raumschiff hatte ein 1,80 m x 1,80 m großes Fenster (so als ob das Material transparent wäre). Dahinter stand abgewendet ein Mann, graue Hautfarbe, menschlicher Kopf, Mantel, Glatze, Stehkragen 5 cm hoch, ganz schmale Beine. Danach wurde es kurz extrem hell, es blendete, im nächsten Moment war das Schiff weg. Der Arbeiter fragte sich kurz, ob das real war, dann: „Was soll's!", und er arbeitete weiter. Das war 4012 v. Chr., also lange nach der EVK.

Als nächstes die Wahrnehmungsposition einer Bäuerin, 100-200 Meter entfernt am Erdboden. Sie sah das silberne Raumschiff und wie sich das Material veränderte, so dass das Fenster sichtbar wurde. Sie konnte alles nur schemenhaft erkennen. Sie hatte sowas schon fünfmal gesehen. Dann kam ein Lichtblitz und das Schiff war weg. Sie schaute anschließend auf ihren geflochtenen Korb und arbeitete weiter. Sie sah drei Pyramiden, zwei in etwa gleich große, eine kleinere rechts daneben (Thomas: entspricht ungefähr der Sicht aus Westen auf das Gizeh-Plateau.) Vor den Pyramiden standen Häuser: im Vordergrund eingeschossige Lehmhütten mit flachem Dach aus roten Ziegeln. Im Hintergrund, vor den Pyramiden standen weiße zweigeschossige Gebäude – die der besseren Leute. Die Häuser hatten eine gewisse Distanz von den Pyramiden.

Das Raumschiff hatte dort wohl Nachrichten mit anderen ausgetauscht. Die Pyramide wurde wie ein toter Briefkasten genutzt. Da kamen nacheinander verschiedene Raumschiffe verschiedener Völker: Ein schwarzes eckiges mit Wabenoberfläche (wie Tarnkappen-Technik), dann ein weiteres wie das silberne, nur kleiner und dann noch ein weißes, geformt wie ein Teller. Die tauschten die Nachrichten dort aus, weil sie überwacht wurden und die Kommunikation mitgeschnitten hätte werden können. Die Pyramiden hatten sie gewählt, da sie ungenutzt waren.

Nun die Innenposition einer grauen Person in der Pyramide: Da stand ein beiger Steintisch, grob behauen – der Rest des Raumes war dunkel.

Auf dem Tisch lag ein tellergroßes, 5 cm hohes, glasartiges Objekt – ein Datenspeicher. Die Person hatte einen grauen Arm und lange schmale Finger, Gelenke wie bei uns waren nicht sichtbar. Die Person, legte ihre Hand auf das Objekt, dann leuchtete das Glas bunt, es gab nach und wurde weich, so dass die Hand in das Material ging. Dann gab es einen Okay-Piepton. Über seine Hand wurden dann Daten und Informationen in seinen Kopf übertragen, wirkte technisch. Es wurden Positionen zu den nächsten Zielpunkten übermittelt, wo derjenige hinsollte.

Galaktische Machtzentrale bröckelt

[WEF 1996, solo] „Hatte online-Kontakt und telepathischen Dialog mit einem Hochrangigen auf dem uns bekannten Machtplaneten. Er ist dabei, seinen Job dort zu schmeißen. Wir hätten ihm schon zu sehr zugesetzt. Seine Reaktion auf die Kontaktaufnahme mit mir: „Nicht der schon wieder!" Und: „Alles zerfällt, was wir aufgebaut haben. Ist nicht mehr in den Griff zu bekommen. Es herrschen bürgerkriegsähnliche Unruhen, Flottenoffiziere meutern."

Es geht da anscheinend ähnlich zu wie beim Aufbrechen der Sowjetunion. Früher hieß es bei denen grundsätzlich, „wir sind die Herrscher der Welt" – heute eher das Gegenteil."

[In seiner frühen Vergangenheit war WEF, ähnlich wie JUW, galaktopolitisch aktiv. Deswegen hatten beide während ihrer Solositzungen viele Kontakte mit hochrangigen Drahtziehern. Von daher erklärt sich die obige Reaktion seines Gesprächspartners.

WEFs Sitzung steht stellvertretend für Hunderte von Sitzungen aus den 1980ern und 1990ern, ausgeführt von Dutzenden von Solisten. Immer wieder wurde ein MindWalker von aggressiven Gegenkräften daran gehindert, seine Befindlichkeit zu optimieren. Gehandhabt wurde dies damit, den Vertreter der Gegenseite in einem oft zwei bis acht Stunden dauernden Dialog an seine ursprüngliche Gutheit zu erinnern und ihn die Ereignisse durchleben zu lassen, die ihn zu einem Bösen machten. Im Lauf der

Jahre führte dies auf der Gegenseite zu beträchtlichem Personalschwund und dem hier sich andeutenden Zusammenbruch.

Wie umfassend und rapide sich dieser vollzieht, zeigt sich gegenwärtig in großer Deutlichkeit in den Sitzungen eines anderen Solisten namens DPO von 2013 bis heute. DPO weiß nichts von JUW und WEF. Er erlebt seine Sitzungsenthüllungen völlig unbeeinflusst. Regelmäßig, in jeder Sitzung, zeigen sich ihm hochrangige galaktische Militärs mit volltönenden Siegesparolen, die nach kurzem Gespräch schließlich kleinlaut zugeben, dass sie samt Truppe keinen Backup mehr haben und zu versprengten Einzelkämpfern geworden sind.]

[Auch eine Sitzung wie die folgende wäre vor dreißig Jahren undenkbar gewesen; sie wäre massiv von außen unterbrochen worden. CKL 2018, solo:]

„Links vor mir im Erdorbit ein dichter, weißer Punkt, ein Wesen, nennt sich Raumschiffpilot. Im Gespräch wird er zunehmend aggressiv. Er hält Wesen auf und sichert den Zugang. Er will verhindern, dass der Gegner stärker wird, will die Ordnung zusammenhalten. Sehr oft hat er Engelschwärme auseinandergebracht und damit seine Pflicht erfüllt. Eine lückenlose Abwehr könnte er nicht gewährleisten, weil andere ihre Pflicht nicht erfüllt hätten; er wird richtig wütend. Nicht verhindern konnte er, dass der Gegner Oberhand gewinnt und die Ordnung zusammenbricht und dass sie den Krieg verloren haben. Eigentlich hätte er auch mich abfangen wollen.

Dann stellt sich langsam raus, dass das Gegenteil wahr ist. In Wirklichkeit war er Teilnehmer einer Konferenz, irgendwo weit entfernt. Weil die Erde Hilfe braucht, setzt sich eine Engelschar in fester Formation in Bewegung. Es folgt der Anflug im Eiltempo. Der Schwarm wird von einem Raumschiff beschossen und auseinandergebracht (ich dramatisiere in der Sitzung körperlich den Beschuss aus). Es herrscht eine große Verwirrung. In diesem Moment schaut er direkt den gegnerischen Raumschiffpiloten an, der sich über seinen Sieg freut. Im Moment seiner Überwältigung übernimmt er die Identität des Raumschiffpiloten, denn er wollte auch Sieger sein.

Er erkennt mit Erleichterung, dass er nie ein Raumschiffpilot war und niemals Engel abgeschossen hat. Verwirrt im Erdorbit, hat er sich schließlich bei mir angehängt. Erkenntnis, dass er mich nicht braucht, denn davor war er ein freies Wesen mit dem klaren Auftrag, der Erde zu helfen. Das Ablösegefühl beginnt. Ich wünsch ihm alles Gute."

Die Macht im Rückzug

[THA 2019, solo] „Ich bin online mit einer großen, schmalen männlichen Gestalt, dunkelgrauer Mantel, weit weg. Sieht aus wie ein General. Wirkt alt, grau und fahl. Es vermittelt sich mir der Eindruck von Ehrfurcht. Ich spreche ihn an, daraufhin kommt er sehr nah. Er hat sowas wie Altersflecken im Gesicht. Er empört sich darüber, dass ich störe. Er ist der „Hauptwächter Erde". Er wurde zum Hauptwächter befördert, weil er zuvor schon als erfolgreicher Wächter Eindringlinge erfolgreich abwehrte; es ging dabei um den Erdenschirm. Ursprünglich war er Bürokrat in der Militärverteidigung und ist dann in die Sperrzone abgeordnet worden. Er sagt, das gesamte Sonnensystem ist ein Ort der Verdammung für Aussätzige und Rebellen. Keiner darf ohne Genehmigung rein oder raus (so wie Australien im 18./19. Jh.). So wird Ordnung und Sicherheit hergestellt. Das ganze Sonnensystem, insbesondere um die Erde herum, ist mit Überwachungstechnik bestückt, um sämtliche Bewegungen zu überblicken. Alles wird kontrolliert und aufgedeckt.

Trotz dieser Bemühungen gab es immer wieder Wesen, die von außen nach innen durchkamen und auch von innen nach außen durchschossen. Die waren nicht greifbar. Da war oft zu viel los, und sie hatten nicht ausreichend Kräfte. Meldung dazu musste er an den Oberbefehlshaber höchstpersönlich erstatten, das Thema war Chefsache. Er selbst war und ist der Hauptwächter Erde.

Zum direkten Vorgesetzten wie auch zum Oberbefehlshaber besteht Funkstille. Er weiß nicht, wieso, kann aber wegen der Funkstille auch nicht nachfragen. Ich kläre ihn auf, dass das Kontroll- und Überwachungsszenario rum ist, die Chefs seien alle nicht mehr auf ihren Posten; sie hätten ähnliche Sitzungen gehabt wie jetzt er. Er hat es geahnt. Dann gibt er einen Impuls ab von: Rückzug der Kräfte. Er ordnet einen geordneten Rückzug an. Es sind nur noch wenige auf Führungsposten. Von Truppen sind noch ein paar Tausend da. Die bauen ihre Technik ab und packen zusammen, so wie der Truppenabzug der Russen nach der Wende. Frieden! (Gänsehaut). Ich sehe ein rostbraunes Transportschiff, das bewegt sich sehr langsam, weil es so massiv ist. Dann sind noch ein paar Hundert da. Sie zeigen alle Verständnis für den Rückzug.

Auch auf der Erde ist einiges in Bewegung, in unterirdischen Stützpunkten. Ich sehe aus der Wahrnehmungsposition des Hauptwächters in Vogelperspektive die Pyrenäen, Australien, USA, Indien und China. Es herrscht ein Gefühl der Erleichterung, die Besatzung war schwer unter Druck. Ich [THA] fühle mich leicht, kann durchatmen.

Ich [der Hauptwächter] entferne mich von der Erde. Ich sehe den Mond, welcher mit Horchposten bestückt ist. Dann Mars, Venus, Pluto und „Transpluto". Es wird alles abgebaut. Das Überwachungsregime ist beendet. Jubel! (Gänsehaut.)

Ich [THA] weine vor Freude. Es kommt mir vor wie eine Verbrüderung (Gänsehaut). Es war ein ganzes Netz aufgebaut gewesen, massiv was aufgefahren worden – eben die absolute Sperrzone. Dann entfernt sich der Hauptwächter von mir. Er wirkt freudig, es hat ein gutes Ende genommen. Er wird heller und ist dann weg. Ich habe den Eindruck, der Sperrzonenstatus ist aufgehoben."

[Bei einer Sitzungszeit von nur 26 Minuten fragt man sich zu Recht, wie dermaßen gewaltige Ereignisse in so kurzer Zeit ablaufen können. Die Antwort ist, dass man in einer Solositzung oft von allem Weltlichen abgehoben ist und sich einem in diesem Bewusstseinszustand nicht nur die ferne Vergangenheit eröffnet, sondern auch die Zukunft - beides in Sekundenschnelle. Man verbringt mehr Zeit mit dem Notieren des Erschauten und der mindwalker-Reaktionen als mit dem Erschauen selbst. Beispiele dafür, wie sich eine in Sitzung erschaute Zukunft Jahre danach bestätigt hat, gibt es, siehe JUW als „Jochen" in Teil Eins, „Ingenieur sieht seine Zukunft".]

Das schwarze Reich zerfällt

[In seinem Buch „Das schwarze Reich" leistet E. R. Carmin eine Aufarbeitung der schwarzmagischen Geheimlehren und esoterischen Machtkulte, die sich in dem Größenwahn und den Gewaltorgien von Hitlers Drittem Reich verdichteten.[91] In Stalins Sowjetrepublik ging es, zumindest was Größenwahn und Gewalt angeht, ähnlich zu, genauso im China des Mao Zedong und, in neuerer Zeit, in Nordkorea und der Türkei. Diese schwarzen Reiche, diese sich selbst verherrlichenden „Größten Führer aller Zeiten" dürften ihre kranke Phantasie aus einer Dramatisierung des Täter-Aspektes der EVK beziehen. Zum Glück werden es immer weniger, die globale Szene hat sich gewandelt.]

[Eine Notiz von WEF, 1996] „Hatte eben nochmal den Herrn Gouverneur in Sitzung. Er ist dabei, seinen Job auf Makbar zu schmeißen. Wir hätten ihm schon zu sehr zugesetzt. Sagt: Alles zerfällt, was wir aufgebaut haben. Die Situation auf Makbar ist ähnlich wie derzeit in Russland, bürgerkriegsähnliche Unruhen. Die Flottenoffiziere meutern, bekommen Besuch von Eliteoffizieren der Patrouille, werden über die veränderte Lage aufgeklärt. Früher hieß es immer „Wir sind die Herrscher der Welt", deswegen hat er damals mitgemacht. Nichts mehr davon übrig."

[Nun anzunehmen, damit sei endlich alles vorbei, wäre verstiegen. Doch sprechen zumindest die Zeichen aus der MindWalking-Szene für einen Wandel. So etwa hat DIP, den ich schon seit den Achtzigern betreue, die harten Kämpfe jener Tage miterlebt. Es folgen zunächst drei Beispiele von Mitte der Neunziger und danach eines aus der Gegenwart, also 2019:]

[DIP 18.8. 1995, solo] „Als Einstieg in die Sitzung versuche ich die Art der Irritation zu definieren. Diesmal sind es so eine Art Strahlen. Ich nenne sie „Chaoswellen". Der Ursprung wird weit weg irgendwo in Arizona ausgemacht. Irgendein Stützpunkt unter der Erde. Entspannungsanzeige am mw [mindwalker] und erstmal Pause. Nach der Pause nehme ich wieder telepathischen Kontakt auf. Ich will erst mal wissen, ob ich es mit dem Chef zu tun habe. Als Bestätigung gibt es eine Anzeige am mw.

Nun will ich wissen, was denn seine Aufgabe ist. Schwach kommt so etwas zurück wie „Leute durcheinander bringen". Was ist hier los? Es stellt sich schließlich heraus, dass es ein sogenannter Grauer, eine Art Bioroboter, ist, der allerdings im Auftrag einer dahinterstehenden Macht arbeitet. Erst einmal bekommt er von mir ein paar Hinweise zum aktuellen „Spielstand" [dass auch die Chefetage solche Sitzungen bekam und sich verabschiedet hat], dann benötige ich wieder eine Pause.

Danach baue ich die telepathische Verbindung wieder auf. Dieser Typ scheint nun irgendwie ängstlich und etwas konfus zu sein. Er hat Angst vor seinem Chef. Den möchte ich sprechen. Doch der hat sich aus dem Staub gemacht. Der Typ inzwischen auch. Diese Szenerie hat sich aufgelöst. Die Jungs sind verschwunden. Diese Chaoswellen wirken irgendwie auf den menschlichen Körper und scheinen diesen zu stören. Die Sitzung dauerte 1:16 Stunden, allerdings mit vielen Pausen."

[DIP 20./21.8.1995, solo] „In der nächsten Sitzung treffe ich wieder auf diese Szenerie in Arizona, genauer in Phoenix. Diesmal gelingt es mir den „Chefüberwacher" zu stellen. Die Sitzung dauert 1:40 Stunden und hat wieder viele Pausen. Am Ende weise ich ihn darauf hin, dass sein Auftrag nun beendet ist. Am mw bekomme ich nun Entspannungswerte."

[DIP 23. bis 26.8. 1995, solo] „Die gleiche Situation finde ich wieder am 23./24./26.8.95 vor. Insgesamt 2:06 Stunden, wieder mit vielen Pausen. Diesmal sind auch „Echsen", auch Reptiloide genannt, im Spiel. Sie bekommen gratis eine Sitzung und viele Hinweise, bis sich die Szenerie in Wohlgefallen auflöst.

Die Echsen sind mir in späteren Sitzungen noch öfter begegnet, unter der Erde oder in Raumschiffen. So in Saudi-Arabien, am Roten Meer, gehäuft in Thailand, in Tel Aviv, Afghanistan, Tibet, Indonesien usw. Mit Ausnahme von Thailand alles politische Brennpunkte mit gelegentlicher Gewalteskalation in der Bevölkerung. Die Reihe der „Echsenkontakte" ist damit bei weitem nicht erschöpft. Sie sind mir auch später immer wieder begegnet, auch an anderen Orten. Die Kommunikation dieser Gattung der

„Freunde aus dem All" ist oft nur kurz und enthält zumeist nur spärliche Informationen. Man muss mit starker Absicht dran bleiben, um eine Sitzung zu einem guten Punkt zu bringen."

Endlich alles ausgestanden?

DIPs letzte, kürzlich abgeschlossene Sitzungsreihe von 2017 bis 2019: Er geriet mit einem Echsenmenschen nach dem anderen in Kontakt; alle hatten sie keine Lust mehr. Nicht, dass DIP das spannend gefunden oder danach gesucht hätte, nein, ganz im Gegenteil, er fühlte sich gelangweilt und veralbert – vor allem deswegen, weil sie allesamt angaben, unter dem Stuttgarter Flughafen stationiert zu sein und die islamistische Szene zu Terror und Gewalt aufzumischen, um auf diese Weise die für sie nötige Lebensenergie zu gewinnen. Doch trotz allen Unbehagens konnte DIP nicht vermeiden, dass genau diese Wesen immer und immer wieder als Assoziation zu seinem Thema aufkreuzten. Bis jenes Nest schließlich ausgehoben war, dauerte es zwei Jahre, doch vergingen zwischen den Sitzungen oft Wochen; es waren insgesamt 72.

Seit jenen ersten Konfrontationen mit Echsenmenschen in 1992 ist es ein weiter Weg gewesen. Erst Ende 2001, nach neun Jahren der Auseinandersetzung, gab es erste Anzeichen für einen Wandel zur Selbstbesinnung – gewiss nicht nur das Ergebnis von MindWalking. Zumindest lässt das Internet vermuten, dass eine beträchtliche Anzahl von Einzelnen und Gruppen an dieser Abwehrmaßnahme beteiligt war und ist.

Sollte an all dem was dran sein, so dürften die nächsten Jahre und Jahrzehnte im Zeichen zunehmender Entspannung stehen. Selbst wenn die Drohgebärden der gegenwärtig noch existierenden „Größten Führer aller Zeiten" eher auf das Gegenteil zu verweisen scheinen, werden sie mit ihrem atomwaffenstarrenden Wahn nicht ernst machen. Diese Zeiten sind vorbei.

Gleichwohl wäre es falsch zu glauben, wir würden Frieden auf Erden haben, nur weil „die da draußen" uns nicht mehr aktiv manipulieren. Leider kommt ein Friede nicht von selbst daher gesegelt wie ein Weihnachtsengelchen. Wir müssen noch mächtig dran arbeiten.

Bis auf wenige Ausnahmen ist jeder, der auf dieser Erde auf zwei Beinen herumspaziert, durch seinen Durchgang durch den Erdschirm und seine wiederholten Kontakte mit kollektiven Trauma-Feldern mit Gewaltphantasien durchseucht, die ihn zu einer wandelnden Zeitbombe machen. Man darf hoffen, dass sich das durch die Auflösung des Schirms durch WOB 1991 geändert hat („Das Netz wird entfernt"). Vielleicht sind die seitdem Geborenen, die heute Zwanzig- bis Dreißigjährigen, weniger belastet. Doch braucht es leider nach wie vor nur den richtigen Auslöser, und schon flackern die Dramatisierungen auf, siehe Terrorismus und Amoklauf.

Somit hätte ein jeder die ethische Verpflichtung, sich von dieser seiner persönlichen Kontamination zu reinigen. Nur dann bekäme der Frieden seine Chance.

Verlernen wir in Europa durch den langen Frieden nicht vielleicht den Krieg? Sind wir allmählich auf friedlich gepolt? Leider nein. „Es würden sich etwa achtzig Prozent zumindest der jungen Männer jubelnd in den Kampf treiben lassen. Dann wird es wieder Massaker geben", so das Untersuchungsergebnis eines bedeutenden Psycho-Traumatologen unserer Tage.[92]

Teil Vier
Rückschau:
Was ist davon zu halten?

Schlüssigkeit trotz Widersprüchlichkeit

Skepsis ist angebracht

Auf den ersten Blick passt hier nirgendwo etwas zusammen. Zum einen sind sich die Wissenschaften untereinander in unzähligen Details nicht einig, vertreten aber zumindest die materialistisch orientierte Generallinie, dass das Leben auf dieser Erde ein Zufallsprodukt sei und die Existenz eines Menschen sich beschränke auf den Zeitraum von Zeugung bis Tod. Demgegenüber steht die archaische Ahnung von der Erschaffung der Welt durch geistige Wesen und die Vorstellung eines ewigen Lebens auf spiritueller Ebene; sie schlägt sich in Legenden und religiösen Schöpfungsgeschichten nieder. Weitere Legenden erzählen von einem Weltuntergang, den wiederum die Wissenschaft bestreitet oder allenfalls als eine Reihe lokaler Ereignisse gelten lassen würde. Indessen gibt es von MindWalking-Seite her Hunderte von Zeugnissen dieses Weltuntergangs. Er scheint nicht besonders lange her gewesen zu sein – was so gar nicht in die riesigen Zeitdimensionen des offiziell vertretenen Evolutionskonzepts passen möchte. Widersprüche, wohin man auch schaut.

Wie stellt man sich als MindWalking-Sitzungsleiter dazu? Während der laufenden Sitzung gar nicht. Das ist nicht Aufgabe eines Sitzungsleiters. Man hört seinem Sitzungspartner zu, das ist alles. Man lässt es kommen. Man wertet nicht, stellt nichts in Abrede, schränkt nicht ein. Und man erlebt mit Staunen, in welche unerwarteten Richtungen sich der Erinnerungsstrom bewegt, welche Bilder sich entwickeln, welche Erinnerungen sich eröffnen. Diesen Strom lässt man zu. Das Ergebnis dessen ist dieses Buch.

Erst nach der Sitzung würde man sich als Sitzungsleiter so seine Gedanken machen. Da sehen Sitzungspartner, wie sie als rein geistige Wesen aus den unterschiedlichsten Welten aufbrachen, um die Erde zu retten; auf ihrem Weg werden sie von Strudeln gepackt, von Abfangschirmen gebeutelt, von Raumschiffen eingefangen und gehirngewaschen, und wenn diese verletzten, traumatisierten Sternenkinder zu guter Letzt doch hier landen, häufig in ihrer ersten Inkarnation, dann mit nahezu vollständigem Gedächtnisverlust. Kann man diesen Berichten glauben, kann man sie ernst nehmen?

Ich denke, ja. Die Beschreibung dieser Herabkunft wird, mit allen Zwischenfällen, schlüssig beschrieben. Sie wird nicht locker daher erzählt, sondern Sitzungsstunde um Sitzungsstunde erkämpft. Was die meisten der Ankömmlinge im Leben beruflich tun, folgt häufig in großen Zügen der Absicht, mit der sie ursprünglich aufbrachen, selbst wenn ihnen diese vor der Sitzung nicht so recht, oder gar nicht, bewusst war. Entspricht der derzeitige Beruf dieser Absicht nicht, so gehen sie privat häufig bestimmten Interessen mit einem Eifer nach, der ahnen lässt, dass im Hintergrund etwas ganz Großes vergraben liegen muss.

Weiterhin decken sich nahezu alle Geschichten in ihren wesentlichen Grundzügen: Aufbruch mit Rettungsabsicht, Behinderung durch Gegenkräfte mit einer typischen Auswahl an Behinderungsmethoden, zusätzliche Überwältigung durch die Bildermassen des Erdschirms, daraus resultierend eine Ankunft mit Identitätsverlust. Da die Sitzungspartner aus aller Herren Länder kommen und sich in der Regel weder kennen noch einander über ihre Erlebnisse berichten, ist eine Vorabsprache als Erklärungshypothese ausgeschlossen. Ebenfalls auszuschließen ist eine unterschwellige Suggestion seitens des Sitzungsleiters in dem Sinn, dass der seine eigenen Erlebnisse telepathisch vermittelte und durch geschicktes Fragen vom Sitzungspartner zu hören bekäme, was er hören will, denn schließlich gleichen sich die Erzählungen unabhängig von der Person des Sitzungsleiters. Zudem staunen selbst altgediente Sitzungsleiter mit der Erfahrung von Tausenden von Sitzungsstunden über das sich Enthüllende.

Keiner sucht nach diesen Geschichten. Es ist harte Arbeit, am Ende auf das für einen persönlich Stimmige zu kommen. Insofern ist die dabei entstehende Konvergenz der Daten ein triftiger Grund, diese Inhalte ernst zu nehmen und sie nicht als Fantasieprodukt abzuwerten

Angenommen nun, die individuellen Herabkunfts-Geschichten hätten ihre Gültigkeit, wie verhält es sich dann mit Erinnerungen an die Erdvernichtungskatastrophe? Sind das Einzelgeschichten aus hundert unterschiedlichen Ecken und Winkeln des Kosmos ohne jeden größeren Zusammenhang? Oder sprechen sie alle von derselben Katastrophe?

Im Vergleich ist es, als trüge man Hunderte von Berichten aus dem Zweiten Weltkrieg zusammen. Jeder einzelne könnte aus jedem der Kriege im 19. und 20. Jh. sein, denn Kampfhandlungen ähneln sich. Dann aber sind gewisse Elemente enthalten, die auf ein gemeinsames Erlebnis hindeuten, wie z.B. Uniformen, Waffen, Schauplätze, verwendete Methoden usw.

Für die einzelnen Sitzungspartner ist das Gesamtbild nicht unmittelbar relevant, das sich hier ergibt, für ihn könnte man die Frage danach auch offen lassen. Geht es aber um eine gemeinsame Altlast und deren Bewältigung, dann ist schon wichtig zu wissen, was tatsächlich passiert ist. Die Gesamtheit der Sitzungsberichte legte irgendwann einmal die Hypothese nahe, dass es hier um ein reales und katastrophales Ereignis geht. Eine Hypothese kann wiederlegt werden. Aber das wurde sie durch weitere und weitere Sitzungsberichte nicht, vielmehr wurde sie bestätigt.

Selbst wenn das Gegenteil wahr wäre, es sich also tatsächlich um völlig unterschiedliche Orte und Zeitpunkte handeln sollte, hieße das immer noch: es muss mal mächtig was los gewesen sein im weiten Weltall, und auch gegenwärtig müsste es noch so sein, sonst würden die Menschen nicht einer wie der andere darauf zu sprechen kommen. Das zumindest käme man bei aller Skepsis nicht umhin, akzeptieren zu müssen. Es wäre erklärungsbedürftig. Es wäre seitens der Psychologie ernst zu nehmen und mit gebotener Sorgfalt zu untersuchen. Schließlich können nicht alle

Menschen unter inhaltlich vergleichbaren transpersonalen Hirngespinsten leiden, ohne dass das seinen Grund hätte.

Wahrheit befreit

Bei der Beurteilung, ob wahr oder nicht wahr, verdient das Phänomen „Wissen und Gewissheit" besondere Beachtung. Manches *weiß* man einfach, man lässt es sich nicht ausreden, ist nicht einmal bereit, es zu diskutieren. Zeigt einem ein Siebzigjähriger sein Kinderfoto, dann weiß er felsenfest: das bin ich mit 6 Monaten in Omas Garten. Ist so, Punkt. Oder ein Selfie aus dem Urlaub, vorne Fritz und Rita, im Hintergrund eine palmengesäumte Avenida mit Blick aufs Meer: Mallorca 1998, sagt Rita, Fritz nickt. Da steht kein Schild mit Ort und Datum, und trotzdem! Nicht Malaga, nicht Barcelona, nicht Teneriffa, nicht Casablanca, nein: Mallorca. Man weiß es ganz gewiss.

Methodisch beruht MindWalking auf dem Grundsatz „eine Wahrheit erkennen wirkt befreiend". Die logische Ergänzung dazu wäre, „wenn es befreiend wirkt, muss es auch wahr sein". Zugegebenermaßen wäre das zunächst eine rein subjektive Wahrheit. Kommen Sitzungspartner aber unabhängig voneinander über Jahrzehnte hinweg ohne jegliche Suggestion oder Einschulung zu vergleichbaren Erinnerungen und Einsichten, sagen sie von sich aus spontan, „das ist die Erde!" und „ich bin online mit einem Raumschiffpiloten" oder Ähnliches, und fühlen sie sich anschließend erleichtert und befreit, so steckt hier jenseits aller Subjektivität eine Objektivität.

Deswegen, wenn man hört: „Mars – Phaethon – Erde – EVK – Echsen – Graue – Hilfemission - Strudel – Erdschirm - Raumschiffe" – es muss wohl was dran sein.

Kollektiver Gedächtnisspeicher jedem zugänglich

Zum Ende von Teil Eins in „Alles dummes Zeug?" wurde die Paranoia-Hypothese angeführt: dass sich die Leute das alles nur einbilden.

Sie wurde mit guter Begründung abgelehnt. Als weiteren Einwand gegen diese Hypothese, insbesondere im Hinblick auf die Atlantis-Katastrophe, ließe sich die enorm starke Daten-Koinzidenz anführen, die sich in den Sitzungsberichten gezeigt hat. Hunderte von Menschen aus unterschiedlichen Kontinenten und Kulturen haben unabhängig voneinander über einen Zeitraum von vier Jahrzehnten Vergleichbares von sich gegeben. MindWalking-Sitzungspartner kommen aus ganz Europa, aus den USA und Australien; südamerikanische Indios, weiße und schwarze Afrikaner waren dabei – wie ließe sich der Gleichklang der Aussagen so vieler Menschen wohl erklären, wenn nicht über ihre Anbindung an ein kollektives Geschehnis oder zumindest eine kollektive Erinnerung? Woher die Ähnlichkeit dieser individuellen „paranoiden" Welten, wenn nicht über ein gemeinsames Urerlebnis?

Die Aussage der Atlantis-Protokolle macht die Bestätigung von beidem unausweichlich: ja, es gibt die Erdvernichtungskatastrophe als kollektives Urerlebnis, und ja, es gibt die kollektive Erinnerung daran. Wer an jenem Geschehnis nicht persönlich beteiligt war, gerät über das Herunterladen kollektiver Erinnerungsbilder in die gleichen Dramatisierungen hinein wie die Betroffenen, was sowohl den blutrünstigen Verlauf der Menschheitsgeschichte erklärt wie auch die gegenwärtig zu beobachtende Zerstörung des Planeten, auf dem wir hausen.

Beim jetzigen Stand der Recherche ist das Gesamtbild leider gerade mal skizzenhaft. Viele Puzzle-Teile fehlen noch, um die Historie in vollen Farben auszumalen. Dazu bedürfte es Tausender von weiteren Sitzungen sowie deren inhaltliche Erfassung in einer Datenbank zum Zwecke der Auswertung. Falls sich der Leser dazu berufen fühlen sollte – seien Sie willkommen! Jede Sitzung zählt.

Seriöse Wissenschaft hat Berührungsängste

Weder haben von Menschen erlebte Großkatastrophen noch die Möglichkeit einer vorsätzlichen Erdzerstörung in die seriöse akademische Diskussion Eingang gefunden, von Raumschiffkulturen gar nicht zu reden. Wieso aber nimmt man UFOs nicht ernst, wenn diese doch jenseits allen Zweifels vom Militär bestätigt wurden? Wenn die Politik die Existenz von Aliens öffentlich diskutiert, siehe die eingangs zitierte UN-Konferenz? Wie können Psychologie und Psychiatrie nach wie vor der Telepathie mit Ablehnung entgegentreten, wenn doch die CIA, immerhin eine Regierungsbehörde, dem Physiker Harold Puthoff, dem Psychologen Russel Targ und dem Hellsichtigen Ingo Swann den Auftrag erteilten, einen telepathischen Spionagedienst gegen die Sowjets einzurichten, und wenn dieser unter dem Namen „Remote Viewing" bis zum Zusammenbruch der Sowjetunion belegbare Erfolge erbrachte?[93] Wieso bezieht die akademische Wissenschaft solche Novitäten nicht in die Diskussion ein?

Hinzu kommt, wie unschlüssig und in sich gespalten die Wissenschaft hinsichtlich der Erdgeschichte ist. Da ist noch lange nicht alles aus einem Guss. Archäologie, Paläontologie und Evolutionslehre benutzen die riesigen Zeitdimensionen der Geologie-Urväter des 19. Jh. als Ausgangspunkt, wie in Teil Zwei dargelegt. Indessen lässt sich in Anbetracht der verwendeten fragwürdigen Messtechniken an der Verlässlichkeit dieser Zeiträume zweifeln. Weitere Zweifel daran erwecken Hapgoods Karten der Vorzeit, vom Mainstream unbeachtet gelassen, wiewohl auch er ein akkreditierter Wissenschaftler. Unbeachtet bleiben auch die kritischen Einwände der nicht-orthodoxen Archäologie und Paläontologie, siehe etwa Zillmer.

Wieso werden diese Dinge unter den Teppich gefegt? Um das zu erklären, braucht es keine Verschwörungstheorie. Wissenschaftler als Bürger ihres Landes sind ganz normale Menschen, die Gas, Wasser, Strom und Miete zahlen müssen sowie ihre Kinder in eine gute Schule schicken wollen. Positionen im Wissenschaftsbetrieb sind rar; wer eine hat, will nichts riskieren. Die Auseinandersetzung mit abseitigen Themen würde der Karriere schaden, abgesehen davon, dass sie angesichts der ohnehin zu bewältigenden Publikationsflut zeitlich kaum zu bewältigen wäre. Wer sich ernsthaft mit ihnen auseinandersetzte, würde gar nicht erst Karriere machen. Kritisches, innovatives Denken außerhalb der übereingekommenen Leitbahnen gefährdet den Job, wie überall. Auf diese Weise entstehen zwei Welten, die des Mainstreams und die seiner Kritiker, und die Brücke zwischen beiden scheint noch nicht geschlagen.

Wissenschaftler – Sternenkinder mit Gedächtnisverlust

Manche wissenschaftliche Beschreibungen klingen, als sei ihr Verfasser Zeuge des beschriebenen Geschehens gewesen. Man denke an die von frühen Astronomen eifrig herbeigedichtete Marszivilisation; man denke an Buttlars Vorstellung einer Gesamtzivilisation Phaeton-Mars-Erde mit Sprengung Phaethons, an Johann Gottlieb Radlofs Buchtitel aus 1823 „Zertrümmerung der großen Planeten Hesperus und Phaeton, und darauf folgenden Zerstörungen und Überflutung auf der Erde"; man denke an die intensive Anschaulichkeit Zillmers und Velikovskys bei der Beschreibung der Erdvernichtung durch Vulkane, Erdbeben und Regenfluten; man denke an die Farbigkeit der Ausführungen von Paläontologen zum Leben in der Steinzeit oder an die von Geologen, die sich in die Folgen eines Asteroideneinschlags hineindenken. Ihre Worte klingen denen eines MindWalking-Sitzungspartners verblüffend ähnlich.

Liest man bei dem Physiker Stephen Hawking vom Durchgang durch Schwarze Löcher und Wurmlöcher, so könnte man glauben, er sei dabei gewesen. Beschreibt er seine Vermutung, Universen entstünden mit einem Urknall aus dem Raum-Zeitlichen Nichts eines Schwarzen Loches, expandierten, kollabierten und würden erneut zum Schwarzen Loch, so entspricht das ganz verblüffend dem, was MindWalker aus ihren Urerinnerungen zu berichten wissen.[94]

Wie könnte es Hawking auch anders darstellen? Stellt man nämlich in Rechnung, dass immer als Erstes die Theorie aufgestellt wird und dann erst die Forschung erfolgt, und stellt man weiterhin in Rechnung, dass eine Theorie notgedrungen aus der Weltanschauung des Wissenschaftlers, will sagen der Gesamtheit seines zum betreffenden Zeitpunkt gegebenen Geistes entspringt, dann kann diese Theorie nicht größer oder weiser sein als der sie formulierende Theoretiker. Anders gesagt, in einer Theorie werden sich zwangsläufig die verarbeiteten, aber auch die unverarbeiteten Erlebnisse des sie formulierenden Theoretikers niederschlagen.

Auch hier gilt Ähnliches wie oben: Wissenschaftler sind normale Menschen. Genauer gesagt sind sie Geistwesen wie alle anderen auch. Auch sie kamen im Zustand des Identitäts- und Gedächtnisverlustes auf der Erde an und haben mehr oder weniger zufällig diesen oder jenen Körper übernommen. Auch sie, nicht nur die MindWalking-Sitzungspartner, sind gefallene Sternenkinder; auch sie haben einen astralen sowie einen galaktischen Hintergrund samt den damit einher gehenden Erlebnissen und Traumatisierungen. Wäre dem nicht so, so wüssten sie von Geburt an spontan und mit größter Klarheit über ihre Vorexistenz Bescheid – was sie jedoch nicht tun.

Von den Nachwirkungen der Gewalteinwirkung im Verlauf ihrer Herabkunft sind Wissenschaftler genau so wenig frei wie ihre Auftraggeber aus Politik, Wirtschaft und Militär. Unvermeidbar sind sie allesamt aus dem Hinterstübchen ihres Bewusstseins von den gleichen Erinnerungsbildern geprägt wie den im vorliegenden Buch aufgeführten, seien sie persönlich erlebt oder aus dem Gesamtspeicher heruntergeladen. Das bestimmt sowohl die Richtung der Forschung wie die Interpretation ihrer Ergebnisse. Kurz, der Wissenschaftsbetrieb ist Dramatisierungen genauso unterworfen wie jede andere irdische Einrichtung auch.

Gerade unter den Wissenschaftlern, genauso unter den Künstlern, Philosophen und Musikern, scheint es viele solcher Sternenkinder zu geben. An ihren Biographien lässt es sich ablesen: die meisten waren Wunderkinder. Ob Leonardo da Vinci, Tesla, Feynman, Leibniz, Pythagoras, Rousseau, Pascal, Bach, Mozart, Michelangelo, sie alle brachten noch im frühen Kindesalter Dinge zustande, angesichts derer der Fachwelt ihrer Tage der Mund offen stehen blieb. Vermutlich in ihrer ersten Inkarnation hier auf der Erde, also frisch angekommen und trotz erlittener Identitätsauslöschung noch voller guter Ideen, machten sie sich sogleich ans Werk. Vor allem durch sie sind wir, die Menschheit, Schritt um Schritt weiter vorangekommen.

Wir stecken immer noch im selben alten Film

Rundherum Dramatisierung

Die Allgegenwart von Dramatisierungen auf dieser schönen Erde lässt sich als weiteres Argument dafür anführen, dass an der Geschichte von der Erdvernichtung vielleicht doch was dran ist. Ganz kurz zur Wiederholung: eine Dramatisierung ereignet sich, sobald sich ein Erinnerungsfilm mit den Inhalten Mord, Totschlag, Überwältigung und seelische Vernichtung einschaltet. Kommt einem ein solcher Film durch entsprechende äußere Auslöser in den Sinn, so entsteht eine Persönlichkeitsverschiebung zu den zentralen Figuren jenes Films hin, seien sie Opfer oder Täter. Jede dieser Rollen kann übernommen werden, jede Figur in jenem lang vergangenen Geschehnis ist potentiell ein Verhaltensvorbild, in dessen Charakteristika man unbewusst und ungewollt hineinzuschlüpfen Gefahr läuft, sobald sich dieser alte Film einschaltet. Das eigene Verhalten samt Emotionen und körperlichem Wohlbefinden wird davon kurz- oder auch langfristig eingefärbt.

An einem einfachen Beispiel veranschaulicht: angenommen, man wäre zu Zeiten der US-amerikanischen Indianerkriege als Indianer von einem berittenen Kavalleristen mit einem schweren Revolver erschossen worden. Im gegenwärtigen Leben könnte dies auf vielfältige Weise dramatisiert werden: hohe Faszination mit der Indianerkultur Nordamerikas, Sammeln von Kostümen, Waffen, Kultgegenständen, häufige Reisen zu Indianerreservaten, Eintreten für deren Rechte. Oder: Völliges Vermeiden eines jeden Kontakts mit der Indianerkultur, Verspotten eines jeden, der sich dafür interessiert, Aufrechterhalten größtmöglicher Distanz zu diesem Thema. Oder: Angst vor Pferden und Berittenen, Panik angesichts von Waffen. Oder: Verehrung und Fetischisieren von Waffen, ehrgeiziges Bemühen, Waffen zu tragen, um stark und mächtig zu erscheinen. Oder: Mitglied in einem Schlägertrupp sein, der braunhäutige Ausländer verdrischt, um sich in der Siegerrolle zu bestätigen. Die Täterseite wie auch die Opferseite, beide stehen der Dramatisierung zur Verfügung.

Jedem Sitzungspartner werden diese typischen mentalen Mechanismen in der Selbstreflexion sehr rasch offensichtlich. Ihr wesentliches Merkmal ist die Zwanghaftigkeit, die Unentrinnbarkeit des Verhaltensmusters.

Je stärker ein Trauma, desto tiefer prägt es sich ein; je mehr Menschen davon betroffen, desto breiter und langfristiger wird es dramatisiert. Entsprechend wird die Erdvernichtungskatastrophe, ein globales Trauma von extremer Größenordnung, erdenweit und langfristig dramatisiert. Hierzu einige Beispiele.

Atlantis bis heute weltweit nachempfunden

Die Neubesiedlung nach Katastrophe und Steinzeit setzte dort ein, wo es warm war, wo es sich leben ließ, nämlich in der subtropischen und tropischen Zone innerhalb der beiden Wendekreise. Dort entstanden die ersten Hochkulturen. Man erbaute Pyramiden. Man baute nach, was man von früher kannte, man baute die vertraute Welt wieder auf. Zusätzlich zu den uralten, noch vorhandenen megalithischen Bauwerken, etwa den Gizeh-Pyramiden, entstand ein Pyramidengürtel rund um den Erdball. Man folgte intuitiv alten Vorbildern, ein inneres Drängen trieb die Menschen an. Selbst wenn ein zugereister Außerirdischer den Bauplan vorgegeben haben sollte, wurde das Projekt von allen mitgetragen; es war selbstverständlicher Teil der Kultur. Genauso sieht eine Dramatisierung aus.

Spirituelle Führer in Atlantis waren Lichtwesen ohne Körper. Nachempfunden wird dies in den Priestergewändern aller Kulturen und Epochen bis zum heutigen Tag. Diese Gewänder lassen ihren Träger zu einer Lichtgestalt werden. Mit strahlenden Farben und oft auch dicken Sohlen, die den Träger überlebensgroß erscheinen lassen, ahmt man das Strahlen eines erleuchteten Wesens nach. Man konstruiert sich eine Welt auf Grund allenfalls halb bewusster Erinnerungen: eine Dramatisierung.

Ähnlich verhält es sich mit der Verehrung des Königs. Bis in die Neuzeit hinein sah man den König als göttliches Wesen; in Japan ist es selbst heute noch so. In Europa wurde der Kaiser vom Papst, dem Stellvertreter Gottes auf der Erde, gesalbt und damit in seiner göttlichen Stellung anerkannt. Einen König spricht man an als „Seine Durchlaucht" und gesteht ihm einen „erlauchten Willen" zu – diese alten Wörter bedeuten im heutigen Deutsch „durchleuchtet" und „erleuchtet".

Ein weiteres atlantisches Relikt ist die Geistheilung durch reine telepathische Einstimmung sowie das Handauflegen. Die Hand-Chakren hatten in alter Zeit gewaltige Strahlkraft; in Nachempfindung dessen steht ein Priester beim Segnen mit geöffneten Händen vor der Gemeinde. Als würde aus den Handflächen ein Scheinwerfer leuchten. So betrachtet, ist der Ostersegen des Papstes in Rom vor Zehntausenden von Menschen ein wahrhaft atlantisches Ritual (wie auch viele andere katholische Riten).

Die atlantische Heilkunst über Feinschwingungen mit Hilfe von Farben, Tönen und Kristallen wird unverändert betrieben, auch in Form der modernen Energiemedizin mit ihren elektromagnetischen Anwendungen. Gleiches gilt für Schamanismus, Hexenkunst und Kräuterwissen, sowie für das afrikanische und brasilianische Voodoo. Alle diese Praktiken der Weiß- und Schwarzmagie zielen darauf ab, die Interaktion zwischen Geistwesen, Vitalwesen und Körper zum Zweck der Genesung zu fördern oder aber zum Zweck der Tötung zu zerstören. Uraltes Wissen lebt hier immer wieder auf. Auch im Gegenteil lebt es auf: denn woher sonst die Gier nach Gold, Geschmeide, Juwelen - und letztlich nach Macht?

In Atlantis galt das Geistige dem Materiellen vorgeordnet: *mind over matter*. Materielle Phänomene entstanden aus geistigen Impulsen. Die noch heute von Meistern asiatischer Kampfkünste demonstrierbare Psychokinese, also das Bewegen von Objekten auf Distanz, ist die neuzeitliche Entsprechung einer alten Kunst, ebenso die Faszination der Kung Fu-Filme.

Das Prinzip *mind over matter* definiert Magie im echten Sinn des Wortes, nämlich eine ganzheitliche Auffassung, wie sie sich in den Lehren der Astrologie und der Alchemie wiederspiegelt. Beide hatten seit den alten Ägyptern und Sumerern bis hin zu Newton und Goethe Verbindlichkeit. Die Alchemie wurde abgelöst vom modernen naturwissenschaftlichen Reduktionismus, der alle Erscheinungen auf Materie als einzige Quelle reduziert sieht und damit die These *matter over mind* vertritt. Durch die Entwicklung der Physik hin zur Quantenmechanik ändert sich dieses Bild seit rund hundert Jahren; allmählich darf man wieder ungestraft *mind over matter* sagen. Der indische Physiker Amit Goswami nennt dies *downward creation*.[95] Statt in linearen Kausalitäten denkt man nun wieder in ganzheitlichen Interaktionen.[96] Der Geist und seine Wirkungsmöglichkeiten, aus der gängigen wissenschaftlichen Perspektive nahezu voll herausgenommen, wird ganz allmählich wieder als stubenrein zugelassen.

Unser Wunsch nach ewiger Jugend und Gesundheit stammt aus atlantischer Zeit – genauso wie aus den Raumschiffzivilisationen. Wie berichtet, waren Verfall und Alterung dort buchstäblich unbekannt.

Auch das Streben nach Wunderkräften stammt aus der tiefen Erinnerung an Zeiten, wo so etwas gang und gäbe war. Die Siddhis mancher Yogis und tibetischer Mönche beweisen, dass dies nach wie vor möglich ist – wenn auch, angesichts eines schwer auf den Gemütern lastenden Erdschirms voller düsterer Bilder, nur unter unendlich erschwerten Bedingungen, ungeheurer Selbstdisziplin und nicht immer von bleibendem Erfolg.[97]

Katastrophenprophezeiungen und Drachenkulte

Liest man die Prophezeiungen des Jesaja und Hesekiel im Alten Testament oder die Offenbarung des Johannes im Neuen Testament mit ihren apokalyptischen Visionen, so darf man im Hinblick auf die im Erdschirm abgespeicherten Traumata der Erdvernichtungskatastrophe vermuten, dass hier keine Zukunftsprophezeiungen gemacht, sondern vielmehr Vergangenheitsbilder aus dem kollektiven Gedächtnisspeicher heraufbeschworen werden. Rund um die Welt sind solche Untergangsvisionen anzutreffen.[98]

Eine andere Form der Dramatisierung findet sich im Drachenkult Chinas; in Mittel- und Südamerika sind Reliefs grausiger, menschenfressender Götter in Stein gehauen; in Europa kennen wir Sagen nach dem Zuschnitt „Drache stiehlt Jungfrau“. Dies dürfte weniger auf Atlantis zurückgehen, wo die Saurier sozusagen nebenan wohnten, aber eigentlich nicht bedrohlicher waren als Elefanten oder Bären. Weit mehr dürften solche Kulte auf dem üblen Treiben der Echsenmenschen beruhen in dem Versuch, die Götter zu besänftigen, indem man sie verehrt und ihnen zuarbeitet. Eine Reihe von Sitzungsbeispielen in Teil Drei, insbesondere das der „Toltonier" veranschaulichen die Grausamkeit einer solchen Fremdherrschaft noch in geschichtlicher Zeit. Einen weiteren Beleg bieten kleine Statuetten von Echsenmenschen, die im Irak gefunden wurden und vermutlich aus einer archäologische Periode von etwa 550 bis 3500 v. Chr. stammen.[99] Es liegt nahe, einen Zusammenhang zu vermuten zwischen dem Echsen-Unwesen und den geheimen Gräbern der heiligen Krokodile in den unterirdischen Anlagen unter den Pyramiden (siehe Teil Zwei).

Größenwahn

Als getreues Abbild jenes galaktischen Präsidenten und Oberkommandierenden, der die Erdvernichtung anordnete, gab es in allen Epochen der Geschichte den Typ „Gröfaz", den „Größter Führer aller Zeiten". Ein Gröfaz ist einer, der sich nach weltumspannender Herrschaft sehnt und sie mit militärischen Mitteln tatsächlich auch durchsetzt. Wer unter voller Ausnutzung der technischen Mittel seiner Epoche zur Weltherrschaft greift, der gibt das Paradebeispiel für eine Gröfaz-Dramatisierung.

Das Reich Alexanders des Großen, 300 v. Chr., erstreckte sich von Mazedonien über die Türkei und Ägypten bis zur heutigen Grenze zwischen Pakistan und Indien. Um 50 v. Chr. breiteten sich die Römer von der schottischen Grenze über Südeuropa und rund ums Mittelmeer bis nach Persien aus (heute Iran). Zu Zeiten der Kreuzzüge im 12. Jh. lagen sich rund ums Mittelmeer die beiden Hälften der bekannten Welt gegenüber, hier die Christen, dort die Muslime. Jeder der beiden wollte den ganzen Kuchen haben. Hundert Jahre später beherrschte der Mongolenfürst Kublai Khan das riesige Territorium von China im Osten bis hinüber nach Österreich im Westen. Die spanische Krone verfügte im 15 Jh. über den halben Erdball. Weiter ging es mit Napoleon, der sich 1815 von Spanien über Frankreich, Deutschland und Italien bis zur russischen Grenze ausbreitete. Und schließlich das Britisch Empire, den ganzen Erdball umspannend, ein Reich, in dem die Sonne in der Tat nicht unterging. Hitler, der letzte Gröfaz in der Reihe, hätte gern den „Ostraum" für sich gehabt, also Polen, Russland, Sibirien, zettelte dazu einen globalen Krieg an (der jeden Vergleich mit der Erdvernichtungskatastrophe aushält), und verlor ihn. Amerika und Russland, die Erben des Zweiten Weltkriegs, teilten die Welt untereinander auf, hassten sich bis aufs Blut, waren sich aber gleichwohl nicht zu schade, den herzlichen Händedruck ihrer jeweiligen Größten Führer von der Presse ablichten zu lassen.

Damit einher geht der globale territoriale Besitzanspruch der weißen Völker. Die Kolonialherren, ob Portugiesen, Spanier, Holländer, Deutsche, Engländer, Franzosen, Italiener, Amerikaner oder Russen, waren ausnahmslos weiße Völker, die Kolonialisierten hingegen anders als weiß. Wie kommt das? Wieso spielten sich die Chinesen oder die Inder nicht in den Vordergrund? Wieso nicht die Ureinwohner Nord- und Südamerikas, nicht die afrikanischen Völker? Mit größter Selbstverständlichkeit konnte Adolf Hitler sagen: „Die nordische Rasse hat ein Recht darauf, die Welt zu beherrschen, und wir müssen dieses Recht der Rasse zum Leitstern unserer Außenpolitik machen".[100] Welcher Wahn wird hier dramatisiert?

Gewiss, die Europäer hatten hinsichtlich Wissenschaft und Technik eine bevorzugte Ausgangsposition zur Weltherrschaft, doch waren die Inder und Chinesen nicht minder klug und erfindungsreich. Wieso fehlte letzteren der imperiale Drang? Weil, so vermute ich, die atlantische Bevölkerung weiß war, weiß mit allen Schattierungen, aber eben weiß. Ich kenne keine anderen Erinnerungsbilder. Woraus sich folgern lässt, dass die von außerirdischen Helfern eingeleiteten Wiederbelebungsmaßnahmen für den verwüsteten Planeten Erde insbesondere von den weißen Völkern aufgegriffen worden sein dürfte, eine willkommene Dramatisierung, denn schließlich, so fühlten sie, war es „ihr" Planet. Alle anderen waren – und sind, leider bis heute noch - einfach Fremde.

Trauriger Weise bildeten auch diese Fremden einen Teil der Wiederbelebungsmaßnahme. Der Hintergrund: Im Zuge der Erdvernichtung nutzte das Oberkommando die Gelegenheit, Säuberungsmaßnahmen durchzuführen. In deren Verlauf wurde viel Volk von anderen Planeten körperlich zwangsevakuiert und ermordet, um anschließend astralkörperlich in die Laderäume von Raumschiffen gesaugt, in Eisblöcke gepackt und schließlich hier auf der Erde abgeworfen zu werden (siehe Teil Drei). Daher mussten als Nachkriegsmaßnahme alle möglichen Arten von Körpern importiert werden – diese aber waren vom Standpunkt der atlantischen Urbevölkerung Fremde und damit Wesen zweiter Ordnung, Sklaven eben. Und so behandelte man sie auch – insbesondere während der Kolonialzeit. (Man verzeihe mir, dass ich nicht zu allem Sitzungsberichte als Beleg beifüge, aber das würde einfach zu weit führen).

In Größenwahn und Rassenwahn fügt sich nahtlos der Macho-Wahn ein: jener galaktische Oberkommandierende war durch und durch ein männliches Wesen; er hasste Körper und überhaupt alles organische Leben. Roboter und Kampfmaschinen waren ihm eine Lust, das Organische aber ein Ekel, es gehörte vernichtet. Was auch geschah. Wieso also hassen Männer Frauen? Weil sie sich mit dem galaktischen Ober-Chef identifizieren, mit dem Sieger. Warum lassen sich Frauen dominieren? Weil sie sich mit Gaia identifizieren, dem globalen Mutterwesen, dem erdumspannenden Vitalwesen – mit dem Verlierer. Selbstverständlich ist dies weder gewusst noch gewollt. Diese ganz grundlegende Interaktion zwischen Geistwesen und Vitalwesen aus allerfrühester Zeit liegt tief vergraben. Es braucht viele Sitzungsstunden, bis man zu dieser Ebene vorstößt.

Das Bizarre an der Sache ist, dass ein Engelwesen, das hier herunter geschwebt kommt und bis zu diesem Zeitpunkt völlig geschlechtsneutral ist, bei seinem Durchgehen des Erdschirms und dem Übernehmen eines Körpers in kürzester Zeit mit einer Flut von Programmen geimpft wird - und damit gleichzeitig seine engelhafte Unschuld verliert. Ein „Downloading" von unvorstellbarer Größenordnung ereignet sich da innerhalb von Minuten. Völlig unbemerkt! So unbemerkt, dass es einem zur Selbstverständlichkeit wird. Ich Männchen, du Weibchen. Alles klar, keine weiteren Fragen. Umgekehrt geht es genauso gut: ich Weibchen; du Männchen. So einfach kann das Leben sein.

Mordlust, Kriegswut, Roboterarmeen

Nach gängiger anthropologischer Lehrmeinung waren die frühesten Highlights der Menschheitsgeschichte, als es nach der Steinzeit wieder losging: 2991 v. Chr., die Phönizier lassen sich in Nordpalästina und Syrien nieder. – 2980, Ägyptische Siedlungen entwickeln sich zu Stadtstaaten. – 2965, Sumerische Stadtstaaten erstreben Ausdehnung in Mesopotamien. – 2938, Sumerische Tempelstadt Eanna wird zum Stadtstaat Uruk erweitert. – 2934, Kriegszug der Sumerer gegen das Osttigris-Land Aratta. – 2917, die Stadt Herankonpolis erringt Vormacht in Ägypten. – 2904, siegreicher Feldzug Oberägyptens gegen Libyen; Libyen wird tributpflichtig.[101]

Was sagt uns das? Keine hundert Jahre Frieden haben sie ausgehalten. Die paar Leute damals! Statt zu kooperieren, führten sie Krieg. Der galaktische Gröfaz lässt grüßen; auch hier ist er Vorbild. In Atlantis vor der EVK wäre so etwas undenkbar gewesen.

Im Imperium des galaktischen Gröfaz hatte man Armeen von identischen, mental programmierten Roboter-Soldaten. Nachempfunden haben es ihnen die Römer und Samurai in ihren Uniformen und Panzern, die Ritter in ihren Rüstungen. Menschen werden zu identischen Maschinen reduziert, ab Alter Fritz (Preußenkönig) auch im Gleichschritt. Erschießt ein Soldat den anderen, zumal auf große Distanz, so ist das eine Figur, die da fällt, ein Symbol, kein Mensch. Deswegen fiel in den Weltkriegen das millionenfache Verheizen von Menschenmaterial so leicht. Es sind ja keine Menschen, die der General als Kanonenfutter (!) in die Schlacht schickt, sondern bloß Roboterarmeen. So wie damals. Denen tut nichts weh.

Historisch betrachtet geht Hand in Hand mit jeder neu erfundenen Technologie der verbesserte, effizientere Völkermord – bis hin zum globalen Suizid: Waffen erst aus Steinen, dann aus Bronze, dann aus Eisen. Die Armbrust. Das Schwarzpulver. Die Eisenbahn (Eroberung des amerikanischen Westens und damit der Massenmord an Büffelherden, Logistik im Ersten Weltkrieg). Die Chemie (Vergiftung der Indianer, Gasgranaten im Ersten Weltkrieg, Agent Orange in Vietnam, Plastikmüll). Atomkraft. Elektrizität (Kommunikation und Fernsteuerung von Waffen über Funk). Computer (automatisierte Kriegführung mithilfe künstlicher Intelligenz, gelenkte Drohnenschwärme statt Kampfjets).

Atomwahn

Während der EVK wurden Wasserstoffbomben in Erdspalten und Vulkankrater geworfen – eine packende Vorlage zur militärischen Dramatisierung. So befand schon 1921 der italienische General Giulio Douhet, die Bombardierung von Ortschaften führe sehr schnell zur Demoralisierung eines Landes. Dieses Prinzip wurde von der britischen Royal Air Force 1924 im Irak angewendet, als man Ortschaften, in denen man Rebellen gegen die koloniale Herrschaft vermutete, zur Gänze zerbombte. „Innerhalb von 45 Minuten", bemerkte Geschwaderführer Arthur Harris dazu, „lässt sich eine ausgewachsene Ortschaft praktisch ausradieren." Später im Zweiten Weltkrieg sorgte Harris in seiner Funktion als Kommandant des Bombengeschwaders der RAF für die Vernichtungsangriffe auf Hamburg und Dresden.[102]

Die nächste Stufe der Dramatisierung war folgerichtig die Entwicklung der Atombombe. Sie begann 1939 mit der Warnung Einsteins an Präsident Roosevelt, Hitler ließe an Atomwaffen arbeiten. Roosevelt setzte das entsprechende Forschungsprogramm in Gang. Am 16. Juli 1945 kam es unter Präsident Harry S. Truman zum Abschluss. Stalin wusste schon längere Zeit Bescheid; seit 1943 arbeiteten die Sowjets an ihrer eigenen Atombombe.[103]

Der erste Atomversuch lief unter dem Decknamen „Trinity", Dreifaltigkeit.[104] Ort des Geschehens war ein Wüstengelände der Air Force bei Alamogordo in New Mexiko. Anwesend waren Robert Oppenheimer, Enrico Fermi, Edward Teller, Richard Feynman und andere Größen der Physik. Alle waren aufgeregt und nervös. Oppenheimer konnte Sanskrit und las zur Beruhigung laut aus der Bhagavad-Gita. Luis Alvarez, verantwortlich für die Hochpräzisionszünder der Trinity-Bombe, schaute sich das Spektakel aus achttausend Metern Höhe vom Cockpit eines B-29-Bomber an.

Um 5:30 Uhr wurde die Bombe gezündet. Der Explosionsblitz war noch in dreihundert Kilometern Entfernung zu sehen. Seine Leuchtkraft war laut Messung die von zwanzig Sonnen; sie hielt zwei Sekunden lang an. Der Blitz verwandelte sich direkt über dem Wüstenboden in eine leuchtend gelbe Halbkugel – wie eine halb aufgegangene Sonne, aber zweimal so groß. Ihre größte Ausdehnung erreichte sie bei einem Durchmesser von knapp achthundert Metern. Sie hob sich vom Boden ab und verwandelte sich in einen Feuerball. Die Erde kochte, pulverisierte Materie stieg auf. Einige hundert Tonnen Sand waren verdampft. Der Atompilz stieg binnen fünf Minuten zu einer Höhe von 12.500 Metern auf.

Die Halbkugel hinterließ einen Krater von drei bis acht Metern Tiefe und rund vierhundert Metern Durchmesser. Er war überzogen von einer Kruste aus grünem Glas.

Das erste Feedback aus der ahnungslosen Bevölkerung kam von einem Örtchen in fünfundzwanzig Kilometer Entfernung. Als den Einwohnern das Geschirr vom Tisch fiel und die Fensterscheiben zersprangen, dachten sie an ein Erdbeben oder den Einschlag eines Meteoriten. Einer kommentierte: „Die Sonne ging heute im Westen auf und gleich wieder unter". Erinnert das nicht an die in Teil Zwei zitierten Weltuntergangslegenden, nach denen die Sonne in unregelmäßigen Abständen und an den falschen Stellen auf- und unterging und die Erde torkelte?

Ein kleine Abschweifung sei gestattet: Eine aufschlussreiche Querverbindung zum Aussterben der Saurier und der Bombardierung während der EVK, geradezu ein unbeabsichtigter geologischer Beleg, ergibt sich aus dem Beisein des Luis Alvarez beim Trinity-Test und dem Auffinden von grünem Glas im Krater. 1980 nämlich publizierten Luis Alvarez und sein Sohn Walter, Geologe, die Theorie, die Dinosaurier seien durch einen massiven Asteroideneinschlag ausgelöscht worden. Bis dahin hatte man nach gängiger Lehrmeinung ein allmähliches Aussterben aus nicht bekannten Gründen angenommen.

Vater und Sohn Alvarez argumentierten, der Beleg für die Katastrophe läge rund um die Welt offen vor Augen. Es gäbe da nämlich eine dünne

Lage von Sedimenten mit hohem Iridium-Gehalt. Das Metall Iridium findet sich auf der Erde selten, wohl aber in Asteroiden. Weil sich oberhalb dieser Iridium-Schicht keine Dinosaurier finden lassen, wohl aber unterhalb, läge die Schlussfolgerung nahe, ein riesiger Asteroid sei eingeschlagen und habe die Saurier unter sich begraben. Allerdings fand man 1980 keinen Krater von entsprechender Größe.

Mittlerweile fand sich der gesuchte Krater unterhalb der Yucatan-Halbinsel. In Folge des Einschlags müsste sich ein ungeheurer Tsunami gebildet haben, und ließ in allen Gewässern rund um die Erde hin und her flutende Wellen von hundert Meter Höhe aufschaukeln. Bereiche in Tausenden von Kilometern Entfernung, auch weit bis ins Inland der Kontinente, müssten von den Überflutungen betroffen worden sein.

Der Einschlag sandte enorme Schwaden von Gas und geschmolzenem Material in die Atmosphäre, auch Iridium. Dabei entzündete sich ein Feuersturm, der den ganzen Planeten umhüllte. Und nun kommt die entscheidende Zeile in dem hier zitierten Bericht: „Im gesamten Areal des Fundes fand man geschmolzenes Glas und Fragmente von Quarz, das unter extrem hohen Druck entstanden und in die Luft explodiert sein musste.“[105]

Geschmolzenes Glas - ganz wie bei der Trinity-Bombe. War es also vielleicht gar kein Asteroiden-Einschlag, sondern eine der Wasserstoffbomben während der Erdvernichtung? Man vergesse nicht, dass der Asteroiden-Einschlag lediglich die Hypothese, die Annahme, die Vermutung zweier Wissenschaftler ist, genauso wie die Schätzung (!), es sei 66 Milionen Jahre her gewesen. Beides könnte durchaus auch anders sein.

Zurück zum Zweck des Trinity-Bombentests und der damit einhergehenden, sich immer weiter ausweitenden Dramatisierung. Wir schreiben 1945. Während man in Alamogordo den Atompilz bestaunte, liefen unverändert die verheerenden Luftangriffe auf Japan. Alle 15 Sekunden rund um die Uhr startete eine B-29 mit 1600 Brandbomben an Bord. Jede einzelne reichte aus, um sechs bis sieben Hektar in Flammen zu setzen, das entspricht neun Fußballfeldern. Sechzig Prozent der Städte Japans wurden zu je zwei Dritteln zerstört.

Die amerikanische Führung sah sogleich die Vorteile der Atombombe: ein einziger Bomber konnte damit in kürzester Zeit ebenso viel Unheil anrichten wie die bis dahin üblichen Bomberverbände von fünfhundert, achthundert oder tausend Maschinen. Bei einer Eroberung Japans mit Truppen schätzte man die Verluste auf dreihunderttausend Mann mindestens, vielleicht würden es auch mehr als eine Million Tote sein. Die Atombombe war der Ausweg. Churchill erkannte darin „ein wahres Wunder der Erlösung". General LeMay sagte kurz und knapp: „Wir werden Japan in die Steinzeit zurückbombardieren!" Zwanzig Jahre später benutzte er als Kommandeur der US-Luftwaffe denselben Ausdruck mit Bezug auf Nordvietnam. (Benutzte er ihn eventuell auch schon damals bei der EVK? Denn auch Luftwaffengeneräle hatten frühere Leben und reinkarnieren hin und wieder...)

Die Stadt Hiroshima wurde als Ziel gewählt, weil es dort keine Gefangenenlager mit US-Soldaten gab. Der Name der Bombe war Little Boy: 3 m lang, 75 cm im Durchmesser, 4400 Kilo schwer. Der Abwurf erfolgte um 7:15 Uhr Ortszeit aus zehntausend Metern Höhe. Der Explosionsschock erschüttert das zu diesem Zeitpunkt bereits zwanzig Kilometer entfernte Flugzeug, der Atomblitz blendete die Mannschaft. Am Zielort versengte die Hitze von dreitausend Grad innerhalb von drei Kilometern alles Leben. Tausende von Menschen im Umkreis von neunhundert Metern vom Bombenzentrum schrumpften zu kleinen schwarzen Bündeln zusammen, die an Straßen, Gehwegen und Brücken klebten. Auf den Granitstufen einer Bank blieb von einem Menschen nur sein eingebrannter Umriss. Die Vögel gingen mitten im Flug in Flammen auf. Noch einen Monat später belebten kein Grün, kein Gras, keine Blätter, nicht einmal Insekten diese Wüste. Menschen irrten mit entstellenden Gesichtsnarben und ausgefallenem Haar durch die Geisterstadt. 140.000 Tote wurden innerhalb der folgenden drei Wochen registriert, die Hälfte der Einwohnerschaft Hiroshimas. Nach fünf Jahren waren es insgesamt 200.000.

Zur Verblüffung der Amerikaner gaben die Japaner nicht auf. Neues Ziel war deshalb Nagasaki. Die Detonation von „Fat Man" erfolgte um 11:02 Uhr Ortszeit. 30.000 Menschen starben, 70.000 bis Ende 1945, innerhalb der nächsten fünf Jahre insgesamt 140.000.

Nach wie vor sträubten sich die Japaner gegen eine Kapitulation. Der Kaiser habe sich keiner fremden Macht unterzuordnen, undenkbar. Der Admiralstabschef schlug vor, 20 Millionen Japaner sollten ihr Leben als Mitglieder eines Sonderangriffskorps opfern. Auf amerikanischer Seite überlegte man deswegen, eine dritte Atombombe auf Tokio niedergehen zu lassen, wegen der „heilsamen psychologischen Wirkung auf die Verantwortlichen", wie General Spaatz bemerkte.

Der heutige Stand: Nach der Kubakrise in 1962 begannen die Abrüstungskonferenzen zwischen USA und der Sowjetunion, die 1972 zu einem Selbstbegrenzungsbeschluss hinsichtlich nuklearer Waffen führten. Damit fiel das globale Zerstörungspotenzial von der Größenordnung von 1,3 Millionen Hiroshima-Bomben auf gegenwärtig lediglich 80.000 - was doch sehr beruhigt, oder? 1987 wurde ein ähnliches Programm hinsichtlich der Mittelstreckenraketen zwischen Ronald Reagan und Michael Gorbatschow beschlossen. Zu einem weiteren Vertrag kam es 2010 zwischen Barack Obama und Dimitri Medvedev. China allerdings sieht keinen Grund zur Abrüstung, weil es sich hinsichtlich seines Waffenarsenals mächtig im Hintertreffen fühlt. Laut dem International Peace Research Institute in Stockholm verfügt China über lediglich 290 nukleare Sprengköpfe, im Vergleich mit Amerikas 6185 und Russlands 6500 – lächerlich wenig also, auf keinen Fall ausreichend, will man seine Erdvernichtungserinnerungen angemessen ausdramatisieren.[106]

Klimapanik

Dass ein Klimawandel von statten geht, ist unbestreitbar. Dass er aber vom Menschen verursacht sei, darüber lässt sich streiten. Nicht wenige Klimaforscher vertreten den gegenteiligen Standpunkt. In der Erdgeschichte soll es mehrere Wechsel von Warm- und Kaltzeiten gegeben haben, bevor der Mensch auftrat - wie fanden sie ohne Zutun des Menschen statt? Haben da nicht noch andere Faktoren eine Rolle gespielt?

Auf der anderen Seite hört man, wiederum aus berufenem Mund, vom Gegenteil, nämlich vom Sinken der Temperatur. Im Industriezeitalter von 1850 bis 1950 habe es einen leichten Erwärmungstrend gegeben, insgesamt aber sei die Erde in einer langfristigen Abkühlung begriffen, die vermutlich mehrere tausend Jahre anhalten werde.[107]

Mangels Fachwissen vermag dieser Autor weder in die eine noch in die andere Richtung zu argumentieren. Zumindest aber liegt im Hinblick auf eine mögliche Dramatisierung der Atlantis-Vernichtung die Frage nahe, ob nicht vielleicht aufgrund vergangener kollektiver Erlebnisse eine weit übertriebene Klimapanik entstanden ist. Soweit das Auge reicht, bringt die Presse Untergangsszenarien. Handelt es sich vielleicht um die Dramatisierung der Bombardierung der Erde mit seismischen Schockwellen und Überflutungen durch hundert Meter hohe Tsunami? Eine angstvolle Rückerinnerung an die Umwandlung des Mars zur Wüste? An die Sprengung des Phaethon?

Katastrophen von solch überwältigendem Ausmaß unterliegen naturgemäß der kollektiven Verdrängung. Auch Wissenschaftler teilen diese, wie oben angesprochen. Führt vielleicht diese Verdrängung, dieses Nicht-hinschauen-wollen und Nicht-hinschauen-können, zu den bekannten überdimensionierten Zeitangaben und damit zum Abschieben der Ereignisse in eine unbegreiflich weit zurück liegende Vergangenheit?

Die großen geologischen Abläufe mit ihren Erdzeitaltern Urzeit, Warmzeit, Katastrophenzeit, Eiszeit – wenn das alles vielleicht viel weniger lange her ist, als es der momentane Konsens der Geologie zulässt, sind die Jahrmillionen und Jahrmilliarden vielleicht aus reinem psychischem Selbstschutz entstanden?

Die Entstehung der Alpen und des Himalaya vor zehntausend Jahren, das klingt gruselig. Dann doch besser vor Jahrmilliarden. Das klingt bequem, da angenehm abstrakt und fern jeglicher persönlicher Betroffenheit.

Zum Klimawandel fällt weiterhin auf, wie bereitwillig sich der Mensch auf die Brust schlägt und lauthals als Sünder bekennt. Wir sind schuld, wir sind schuld, es liegt an uns, wir haben gesündigt, wir büßen für die Sünden unserer Vergangenheit. Was jetzt gerade noch fehlen würde, ist ein „Gott straft uns“, und wir wären voll in der Schöpfungsgeschichte des Alten Testaments gelandet, in bester Nachbarschaft mit den in Teil Zwei zitierten Volkslegenden zum Thema Sintflut. Sie alle laufen darauf hinaus, dass ein zürnender Gott den Menschen mit dem Weltuntergang straft; besser hat er´s nicht verdient, der Böse.

Dramatisieren wir eine Kollektivschuld aus archaischen Zeiten? Kommt daher die Panik? Denn wenn man hörte, dass das Wasser irgendwann in ferner Zukunft zu steigen drohte, täte man das Naheliegende und baute Dämme. Oder man siedelte um. Man stellte strukturierte Planungen an, was wann zu tun sei – denn es bliebe ja durchaus einige Vorbereitungszeit. Man geriete deswegen nicht in Panik – es sei denn, diese entstünde durch die unterschwellige Vorstellung von plötzlichen, verheerenden Tsunamis und raschem Meeresspiegelanstieg innerhalb kürzester Zeit.

Um dem Klimawandel zu begegnen, verfällt man gegenwärtig unter dem Begriff Geoengineering auf wahnwitzige Ideen. Da wird von großflächigen, im All installierten Sonnensegeln geträumt, welche die Erde verdunkeln und damit abkühlen sollen; von riesigen Mengen künstlich ausgebrachter Aerosolen, welche die Sonneneinstrahlung dimmen sollen; oder vom Abkippen unglaublicher Mengen von Eisen in den Ozean, um das Algenwachstum und damit die Bindung von CO_2 aus der Luft zu forcieren – all das mit ungewissen Folgen.

Auch das Militär zeigt Interesse an der Manipulation des Wetters, denn ohne Frage ließen sich Länder durch gezielt erzeugte Dürren oder Überschwemmungen gezielt destabilisieren.[108] Zu nennen wäre auch das Militär-Projekt HAARP (*High-frequency Active Auroral Research Project,* aktives Aurora-Forschungsprojekt mit Hochfrequenz), das aus einem Antennenwald aus 360 Masten von 24 Meter Höhe besteht und Milliarden Watt in die Ionosphäre schießen können soll, zweifellos eine Umweltbeeinflussung erster Ordnung. [109] Und das ganz ungeachtet eines internationalen Abkommens namens ENMOD, welches seit 1977 den Einsatz von umweltbeeinflussenden Mitteln als Kriegswaffe verbietet. (ENMOD steht für *Convention on the Prohibition of Military or Any Other Hostile Use of* ***En****vironmental* ***Mod****ification Techniques*, kurz „Umweltkriegs-Übereinkommen“,siehe Wikipedia).

Auffällig zum Thema Klimawandel ist auch, wie kräftig die Presse das Thema aufheizt. Gegenstimmen werden nicht gebracht. Wer verschwörungstheoretisch unterwegs ist, könnte auf die Idee kommen, dass hinter dieser Einheitlichkeit der Meldungen vielleicht System steckt mit dem Zweck, Panik zu erzeugen.[110] Schließlich verkauft sich nichts besser als emotionsgeladene Themen.

Steckt also hinter dem Klimawandel in Wirklichkeit ein Klimakrieg, eine Verschwörung gegen die Menschheit? Das eher nicht, wohl aber eine kräftige, typisch menschliche Dramatisierung. Denn das Vorhaben, Wettererscheinungen oder gar das Polarlicht manipulieren, steuern und künstlich erzeugen zu wollen - gemahnt es nicht an Machenschaften aus uralten Zeiten?

Technologie-Wahn

Alles, was gedacht werden kann, wird gemacht. Dafür muss die Wissenschaft herhalten. Die Wissenschaft lebt von Fördergeldern, der Wissenschaftler will seinen Job behalten; ethische Grenzen im Hinblick auf sinnvoll oder nicht sinnvoll, lebensförderlich oder nicht werden da leicht in den Hintergrund gedrängt. In Anbetracht der bestehenden Dramatisierungstendenzen scheint es sie oft nicht mal zu geben. Man möge bitte bedenken: Dramatisierung bedeutet auch Faszination, brennendes Interesse, Forschergeist! Da spielt die Ethik oft nur eine Nebenrolle.

Auf diese Weise bekommen wir Technologien, die fatal wie Importe aus extraterrestrischen Regionen wirken. Nicht die Importe selbst sind die Dramatisierung, sondern dass wir uns auf sie einlassen. Dass wir willig und unkritisch dabei mitmachen. Dass wir die Menschenwürde außer Acht lassen. Nichts gegen Wissenschaft, Technik und ein bequemes Leben - solange die Menschenwürde gewahrt bleibt.

Alle nun folgenden Beispiele für moderne Technologien haben ihre guten wie auch ihre schlechten Seiten, ihre Vor- und ihre Nachteile. Da wo ihre Verwendung bizarre Züge annimmt, darf man mit Recht Dramatisierung vermuten.

Die künstliche Befruchtung, die In-vitrio Fertilisation: Man darf annehmen, dass die Idee von den Echsenmenschen stammt. Kaum waren wir technisch selbst so weit, haben wir es nachgemacht. Mit der bizarren Folge, dass ein Kind mittlerweile kaum noch zu sagen weiß, wer Mutter und wer Vater ist oder gar, wie viele Mütter und Väter es hat.

Der Computer: Bei aller Bequemlichkeit ermöglicht er leider auch bislang undenkbare Vernetzung, Überwachung und Entprivatisierung; China ist damit ganz vorne dran. Diese Technologie findet sich in bestimmten Raumschiffkulturen, die ihre Besatzung zu Robotern reduzieren. Haben wir sie von dort übernommen? Waren ihre Erfinder vor ihrem Erdenleben unter dem Einfluss jener Raumschiffkulturen oder gar ihre Mitglieder?

Die Schnittstelle Hirn-Computer: Man will den Ort finden, wo Bilder und Gedanken gemacht werden. Manche möchten ihr Gehirn in Roboter übertragen, damit sie unsterblich sind. Maschinen will man mit Gedanken steuern. Manche begreifen sich selbst als Maschine. Neu ist diese Dramatisierung einer Raumschifftechnologie nicht. Bereits 1926 wurde sie in dem Film „Metropolis" thematisiert.[111]

Eine neue Art von Schnittstelle zwischen Hirn und Maschine stellte 2019 Elon Musk, der Chef der Firma Tesla, die das gleichnamige Auto baut, vor. Seiner Auffassung nach bedarf es der Symbiose zwischen Menschen und künstlicher Intelligenz, um sicherzustellen, dass die Menschen nicht ins Hintertreffen geraten. Seine Vision: rein durch Gedankenaustausch miteinander Spiele spielen. Die neuronalen Signale von Menschen erfassen, während sie denken, und in verständliche Sprache umwandeln. Einen Computer direkt, d.h. ohne Hände, ansteuern. Winzige Geräte hinter dem Ohr befestigen, welche die Signale von einem implantierten Chip im Gehirn erfassen und sie nach draußen weitermelden.[112]

Was die Gehirnwäsche aus den 1950er und 1960er Jahren angeht, das *brain washing,* sind Musks Visionen ein echter Fortschritt. Damals mussten die Geheimdienste noch zu primitiven Methoden wie der Kombination aus Elektroschocks, Drogen und Hypnose greifen, um ihre Agenten zu „schlafenden Robotern" abzurichten. Diese Menschen wussten nichts von ihrer anderen Seite. Sie waren ganz normale Bürger. Wurde diese andere Seite aber beispielsweise durch einen Telefonanruf geweckt und eingeschaltet, entwickelte sich der Betroffene zu einem gefühllosen Kampfroboter, der seinen programmierten Auftrag ausführte.[113] Heutzutage, dank der Schnittstelle von Computer und einem ins Hirn implantierten Chip, würde man das viel eleganter lösen. Beileibe keine Zukunftsmusik! Zur Steuerung von Quallen wird das bereits durchgeführt.[114] Und wenn es bei Quallen geht…

Das Heimweh nach dem Weltraum, eine weitere Dramatisierung: Die Griechen der Antike, Thales, Anaximander, Anaximenes, Xenophanes, schließlich Pythagoras – wieso dachten sie je über die Beschaffenheit von Welt und Kosmos nach? Denn praktisch verwertbares Wissen war das für die damaligen Zeitgenossen gewiss nicht. Wieso also? Weil sie Heimweh hatten. Sternenkinder, die sich nach der Heimat sehnten.

Der Astronom Johannes Kepler schrieb im 17. Jh. ein Science-fiction-Buch zu einer Mondreise, in der die Schwerelosigkeit wie auch andere zeituntypische Details erwähnt sind.[115]

Prof. Michio Kaku, für rund 200 Wissenschaftler sprechend, gibt hinsichtlich der Besiedlung des Alls folgendes an: Bis 2030 soll eine Weltraumstation im Mond-Orbit entstehen, auf der eine Mars-Rakete zusammengebaut wird; Reisedauer mit neuartigem Ionen-Antrieb neun Monate. Unter dem Marsboden wäre das Eis auszugraben zur Gewinnung von Trinkwasser, Wasserstoff für Raketenantriebe und Sauerstoff zum Atmen. Danach wäre der Asteroidengürtel dran: Rohstoffe schürfen. Der Jupiter-Mond Europa hat unter einer dicken Eisdecke einen 100 km tiefen Ozean. Die NASA will demnächst ein U-Boot dort hinschicken. 2050 soll eine permanente Außenstation zur Erde etabliert sein.[116]

Im März 2019 gab der amerikanische Vizepräsident für das Jahr 2024 das Projekt Artemis bekannt: eine Raumstation, die den Mond umrunden soll. Von dort aus würde man Mond-Missionen unternehmen, vorgeblich, um mithilfe der Mond-Gesteine die Geschichte des Weltraums zu erforschen. Auch China wünscht, Menschen auf dem Mond abzusetzen; seine Zielvorstellung ist allerdings 2035. Europäer, Inder, Japaner und Russen planen den Mond mit Erkundungsrobotern zu bepflastern. Private und touristische Ausflüge zum Mond planen Elon Musk (Tesla) mit „SpaceX" und Jeff Bezos (Amazon) mit „Blue Origin" (beides private Raketen-Fluggesellschaften) für die Jahre nach 2023. Jeff Bezos hat die Vision einer Reihe von künstlichen Siedlungen in der Erdumlaufbahn, wo mehr als eine Million Menschen Unterkunft finden würden.[117]

Die Frage ist nie: Braucht das jemand? Sondern immer nur: Ist es machbar? Wenn ja, wird es gemacht. Wenn nein, heißt es abwarten, bis es machbar sein wird, siehe Jules Vernes Romane „Von der Erde zum Mond" und „Reise um den Mond", beide von 1873. Damals verstiegen, heute machbar.

Aber sind das nicht tolle Fortschritte? Wieso sollten sie bedenklich sein? Weil es nicht in erste Linie um die Frage geht, ob das angestrebte Ziel oder Produkt gut, ethisch, richtig und förderlich für uns ist, sondern vielmehr um das Verwirklichen von Dramatisierungen. Je näher ein Dramatisierender die Realität seinem Erinnerungsbild annähert, desto begeisterter ist er. Am Ende stehen wir vor einem Salat von Artefakten, die wir nie wirklich wollten.

Wir Menschen sind drauf und dran, Mond und Mars zu besiedeln. Genauso gut könnten wir die vielen Wüsten der Erde begrünen und sie bewohnbar machen. Wieso machen sich die genannten Multimillionäre und Physikprofessoren nicht dafür stark? Wieso streben sie nach Raumstationen im Weltall? Oder nehmen wir die künstliche Intelligenz, die große Forschungsfaszination unserer Tage. Statt elektronische Roboter mit künstlicher Intelligenz auszustatten, wäre es da nicht eine bessere Idee, die gegenwärtig sieben Milliarden Bioroboter, die auf diesem Planeten herumstiefeln, Autor und Leser inbegriffen, zu ihrer spirituellen Intelligenz zu verhelfen?

Wieso steht nicht das bei Psychiatrie und Psychologie an erste Stelle auf der Tagesordnung? Wieso das Vermessen von Hirnströmen?

Wir könnten durchaus anders. Technologisch wären wir in der Lage dazu. Woran hängt es also? Am Bewusstsein.

Zeit für ein neues Bewusstsein

Sinn der vorliegenden Recherche ist es nicht lediglich, die Neugier hinsichtlich jener katastrophalen Geschehnisse zu stillen, die zur Steinzeit führten. So befriedigend es auch sein mag, der Lösung des seit Jahrtausen-

den durch die Literatur geisternden Rätsels namens „Atlantis-Untergang" näher gekommen zu sein, ist das nicht das eigentliche Anliegen. Es geht mir, dem Autor, um mehr, nämlich um einen Aufruf zum Entwickeln und Steigern von Bewusstsein. Mit dem Ziel, aus der eingangs angesprochenen geistigen Starre herauszukommen, aus der hypnotischen Fixierung auf ein traumatisches Geschehnis der fernen Vergangenheit.

Lasst uns dem Dramatisierungswahn ein Ende setzen. Lasst uns die importierten Technologien, die uns zuteil geworden sind, zum Guten nutzen statt für die ewigen Kriegsspiele. Man kann die Uhr nicht zurückdrehen und ohne Technologie auskommen wollen. Selbst wenn man es könnte, wäre das dumm, denn Technologie, ethisch verwendet und zur Förderung des Lebens eingesetzt, ist nie verkehrt.

Friede als Exportartikel

Jeder Erdenmensch trägt Aspekte der Atlantis-Katastrophe mit sich herum und dramatisiert sie unwillkürlich und unwissentlich. Nur wenn sich viele Menschen dem diesbezüglichen kollektiven Erinnerungsspeicher zuwenden, ihn entkräften und neutralisieren, werden wir uns des Wiederholungszwangs entwinden, der die Menschheit seit der Erdvernichtungskatastrophe heimsucht - was dazu führt, dass sich Völker gegenseitig abschlachten, statt sich zu lieben, und wir unsere Erde plündern, statt sie zu pflegen.

Nur indem wir, die Menschheit insgesamt, unserer Einbettung in galakto-politische Zusammenhänge mit Selbstverständlichkeit gewahr werden, wird es uns gelingen, unsere Rolle im Zusammenspiel der Kräfte verantwortungsbewusst einzunehmen, statt, wie gegenwärtig noch üblich, alles, was von draußen zu Besuch kommt, entweder starr vor Ehrfurcht oder starr vor Schrecken zu beäugen und – je nachdem - als heilig oder aber teuflisch zu erachten. Nur über den selbstbewussten, differenzierten Dialog mit sämtlichen Beteiligten unserer kosmischen Umgebung werden wir vom Spielball zu Mitspielern werden.

Wir können für Frieden sorgen. Nicht nur bei uns daheim – auch dort draußen. Wir können Frieden exportieren. Das ist durchaus keine Zukunftsmusik. Ein Dialog existiert bereits. Immerhin interagieren schon seit Jahrzehnten sowohl Militärs wie auch MindWalker mit außerirdischen Wesen. In Anbetracht dessen ist es geradezu absurd, wenn hochrangige Wissenschaftler hochdotierte Forschungsgelder dafür bewilligt bekommen, nach bewohnten Planeten zu fanden. So etwa wurde 1982 unter dem Namen SETI (Search for Extraterrestrial Life) eine Kommission von 250 Wissenschaftlern der verschiedensten Disziplinen gegründet. Radioteleskope mit Antennenschüsseln von Fußballplatzgröße werden über mehrere Kontinente zusammengeschaltet, um nicht nur die optische, sondern die gesamte elektromagnetische Strahlung von Himmelskörpern zu erfassen. Doch auch „Lauschprogramme" werden damit durchgeführt und Radiobotschaften ausgesandt. Ziel ist insbesondere der etwa dreihunderttausend Sterne umfassende Kugelhaufen Messier 13 im Sternbild Herkules. Bis unsere Botschaft dort ankommt, werden dreizehntausend Jahre vergangen sein, und weitere dreizehntausend Jahre, falls uns dort einer hört und Lust hat zu antworten. Bis wir uns also vergewissert haben werden, ob dort jemand zu Hause ist, müssen wir sechsundzwanzigtausend Jahre warten.

Welchen Schabernack treibt da die Politik mit der Wissenschaft? Schließlich könnten Militärs wie auch MindWalker die angetroffenen Außerirdischen einfach nach Adresse und Telefonnummer fragen.

Das aber würde voraussetzen, dass man vor Fremden keine Scheu hat. Dass man sie nicht als Feinde behandelt, sondern als potentielle Freunde. Dass man die angeblich Bösen als vom Wege abgekommene Gute betrachtet und sie zurückführt zum Guten.

Nur durch unser spirituelles Erwachen vermögen wir dafür Verantwortung zu übernehmen und unseren Teil beizutragen. Das Mittel dazu ist die geistige Schulung, wie immer sie auch erfolgen mag, sei es durch Meditation oder MindWalking.

So verträumt und abgehoben dies klingen mag, sprechen laut den Recherchen des Psychologen Pinker die Statistiken eindeutig dafür, dass es aufwärts geht mit uns. Ein Blick allein auf die letzten drei Jahrhunderte zeigt, dass Armut abnimmt, Gesundheit und Langlebigkeit zunehmen, Arbeitszeit fällt, Lebensqualität steigt und wir mit weniger Ackerfläche mehr Menschen ernähren als je zuvor. Zunehmende Bildung fördert die Emanzipation der Frauen und führt schon gegenwärtig in vielen Industrieländern zu einem Abfall der Geburtenrate. Die Weltbevölkerung wird sich ab 2050 nach dem erwarteten Höchststand von neun Milliarden deutlich zu reduzieren beginnen.[118]

Ganz im Gegensatz dazu bemerkt der Philosoph Harari: „Leider hat die Herrschaft des Homo Sapiens bislang wenig hinterlassen, auf das wir uneingeschränkt stolz sein könnten. Wir haben uns die Umwelt untertan gemacht, unsere Nahrungsproduktion gesteigert, Städte gebaut, Weltreiche gegründet und Handelsnetze errichtet. Aber haben wir das Leid in der Welt gelindert? Wieder und wieder bedeuteten die massiven Machtzuwächse der Menschheit keine Verbesserung für die einzelnen Menschen und immenses Leid für andere Lebewesen.“ (...) „Trotz unserer erstaunlichen Leistungen haben wir nach wie vor keine Ahnung, wohin wir eigentlich wollen, und sind so unzufrieden wie eh und je.“ [119]

Der säuerliche Tonfall, den der Philosoph hier anschlägt, ist angesichts seiner erdgebundenen Perspektive durchaus nachvollziehbar. Er schaut nicht über den um den Planeten herum gebauten Zaun, sieht nicht die Szene aus größerer, interplanetarischer Perspektive, sieht nicht unsere große atlantische Vergangenheit und unser Potential für deren Wiederaufbau. Es geht ihm wie der Menschheit insgesamt, und so betrachtet, hätte er mit seinem letzten Satz durchaus Recht. Genau die von ihm angesprochene Orientierungs- und Ziellosigkeit der Menschheit ist Kern des Problems, denn sie entspringt der angesprochenen Schockstarre und Trance und ist damit wesentliches Merkmal der globalen Dramatisierung eines kollektiven Urerlebnisses. Diese aber lässt sich lindern und mindern. Wir sind dabei, es zu tun. Wir sind mittendrin.

Nimmt man eine nicht-terrazentrische Perspektive ein, nämlich eine kosmische, dann sieht die Sache sogleich hoffnungsvoller aus. Wir sind nicht allein. Ein ständiger Strom von Helfern bemüht sich um uns. So mulmig es einem auch werden mag, wenn man die Nachrichten anschaltet, sollte man doch niemals aus den Augen verlieren, wie viel in den Jahrtausenden seit der Steinzeit geschehen ist – quälend langsam zwar, aber immerhin. In manchen geschichtlichen Epochen war diktatorische Willkürherrschaft der global übliche politische Stil, Sklaverei war bei allen Völkern weltweit an der Tagesordnung, Menschen und Tiere wurden rituell geschlachtet, um zürnende Götter zu besänftigen, Todesstrafe und Folter fanden öffentlich auf den Marktplätzen statt, Kinder wurden geschunden, Frauen missbraucht und Tiere gequält – dies alles nicht etwa aufgrund der Anordnung von Staat oder Kirche, sondern willig getragen vom Zeitgeist, mithin von den jeweiligen Zeitgenossen. Man bedenke: zu Goethes Zeiten wurden noch Hexen verbrannt. Gar nicht so lange her.

Das ist heute nicht mehr so. Es hat sich viel getan. Dass die Päpste Johannes XXIII 1963 und Franziskus 2019, bei seinem Besuch in Nagasaki, öffentlich für die Abschaffung von Atomwaffen plädierten, weist in die richtige Richtung.[120] Sogar Tieren werden Rechte zugesprochen. Und es wird sich noch mehr tun, so wir den Prozess des Aufwachens fortsetzen, die emotionalen Altlasten vergangener Katastrophen abwerfen, uns unserer Historie, unserer Identität und unserer Werte bewusst werden und uns als eingebettet begreifen in eine politische Umgebung von galaktischen sowie astralen Dimensionen - statt uns einzureden, wir seien nichts weiter als ein rein zufällig existierendes, völlig unbedeutendes Glühwürmchen am Rande einer nicht weniger unbedeutenden Galaxie irgendwo in einem völlig sinnleeren Universum.

Man mache sich bitte keine Illusionen über die Dauer dieses Erwachens. Weitere zweitausend Jahre scheinen mir eine realistische Schätzung. Und es wird nicht von selbst geschehen. Es kann nicht von nur einem für die anderen erledigt werden. Jeder wird vor seiner eigenen Tür fegen müssen. Mit Mediation. Mit MindWalking. Mit sonst etwas, egal - Hauptsache, wir packen es an.

Anhang

Grundbegriffe bei MindWalking

Der Mensch: ein Gebinde aus fünf Komponenten

Wenn wir bei MindWalking „Mensch“ sagen, so meinen wir damit ein Gebinde aus fünf Komponenten. Als erste gibt es da den materiellen biologischen Körper, die Hardware sozusagen.

Solange der Körper lebt, produzieren dessen Zellen ein bioelektrisches Feld, das ist die zweite Komponente. Jede Zelle ist quasi ein kleines Kraftwerk für die Stromversorgung.

Für das ordnungsgemäße Zusammenspiel aller Zellen und damit für Gesundheit und Wohlbefinden sorgt als dritte Komponente eine Software, das Vitalwesen (VW). Dieses fühlende, intelligente Wesen trägt Programme zu Wachstum, Fortpflanzung, Heilung und Sozialverhalten in sich. Es ist das eigentliche Leben in dem betreffenden organischen Körper, das *Lebewesen*. Tiere, Pflanzen und Menschen sind genau genommen Behälter aus organischem Material, die von einem Lebewesen bzw. Vitalwesen betrieben werden. Der Biologe Rupert Sheldrake nennt es das „morphogenetische Feld“, ältere Namen dafür sind Aura oder Ätherleib, manchmal auch Seele.

Beim Menschen kommt als vierte Komponente noch das mentalenergetische Feld hinzu, das wir auch als Energiekörper bezeichnen. Den Theosophen folgend nennen wir es Astralkörper, andere sprechen auch hier von „Seele“. Wenn man nachts über den Friedhof geht und einen Geist entdeckt oder ein Gespenst, dann handelt es sich genau darum.

Die fünfte Komponente ist das immaterielle geistige Wesen oder Geistwesen, das in mehr oder weniger hohem Maß über Bewusstsein verfügt (denn Bewusstsein ist ein Zustand, und wie alle Zustände unterliegt es Schwankungen).

Geistwesen und Energiekörper

Verfolgt ein Geistwesen eine ihm wichtige Absicht, so hat es ein bestimmtes Konzept im Sinn und bringt zu dessen Umsetzung Willenskraft auf. Absicht wie auch Willenskraft sind geistige Kräfte oder auch Mentalenergie. Im Sinne dieser seiner Absicht entwickelt ein Geistwesen eine Vorstellung der angestrebten Zukunft. Vorstellungsbilder entstehen durch den kreativen Umgang mit bereits gemachten Erfahrungen bzw. den Erinnerungen daran. Beide, sowohl Vorstellungs- wie auch Erinnerungsbilder, sind geistiger Natur; sie bestehen aus Mentalenergie. Sie haben eine bestimmte Dauer, Dichte und Masse, und sie nehmen einen bestimmten Raum ein. Damit sind sie wirkende Energie in Zeit und Raum.

Jedes Wesen erschafft seine Absichten und Bilder nach eigener Art. Manches davon bleibt ohne Unterbrechung fortdauernd erschaffen. Auf diese Weise entsteht für jegliches Geistwesen ein charakteristisches Energiegebilde. Dieses macht das Wesen (das ja eigentlich immateriell ist) für andere Wesen wahrnehmbar und von anderen Wesen unterscheidbar. Wird dies zur Gewohnheit, so hat sich das Wesen eine Kommunikationsplattform geschaffen. Wie groß oder klein diese sein mag, ist situationsabhängig. Ein einziges, winziges Energiequant würde schon ausreichen.

Dieses Energiegebilde, diese Kommunikationsplattform ist das, was wir als Energiekörper oder Astralkörper eines Wesens wahrnehmen. Er kann ganz verschiedenartig gestaltet sein, kann aussehen wie eine Kugel oder eine Wolke oder sich auch als eine Gestalt mit Armen, Beinen, Kopf und Rumpf konfigurieren – alles ist möglich. Kurz, ein Energiekörper entsteht aus gewohnheitsgemäß energetisierten Absichten und Bildern.

Psychosomatische Interaktion

Der Energiekörper des Geistwesens, das Vitalwesen und das bioelektrische Feld des materiellen Körpers stehen in Resonanz miteinander. Man stelle sich drei mit Wasser gefüllte Ballons vor, die ineinander stecken. Finge einer davon an zu wabbeln, so würde sich das zu den andern fortsetzen, und am Ende wabbelten alle. Die Resonanz setzt sich über das bioelektrische Feld in die Gene in den physischen Körper hinein fort (wie aus der Epigenetik bekannt). Ganz egal, welchen der drei man auch anstupste, die andern beiden würden mitwabbeln.

Das Geistwesen, sein Geist und sein Wissen

Das geistige Wesen existiert unabhängig von diesen drei Ballons. Es selbst ist kein Ballon, sondern dasjenige, was über Aufmerksamkeit und Absicht die drei Ballons anstupst. Es ist reines Sein, reines, grenzenloses, uneingeschränktes Bewusstsein. Als solches steht es außerhalb von Materie, Energie, Raum und Zeit. Es ist das, was wir mit „Ich" meinen und als ureigene Identität betrachten. Würde ein Geistwesen keine Energie aktiv verströmen, so wäre es in manifester („greifbarer") Form nicht vorhanden; es wäre immaterielles, reines Potential, ein Nichts im Nichts. Es wäre lediglich als Möglichkeit da, nicht als Wirklichkeit („Wirklichkeit" kommt von „wirken").

Ein geistiges Wesen oder Geistwesen (GW) vermag zu wirken, indem es eigene Gedanken verfasst und die anderer erfasst. Es hat Absichten und Ziele. Es produziert Mentalenergie. Diese mag als Willenskraft erscheinen, als Vorstellungs- oder Erinnerungsbild oder in Form von Aufmerksamkeit. Aufmerksamkeit ist nicht etwa ein Nichts, sondern spürbare Energie.

Indem ein Geistwesen seine Aufmerksamkeit auf bestimmte Bezugspunkte platziert, entstehen sowohl Wahrnehmung wie auch Kommunikation. Ausschließlich durch seine Gedanken und seine Mentalenergie wirkt ein Geistwesen in die aus Materie, Energie, Raum und Zeit bestehende Welt hinein. Es selbst steht außerhalb von Materie, Energie, Raum und Zeit.

Bei Denken, Wollen, Wahrnehmen, Vorstellen und Erinnern handelt es sich um rein geistige Fähigkeiten. Sie sind unabhängig von Körper oder Gehirn. Genau deswegen bezeichnen wir ein Wesen, das über solche Fähigkeiten verfügt, als Geistwesen. Eine Fähigkeit ist, was man tun könnte, ein Potential also. Eine Fertigkeit hingegen ist das, was man aktuell tatsächlich tut. Anders gesagt, ist eine Fertigkeit das mehr oder weniger geschickte Ausüben der betreffenden Fähigkeit.

So betrachtet, ist der Geist des Geistwesens keineswegs „eine Kiste mit was drin", sondern ein Satz von Fähigkeiten, nämlich des Denkens, Wollens und Wahrnehmens, des Vorstellens und Erinnerns. Inwieweit ein Geistwesen dieses Potential nutzt und sich seines Geistes bedient, sei es geschickt oder plump, ist von Fall zu Fall unterschiedlich. Es hängt ab vom Erlebnishintergrund des betreffenden Wesens und seiner jeweiligen Befindlichkeit.

Beim Einsetzen seiner Fähigkeiten, egal mit welcher Kompetenz, bedient sich ein Geistwesen seines Wissens. Wissen entsteht aus Erlebnissen und Erfahrungen. Beim allerersten Erlebnis mit einem Apfel ist einem dieser neu und unbekannt. Entsprechend hat man eine Erinnerung an etwas Neues und Unbekanntes, mehr nicht. Folgen aber anschließend viele weitere Erlebnisse mit Äpfeln, so werden einem Äpfel allmählich vertraut. Man weiß nun, was mit „Apfel" gemeint ist, man hat einen Begriff davon, ein Konzept. Hört man ab da das Wort „Apfel" oder sieht man einen, so ist man grundsätzlich in der Lage, sich die damit zusammenhängenden Erlebnisse in Erinnerung zu rufen (nur grundsätzlich ist das so, denn man tut es nicht immer und nicht immer in gleichem Maß).

Das Wissen um den Apfel – so wie alles Wissen generell – ist abstrakt (d. h. „abgehoben" von der sinnlichen Realität). Entsprechend abstrakt sind die Konzepte und Begriffe, aus denen sich Wissen zusammensetzt. Gleichwohl kann sich Wissen auch anschaulich manifestieren, und zwar in Form von Vorstellungs- und Erinnerungsbildern. Beides sind mentalenergetische Gebilde, die ein Geistwesen erschafft, wann immer es sie braucht. Sie sind nicht abstrakt, denn sie haben Dauer, Umfang und Intensität; sie existieren in Zeit und Raum.

Der am Baum hängende Apfel ist konkrete Realität. Nach tausend Erlebnissen mit Äpfeln verdichtet sich das diesbezügliche Wissen im abstrakten Konzept „Apfel". Die Erinnerung an einen ganz bestimmten Apfel oder das Vorstellungsbild dazu ist ein mentalenergetisches Bild, und es leitet sich aus dem übergeordneten Konzept ab.

Die Verantwortung des Geistwesens für sein Wissen

Die Vielzahl von Konzepten und Begriffen, die ein Wesen im Lauf seiner Existenz zusammenträgt, stellen das *potentielle* Wissen dieses Wesens dar, die Gesamtsumme seiner Erlebnisse und Erfahrungen. Es ist deswegen potentiell zu nennen, weil es nicht permanent in seiner Gesamtheit *aktiviert* ist.

Aktiviertes Wissen setzt sich als Tun um; es führt zu Handlungen. Das bedeutet keineswegs, dass man sich seines aktivierten Wissens immer voll bewusst wäre. Viele Handlungen tut man unbewusst, d. h. ohne Kenntnis der Konzepte und Erlebnisse, auf denen es beruht. Man könnte sich diese allerdings jederzeit bewusst machen, sofern *verfügbar*. Häufig aber ist Wissen nicht verfügbar, denn wenn es auf unschönen Erlebnissen beruht, *verdrängt* man seine Erinnerung und damit sein bewusstes Wissen; man macht es unverfügbar.

Ohne Konzept kann kein Bild entstehen, denn Bilder beruhen auf Wissen, d. h. auf abstrakten Konzepten. Wo man nichts weiß, hat man keine Erfahrung und somit auch keinerlei Bilder. Verdrängt man hingegen etwas, so hat man nur scheinbar kein Bild. In Wirklichkeit hat man eines, will es aber nicht anschauen.

Konzepte beruhen darauf, dass ein Geistwesen sie verfasst hat oder bereits vorhandene erfasst und sich zu eigen gemacht hat. Ohne Mitwirken von Geistwesen gäbe es demnach keine Konzepte.

Damit hat das Geistwesen die Rolle eines Erschaffers und Verwalters von Wissen. Dieses existiert in Form Tausender Konzepte, seien es persönlich erschaffene oder von anderen übernommene. Hieraus lassen sich unzählige Erlebnis- und Vorstellungsbilder ableiten. Für sein Bewusstsein all dessen, will sagen für den Überblick über diesen seinen Geist und dessen Verwaltung, ist allein das Geistwesen verantwortlich, niemand sonst.

Einschaltung und Ausschaltung von Mentaldateien

Zum Zeitpunkt eines bestimmten Erlebnisses hat ein Geistwesen bestimmte Gedanken, Absichten, Bilder, Emotionen, Sinneswahrnehmungen und körperliche Empfindungen gegeben. Dieses Paket von Eindrücken merken wir uns. Wir wissen einfach, was damals war. Dieses Wissen lässt sich später abrufen als Erinnerung. Zu sagen „wir zeichnen das Erlebte als Erinnerung auf" ist unzutreffend, weil es kein Medium gibt, auf dem aufgezeichnet würde. Zu sagen „wir merken es uns und wissen es" kommt dem eigentlichen Vorgang am nächsten.

Das Wissen um ein bestimmtes Erlebnis bezeichnen wir als Mentaldatei. Jedes einzelne Erlebnis mit seinem Wann und Wo und Wie und Wieso ist eine separate Mentaldatei. Das Erlebnis mit dem Apfel gestern und das mit dem Apfel vorgestern sind zwei unterschiedliche Ereignisse, zwei unterschiedliche Merkvorgänge und damit auch zwei unterschiedliche Erinnerungen. Es handelt sich also um zwei unterschiedliche Mentaldateien.

Jede Mentaldatei ist einem übergeordneten Begriff oder Konzept zugeordnet. Das Konzept entspricht dem Etikett auf der Schublade eines Aktenschranks. Zieht man die Schublade mit dem Etikett „Apfel" auf, so finden sich darin eine Anzahl von Aktenordnern zum Thema „Apfel". In jedem sind die entsprechenden Dokumente abgelegt. Bei Computern spricht man von Ordnern, in denen Dateien abgelegt sind. (Laut Duden ist eine Datei ein „nach zweckmäßigen Kriterien geordneter, zur Aufbewahrung geeigneter Bestand an sachlich zusammengehörenden Belegen oder anderen Dokumenten, besonders in der Datenverarbeitung". Beispiele: eine digitale Datei anlegen oder die Kunden der Firma in einer Datei speichern.)

Der Vergleich hinkt insofern, als man eine Reihe von Erinnerungen nicht bewusst mit einem Konzept versehen würde, um dann weitere diesbezügliche Erinnerungen ebenso bewusst in dem betreffenden Aktenordner abzulegen. Vielmehr scheint es sich um eine dem Geistwesen eigene Form der Selbstorganisation zu handeln. Wissen existiert nicht als eine Ansammlung separater Brocken, sondern als eine Gesamtheit, eine Ganzheit miteinander verschalteter Begriffe.

Alle Erlebnisse mit Pferden - alle diesbezüglichen Mentaldateien also - sind unter dem übergeordneten Begriff „Pferd" versammelt, alle Mentaldateien, in denen Autos vorkommen, unter dem Begriff Auto, usw. Auf diese Weise entstehen auf ein gegebenes Stichwort hin Assoziationen. Die Datei öffnet sich, weil man seine Aufmerksamkeit auf das Konzept richtet; sie wird sozusagen „angeklickt". Kaum hört oder liest man „Pferd", wird das diesbezügliche Wissen erweckt und es fallen einem alle möglichen Erinnerungen und Vorstellungen nicht nur dazu ein, sondern auch

Querverbindungen zu anderen Konzepten und ihren Dateien. Hat man zum Beispiel, im Auto sitzend, durchs geöffnete Seitenfenster einem Pferd einen Apfel gereicht, so entsteht zwischen den Begriffen Pferd, Auto und Apfel und den ihnen zugeordneten Mentaldateien ein ganzes Beziehungsfeld von Assoziationen.

Stichworte wie „Pferd", „Auto" und „Apfel" fungieren als Auslöser für das Aufrufen einer einzigen Mentaldatei oder eines ganzen Assoziationsfeldes. Der Vorgang Schritt für Schritt: der Auslöser ist ein Reiz aus der Umgebung, zum Beispiel ein gehörtes oder gelesenes Wort. Als Reaktion erschafft das Geistwesen aufgrund des bis hierhin nur „geschlummert" habenden Konzeptes Erinnerungs-oder Vorstellungsbilder von konkreten Erlebnissen, immer im Hinblick auf das betreffende Stichwort. Es konsultiert seine diesbezüglichen Mentaldateien.

Für diesen Vorgang benutzt das Geistwesen Mentalenergie. Das bislang abstrakte Wissen ist nun als eine ganz bestimmte Mentaldatei aktiviert; es ist sozusagen „energetisiert". Damit wird das bislang nur potentielle Wissen zum aktuell manifesten Bild. Dieser Prozess heißt Einschaltung. Er kann bewusst oder (im Falle einer Verdrängung) unbewusst verlaufen.

Jede beliebige Umgebung steckt voller Auslöser für Erinnerungen. Schaltet ein Auslöser eine Mentaldatei ein, so entstehen in diesem Moment ähnliche geistig-seelische Spannungen, Emotionen und Empfindungen wie damals beim ursprünglichen Erlebnis, wenn auch in abgeschwächter Form. Dies bezeichnen wir als Nacherleben, denn das ursprüngliche Erlebnis wird in solchen Momenten ganz oder teilweise nacherlebt. Es rückt damit aus der Vergangenheit in die Gegenwart, also vom Potential ins aktuelle Jetzt. Eine Erinnerung wird geweckt, wie man sagt.

Schritt für Schritt betrachtet: Man wird auf einen Bezugspunkt in der Umgebung aufmerksam. Um ihn einzuordnen („was ist denn das?") richtet man seine Aufmerksamkeit sowohl auf ihn wie auch auf sein Wissen. Damit wird eine Mentaldatei aktiviert oder auch mehrere gleichzeitig. Je mehr Aufmerksamkeit man auf diese richtet, desto kräftiger werden sie mit Mentalenergie beschickt, sie werden „aufgepumpt" oder „aufgebläht". Entsprechend kräftig gestaltet sich das Nacherleben.

Verschwindet der Auslöser aus dem Wahrnehmungsraum, weil er sich entfernt oder man selbst sich vor ihm zurückzieht oder sich gerade auf etwas anderes konzentriert, so verringert sich die Aufmerksamkeit auf ihn und reißt schließlich ganz ab. Es kommt zur Ausschaltung.

Gute Gesellschaft, Tapetenwechsel und Urlaub sind deshalb entspannend und heilsam, weil sie eine Ausschaltung bewirken. In Abwesenheit negativer Auslöser richtet man die Aufmerksamkeit auf angenehme Reize. So verschwinden allmählich die Spannungen des Arbeitsalltags und es kommt zur Beruhigung.

Orientierung nach außen bewirkt Ausschaltung, sofern die Umgebung angenehm ist. Auch mit Orientierung nach innen geht es (sofern angenehm), wie etwa bei Yoga, Meditation und Sammlungsübungen.

Simpel ausgedrückt, funktioniert eine Ein- und Ausschaltung wie eine Lampe mit Dimmer. Die Glühbirne entspricht der Mentaldatei, die Elektrizität ist die Aufmerksamkeit, die Dunkelheit das potentielle Wissen. In der Dunkelheit des potentiellen Wissens hängen eine große Zahl von Mentaldatei-Glühbirnen. Solange es dunkel ist, sieht man sie nicht, sie sind nur als Möglichkeit vorhanden (eben potentiell). Man weiß zwar oder ahnt zumindest, dass es sie gibt, doch erst wenn der Strom eingeschaltet ist (die Aufmerksamkeit), werden einzelne davon erkennbar. Der Dimmer regelt, wie kräftig die Birne strahlt.

Eine Einschaltung ist grundsätzlich nichts Schlimmes; schließlich erinnert man sich an fröhliche Begebenheiten ausgesprochen gerne. Abgesehen davon beruht das komplette Wissen, das einen durch den Alltag bringt, auf gelernten Lektionen, ob Zähneputzen oder Lesen, Schreiben und Rechnen. Dieses Wissen schaltet sich ein und wieder aus, wie man es gerade braucht. Ganz von selbst. Es gehen keine Bilder damit einher, keine bestimmten Mentaldateien, sobald einem diese Tätigkeiten zur gewohnten Routine geworden sind - und (wichtig!) sofern sie nicht unter traumatischen Bedingungen erlernt wurden.

Die Dramatisierung

Fröhliche Erinnerungen sind einem in der Regel bewusst, traurige und katastrophale hingegen nicht. Gegen letztere schützt man sich; man lässt sie nicht zu, drängt sie weg. Trotzdem zeigt sich eine solche Einschaltung körperlich wie auch im Verhalten. So fragt man sich manchmal erstaunt oder gar fassungslos, woher das wohl kommt, dass man sich gerade „so komisch" benommen hat. Weder der Auslöser für eine eingeschaltete Mentaldatei noch deren Inhalt sind einem immer bewusst.

Lässt sich nicht erkennen, aus welchem Erlebnisbild sich ein unerwünschtes Nacherleben speist, so hat man es mit einer unbewussten, d. h. nicht bewusst zu erkennenden Einschaltung zu tun. In solchen Momenten verhält man sich nicht mehr der Situation angemessen, sondern unangemessen. Man durchlebt ein uraltes Drama, als spielte es sich jetzt ab, als wäre man mitten drin. Diese besondere Form von Nacherleben bezeichnet man als Dramatisierung.

Dramatisierung bedeutet: unbewusste Reaktion statt bewusste Aktion. Das kann sich mental, emotional und somatisch ausdrücken: mental in Ansichten und Vorurteilen, emotional in unangebrachten und unangemessenen Launen, somatisch als körperliche Empfindungen oder gar Schmerz. Kommen in der Mentaldatei mehrere Personen vor, so kann man unbewusst in deren Position hineinrutschen und deren Verhalten und Empfindungen dramatisieren. Es entsteht eine mehr oder weniger auffällige Persönlichkeitsverschiebung. Man ist dann nicht mehr so recht man selbst, sondern reagiert anstatt bewusst und vernünftig zu agieren.

Urerlebnis, Akzeptanzvermögen, Negativprogramm

Im Urzustand ist ein Geistwesen unbegrenzt, heiter und frei. Es folgt seinem Urauftrag und sucht diesen zu erfüllen. Unfreiheit entsteht durch

Identifiziertheit mit der eigenen Rolle im großen Spiel. Zumeist ist dies das Ergebnis von vergeblichen Versuchen, sich gegen Widerstände durchzusetzen. Akzeptiert ein Wesen die Widerstände als übermächtig und die Verluste als unwiderruflich, so gibt es sich geschlagen und identifiziert sich mit der Rolle des Unterlegenen, des Verlierers. Sein Akzeptanzvermögen reicht nicht aus; er kann buchstäblich „nicht fassen", wie ihm geschieht. Sinkt das Akzeptanzvermögen weiter, so glaubt das Geistwesen schließlich, es sei nichts weiter als ein biologischer Körper und nach dem Tod sei alles vorbei.

Gibt sich ein Geistwesen ultimativ geschlagen, fühlt es sich regelrecht vernichtet, das geht einher mit einer besonderen Art von Überzeugung. Wir nennen sie Negativprogramm (NP). Das sind knappe negative programmatische Leitsätze wie etwa „ich schaff das nicht", „aus mir wird nie was", „ich bin halt zu dumm" und Ähnliches. *Negare,* lat., heißt „verneinen". Negativprogramme sind von einem Wesen an sich selbst gegebene Anweisungen zur Selbstbegrenzung und wirken als negative selbsterfüllende Prophezeiungen.

Ein solches gravierendes Verlust- und Frustrationserlebnis, welches das Akzeptanzvermögen eines Wesens angesichts vernichtender Widerstände so weit übersteigt, dass ein Negativprogramm gebildet wird, nennen wir Urerlebnis (URL). In solchen Momenten gibt man sich selbst, seine Ziele und damit letztlich das Erfüllen des Urauftrags auf. Anschließend spielt man wegen der damit eingetretenen Negativ-Identifiziertheit mit nur reduzierten Kräften weiter – wenn überhaupt.

Urerlebnisse sind einem unbewusst, denn man verdrängt sie. Im Moment des damaligen Geschehens wollte und konnte man nicht wahrhaben, was da auf einen eindrang und die Existenz vernichtete, und noch heute verwehrt man sich der Erinnerung daran. In beiden Fällen versagt das Akzeptanzvermögen. Verdrängung setzt immer dann ein, wenn das Entsetzen über das gerade Geschehende das Akzeptanzvermögen sprengt.

In genau solchen Momenten bildet man Negativprogramme und registriert sie nicht einmal. Man erdenkt sie nicht wie einen klugen Gedanken. Vielmehr schießen sie einem während des URLs als spontaner

Gedankenblitz durch den Kopf: Ich bin der Verlierer. Es ist, wie es ist. Fakt.

Negativprogramme stehen in Konflikt mit ursprünglichen, positiven Programmen. Die positiven Programme drücken den Willen zur Erfüllung des Urauftrags aus, die negativen den Widerwillen. Als Ergebnis kommt es zur Selbsteinschränkung nach dem Muster: „Eigentlich könnt ich ja, aber irgendwie kann ich nicht", „genau genommen möchte ich schon, aber irgendwie dann doch nicht". Solche Zielkonflikte trägt man für alle Zeiten mit sich herum. Sie verlöschen nicht dadurch, dass man stirbt und wiedergeboren wird.

An einem einzigen Urerlebnis hängt naturgemäß eine ganze Reihe von Einschaltungen. Diese ziehen sich durch das oder die Leben und hängen aneinander wie die Glieder einer Kette. Wir nennen dies eine Erlebniskette. Die Kette ist verankert am Urerlebnis. Je höher die Anzahl der Einschalterlebnisse, desto chronischer und intensiver die Dramatisierung, desto fauler die Lebenskompromisse und desto beschränkter der geistige Raum. Die Lebensqualität sinkt zunehmend.

Der Ausweg: Anschauen, Aussprechen, Annehmen, Auflösen

Bei MindWalking beschäftigen wir uns nur scheinbar mit der Vergangenheit. In Wirklichkeit konzentrieren wir uns auf die Gegenwart. Denn Einschaltungen sind ja in der Gegenwart, sie sind im Hier und Jetzt aktivierte Mentaldateien.

Das Damals belastet einen nur dann, wenn es sich im Heute bemerkbar macht. Ist ein Urerlebnis ausgeschaltet, so ist es praktisch nicht vorhanden. Nur wenn es eingeschaltet ist, kann es in Form der Dramatisierung Wirkung ausüben.

Leider ist eine Ausschaltung keine endgültige Lösung, denn ein URL samt Negativprogramm kann sich jederzeit völlig unerwartet wieder einschalten. Um es vollständig wirkungslos zu machen, bleibt nichts anderes, als es sich voll bewusst zu machen. Trotz seiner Tragweite ist selbst ein Urerlebnis nichts weiter als eine abgespeicherte Mentaldatei, wenn auch eine besonders Schlimme. Auch ein URL folgt den hier beschriebenen Gesetzmäßigkeiten von Ein- und Ausschaltung, und es lässt sich auflösen. So gewinnt man allmählich die ursprüngliche Unbegrenztheit des Seins wieder.

Besser als die Ausschaltung ist somit die Auflösung. Man erreicht sie über die Schritte: Anschauen, Aussprechen, mit Gelassenheit Annehmen. Auflösung ist die genaue Umkehrung von Verdrängung.

Im Zustand der Gelassenheit nimmt man auch noch das Schrecklichste und Entsetzlichste mit Heiterkeit hin. Ob während eines laufenden Geschehens oder bei der Erinnerung daran, nie kommt es zu Unbewusstheit. Deswegen kann sich auch später nichts hinterrücks einschalten. Es gibt einfach nichts zu dramatisieren. Innen und außen ist Friede, Zuversicht, Heiterkeit.

Friede, Zuversicht, Heiterkeit - diesen Zustand streben wir an; das ist der Sinn von MindWalking.

(Zu diesem Text passt gut der Animationsfilm „Wie die Psyche funktioniert" auf dem YouTube-Kanal von MindWalking.)

Quellenverweise

Bei einer Erstnennung sind Autor, Erscheinungsjahr und Titel aufgeführt, bei wiederholter Nennung des gleichen Titels nur Autor und Erscheinungsjahr.

1 Kramer, Rolf Ulrich, 2008, „MindWalking - Unbelastet in die Zukunft", zum genauen Mechanismus des mentalen Downloadens

2 DER SPIEGEL, Nr.4/1981.

3 Sheldrake, Rupert, 2017, „Science and Spiritual Practices", chapter "Changes in brains induced by meditation"

4 Head, Joseph & Cranston, S. L., 1977, „ Reincarnation – The Phoenix Fire Mystery", S. 440

5 Zum gegenwärtigen Stand der Hirnforschung siehe die Arte-Dokumentation „Das Rätsel des künstlichen Gehirns", auf YouTube https://www.arte.tv/de/videos/057415-000-A/das-raetsel-des-kuenstlichen-hirns/

6 Gerschitz, Oliver, 2019, "Drachensturz – UFO-Abstürze, das ultimative Trauma!"

7 Fiebag, Johannes, 1998, "Besucher aus dem Nichts – UFO-Entführte berichten".

8 Buttlar, Johannes v., 1978, „Das UFO-Phänomen"

9 http://www.disclosureproject.org

10 Collingwood, R. G., 1939, „Essay on Metaphysics".

p. 4, "The word science (…) means a body of systematic or orderly thinking about a determinate subject-matter."

p. 85: "(…) the term science is regarded as covering (a) not natural science alone but orderly and systematic thinking on every subject, (b) not orderly and systematic "theoretical" thinking alone but orderly and systematic "practical" thinking as well, such thinking as we refer to when we speak of a man thinking out a way of making a table or organizing a secretarial staff or defeating an enemy."

11 Rapaport, Anatol, 1953, „Operational Philosophy – Integrating Knowledge and Action".

12 Collingwood, 1939, p. 13: Philosophía wird zu sophía, Wissen zu Weisheit.

13 Mark Kommissarovs Methode, https://www.youtube.com/watch?v=9tw9c4AkM3Y

14 Hemingway, Ernest, 1929, „A Farewell to Arms", ch. 9 (Übersetzung von RUK.)

15 Head & Cranston, 1977, S. 390.

16 Head & Cranston, 1977, S. 448 ff.

17 Eine ausführlichere Beschreibung dieser Sitzung findet sich auf der MindWalking-Webseite, englische Version, bei „Books and Videos" unter dem Titel „From Death to Rebirth".

18 Lexikon der östlichen Weisheitslehren, 1986

19 Neues Testament, Johannes X, 30.

20 Head & Cranston, 1977, S. 191.

21 www.mindwalker.co.uk

22 Kramer, Rolf Ulrich, 2019, „Himmelhoch jauchzend – zu Tode betrübt", zum psychischen Mechanismus, der einen Guten zum Bösen werden lässt.

23 Sheldrake, Rupert, 1988, „The Presence of the Past"

24 Kramer 2008, für eine differenzierte Diskussion zum Thema Seele/Vitalwesen.

25 The New Encyclopedia Brittanica, 2003

26 Hitching, Francis, 1978, „The World Atlas of Mysteries", Ch. "Atlantis solved".

27 Hitching, 1978.

28 Hitching, 1978.

29 Enrico Paganini u. Armin Risi, 2005, „Die Giza-Mauer und der Kampf um das Vermächtnis der alten Hochkulturen"

30 Hitching, 1978, Ch. „Pyramid placing"

31 Däniken, Erich von, 2010, „Grüße aus der Steinzeit"

32 Paganini, Rico und Risi, Armin, 2005, S. 138

33 Britannica V, 288.

34 Britannica VIII, 849

35 Zeitschrift „Implosion", Nr. 16. Darin wird auf Implosion Nr. 13 verwiesen, wo ein Ing. Olof Andersson von diesem Vorfall berichtet. (Nur der Ausschnitt aus Implosion Nr. 16 liegt RUK vor.)

36 raum&zeit 203/2016

37 www.pyramidcode.com

38 raum&zeit 203/2016

39 Hitching, 1978.

40 Ceram, C. W., "Götter, Gräber und Gelehrte" (bei Rowohlt/Bertelsmann)

41 Diop, Cheik Anta, 1981, „Civilization or Barbarism – An Authentic Anthropology"

42 Kohlenberg, Karl F., 1970, „Enträtselte Vorzeit"

43 Diop, 1981

44 Steiner, Rudolf, 1909. Aus: Hans Gsänger, 1977, „Mysteriengeschichte der Menschheit – von der Atlantis bis zur Gegenwart", S. 40.

45 Cayce, Edgar Evans, 1968, "Edgar Cayce on Atlantis"

46 Hitching, 1978, Ch. "Bimini Revealed"

47 Blumrich, J. F., 1985, „Kásskara und die sieben Welten – Die Geschichte der Menschheit in der Überlieferung der Hopi-Indianer"

48 Altes Testament, Genesis 6, 1-4

49 Buttlar, Johannes von, 1987, „Leben auf dem Mars", S. 196

50 Mayor, Adrienne, 2018, „Gods and Robots"

51 Capra, Fritjof, 1975, „The Tao of Physics"

52 Feynman, Richard, 1963, deutsch 2007, „Sechs physikalische Fingerübungen", S. 126

53 Sheldrake, Rupert, 2012, „The Science Delusion", p. 88

54 Hawking, Stephen, 1993, "Black Holes and Baby Universes", S. 36 u. 38 (übersetzt von RUK).

55 Bynum, William, 2012, „A Little History of Science"

56 Koestler , Arthur, 1959, „Die Nachtwandler", S. 481

57 Hitching, 1978, S. 9.

58 Hitching, 1978, chapter on Wegener

59 Sheldrake, 2012, S. 95

60 Velikovsy, Immanuel, 1951, „Welten im Zusammenstoß"

61 Diese Auflistung folgt der Encyclopedia Brittanica 2003 sowie einer Grafik in DIE ZEIT, 2018, Nr. 14

62 Arno Peters, 1965, „Synchronoptische Weltgeschichte"

63 Deutsches Ärzteblatt / Jg. 116 / Heft 33-34 / 19. Aug. 2019, S. 1480.

64 Yogananda, Paramhansa, 1946 ,„Autobiography of a Yogi"

65 Gebelein, Helmut, 2000, „Alchemie"

66 Maier, Friedrich, 2018, „Allgewaltig ist der Mensch"

67 Zillmer, Hans-Joachim, 1998, „Darwins Irrtum"

68 Zillmer, Hans-Joachim, 2005, „Die Evolutions-Lüge"

69 Zillmer, 2005, Foto Nr. 19

70 Zillmer, Hans-Joachim, 2004, „Kolumbus kam als Letzter", S. 319 ff.

71 Tollmann, Alexander, 1993, „Und die Sintflut gab es doch", S. 243 ff.

72 Duve, Karen, 2018, „Fräulein Nettes kurze Sommer", Roman, S. 30-31.

73 Hapgood, Charles H., 1966, „Maps of the Ancient Sea Kings"

74 Hapgood, 1966, S. 188 (übersetzt von RUK)

75 Zillmer, Hans-Joachim, 2001, „Irrtümer der Erdgeschichte", S. 121

76 Zillmer, Hans-Joachim, 2009, „Der Energie-Irrtum", S. 176

77 https://www.tagesspiegel.de/wissen/die-wende-des-amazonas/1642190.html

78 Zillmer, 2001, S. 74 ff

79 Zillmer, 2001, S. 99

80 Long, Max F., 1986, „Geheimes Wissen hinter Wundern", S. 33

81 Zillmer, 2001, S. 133

82 Altes Testament, Jesaja 24, 17-20

83 Zillmer, 1998, S, 298

84 Lovelock, J. E., 1979, „A New Look at Life on Earth“

85 http://www.projectrho.com/public_html/rocket/usefultables.php#id--The_Boom_Table

86 Buttlar, Johannes von, 1987, „Leben auf dem Mars“

87 L.Kin, 1994, “Gott & Co. – Nach wessen Pfeife tanzen wir?”

88 https://www.lehmpfuhl.org/Forschung/Untersberg.html

89 Hitching 1978, S. 150.

90 Buttlar 1987, S. 149

91 Carmin, E. R., 1994, „Das schwarze Reich“

92 Prof. Dr. Thomas Elbert, am Kompetenzzentrum für Psychotraumatologie an der Universität Konstanz, in einem Interview mit der Frankfurter Allgemeinen Sonntagszeitung, 15. Dezember 2019, Nr. 50.

93 Puthoff, H. E., “CIA-Initiated Remote Viewing At Stanford Research Institute” in The Intelligencer / Journal of U.S. Intelligence Studies / Volume 12, No. 1, Summer 2001

94 Hawking, 1993, S. 101 u. 104 ff.

95 Goswami, Amit, 2009, “Die schöpferische Evolution”

96 Radin, Dean, 2006, “Entangled Minds”

97 Haraldsson, Erlendur, 1987, „Miracles are my Visiting Cards – An investigative report on the psychic phenomena associated with Sathya Sai Baba”

98 de Araujo, Fabio Ribeiro, 2009, “Prophezeiungen über das Ende der Welt”

99 https://fribbla.de/insiders/20-unerklaerliche-dinge-die-auf-der-erde-gefunden-wurden/11/

100 Giordano, Ralph, 2000, „Wenn Hitler den Krieg gewonnen hätte“

101 Peters, 1965

102 The Economist, 20. Juli 2019

103 Theo Sommer, 2005, „1945 – die Biografie eines Jahres“, S. 179 ff.

104 Hubert Mania, 2010, „Kettenreaktion – die Geschichte der Atombombe“, S. 325 ff.

105 The Economist, 6. April 2019

106 The Economist, 13. Juli 2019

107 Britannica, 2003, Bd. V, S. 289

108 https://apps.dtic.mil/dtic/tr/fulltext/u2/a333462.pdf

109 Manning, Jeanne / Begich, Nick, 1995, „Löcher im Himmel – Der geheime Ökokrieg mit dem Ionosphärenheizer HAARP".

110 Bülow, Andreas von, 1998, "Im Namen des Staates – CIA, BND und die kriminellen Machenschaften der Geheimdienste"

111 https://www.youtube.com/watch?v=GzINI3au9q0

112 The Economist, 20. Juli 2019

113 Bowart, Walter, 1978, "Operation Mind Control"

114 The Economist, February 1st, 2020

115 Koestler, 1959

116 Interview in DIE ZEIT 12/19.

117 The Economist, 20. Juli 2019

118 Pinker, Steven, 2018, „Enlightenment Now – The Case for Reason, Science, Humanism, and Progress"

119 Yuval Noah Harari, 2011, dtsch. 2014, „Eine kurze Geschichte der Menschheit", S. 509

120 Ines-Jacqueline Werkner, 2019, „Nukleare Abschreckung in friedensethischer Perspektive"